ERLÄUTERUNGEN UND DOKUMENTE

Georg Büchner
Woyzeck

Von
Burghard Dedner
unter Mitarbeit von
Gerald Funk und Christian Schmidt

Philipp Reclam jun. Stuttgart

Eine Studienausgabe von Büchners »Woyzeck« liegt unter Nr. 18007 in Reclams Universal-Bibliothek vor. Die Seiten- und Zeilenangaben im vorliegenden Band beziehen sich auf diese Ausgabe, die mit einem * versehenen Lemmata in den Wort- und Sacherläuterungen auf in der Handschrift gestrichenen Text.

RECLAMS UNIVERSAL-BIBLIOTHEK Nr. 16013

Gesamtherstellung: Reclam, Ditzingen. Printed in Germany 2005

ISBN 3-15-016013-8

www.reclam.de

Inhalt

Vorbemerkung

Als Ludwig und Alexander Büchner in Vorbereitung der 1850 erschienenen ersten Sammelausgabe den Nachlaß ihres Bruders sichteten, fanden sie dort ein »ziemlich weit gediehene⟨s⟩ Fragment eines bürgerlichen Trauerspiels ohne Titel« (»Nachgelassene Schriften«, S. 39). Bei dem Versuch, die Handschriften zu entziffern, lasen sie den Namen der Hauptperson als »Wozzuck« bzw. »Wotzuck«. Karl Emil Franzos veröffentlichte das Drama dann 1880 in seiner »Ersten kritischen Gesammt-Ausgabe« der Schriften Georg Büchners unter dem Titel »Wozzeck«. 1914 schließlich machte Hugo Bieber in seinem Aufsatz »Wozzeck und Woyzeck« (L5: Bieber 1914[1]) auf den Kriminalfall Woyzeck und das Gutachten des Leipziger Arztes Johann Christian Clarus[2] aufmerksam. Dieser Fund sicherte nicht nur die richtige Lesart des Namens der Hauptperson, sondern machte deutlich, daß Büchner auch hier wie schon bei seinem ersten Drama »Danton's Tod« und der Erzählung »Lenz« ein reales Geschehen mit Rückgriff auf historische Quellen literarisch verarbeitet hatte. Jetzt erst wurde deutlich, daß Büchners Drama sich auf einen Kriminalfall und eine sich daran anschließende gerichtspsychiatrische Debatte bezog, die bis in die 1830er Jahre hinein die Öffentlichkeit beschäftigt hatte, um 1850 aber offensichtlich wieder so in Vergessenheit geraten war, daß den Brüdern Büchners der Name Woyzeck nicht mehr bekannt war.

Der vorliegende Band druckt umfangreiche Passagen des Woyzeck-Gutachtens als Hauptquelle des Dramas ab, au-

1 Die Angaben »L5:« usw. verweisen auf die entsprechenden Abschnitte des Literaturverzeichnisses S. 285 ff. Die Angabe »L...« steht nicht bei den Werk- und Einzelausgaben anderer Autoren (vgl. L2b) und auch nicht bei den zu Beginn des Literaturverzeichnisses aufgeführten Titeln abgekürzt zitierter Literatur.

2 Siehe dazu L12a: Clarus 1824; 1825; 1826, sowie unten S. 123–157.

ßerdem einen kurzen Auszug aus einem weiteren Gutachten, dem Büchner unter Umständen einzelne Motive der Mordhandlung entlehnt hat (Kapitel II). Dem Leser wird so die Möglichkeit gegeben, Büchners Schreibverfahren und seine Art der Quellenverarbeitung nachzuvollziehen.

Neben den direkten Quellen zu Büchners »Woyzeck«, die auch aus bisherigen Kommentaren und Erläuterungen zu Büchners Drama bekannt sind, stellt der vorliegende Band in Grundzügen zusätzlich die gerichtspsychiatrische Debatte vor, die sich im Anschluß an das Gutachten und die Hinrichtung Woyzecks in den 1820er Jahren entwickelte (Kapitel III.2). Diese Debatte zeigt, daß mit dem Gutachten, der rigiden Anwendung des Strafrechts und der Hinrichtung Woyzecks das Signal zu einer restaurativen Wende der Psychiatrie und Strafjustiz gegeben wurde, mit der die seit dem Beginn des 19. Jahrhunderts einsetzende Liberalisierung in diesen Bereichen rückgängig gemacht werden sollte. Sie zeigt zugleich, daß Büchners Drama sich nicht nur auf den Einzelfall Woyzeck bezieht, sondern ein Beitrag zu dieser extensiv geführten Diskussion über die Liberalisierung von Justiz und Psychiatrie ist, die im Entstehungsjahr des Dramas noch im öffentlichen Bewußtsein präsent war und die zeitgenössische Aufnahme des Dramas geprägt hätte. »Woyzeck« wäre 1837 als das rezipiert worden, was man in den 1920er Jahren ein »Zeitstück« nannte.

Kapitel III.3 stellt in einem Abriß zum Teil neu gefundene Quellen und Anregungen zur Figur des Doktors und zum historischen Kontext des Nahrungsexperiments der Szenen H 2,6 und H 4,8 dar.

Einen weiteren aktuellen Zeitbezug des Dramas erhellt Kapitel IV, das Dokumente zum Pauperismus im beginnenden 19. Jahrhundert bietet. Neben Aussagen Büchners zum Verhältnis von Armen und Reichen in der Gesellschaft soll der Leser vor allem anhand der Auszüge aus zeitgenössischen Lexikonartikeln in den Stand gesetzt werden, die Entwick-

lung der zu Beginn des 19. Jahrhunderts neuartigen Massenarmut und die zeitgenössische Diskussion über ihre Ursachen und die Möglichkeiten ihrer Beseitigung nachzuvollziehen. In einem Abriß wird außerdem die materiell-soziale Lage der Soldaten im großherzoglich-hessischen Militär dargestellt, die Büchner bei der Schilderung von Woyzecks Lebensumständen vermutlich vor Augen hatte.
Büchner orientierte sich in seinen Dichtungen nicht nur an Sachquellen wie dem Woyzeck-Gutachten, sondern hinsichtlich der dramatischen Sprache und der Szenentechnik auch an literarischen Vorbildern; im Fall des »Woyzeck« hauptsächlich am bürgerlichen Trauerspiel des Sturm und Drang. In Kapitel V werden die für Büchners Drama zentralen literarischen Quellen dokumentiert und erläutert, vor allem Teile aus Jakob Michael Reinhold Lenz' Drama »Die Soldaten« und aus der Gretchenhandlung von Goethes »Faust« I. Daneben werden Teile aus Shakespeares »Macbeth« und »Othello« abgedruckt, die als Anregungen für bestimmte Szenen von Büchners Drama gelten können. Der Leser erhält so die Möglichkeit, Büchners Schreibverfahren der Quellenverarbeitung nochmals, hier unter dem Aspekt der Verarbeitung literarischer Vorbilder, zu studieren.
Kapitel VI bietet Äußerungen Büchners zur Poetik und zur Entstehung des Dramas. Daran schließen sich Dokumente der Wirkungsgeschichte an (Kapitel VII), wobei neben dem ersten »Woyzeck«-Herausgeber Karl Emil Franzos mit Elias Canetti, Heiner Müller und Durs Grünbein drei Büchnerpreisträger zu Wort kommen sowie Publizisten und Philologen, die verschiedene Etappen und Richtungen der »Woyzeck«-Rezeption repräsentieren.
Bei der Bearbeitung der Stellenerläuterungen (Kapitel I) wurden interpretierende Aussagen vermieden. Erläutert werden vor allem die Beziehung des »Woyzeck« zu anderen Texten Büchners, zu Werken anderer Autoren (Lenz, Goethe, Heine), auffälliger Sprachgebrauch (etwa Bibel- oder Volksliedsprache), inzwischen eingetretene Bedeutungsver-

änderungen, Dialekt und Soziolekt, Redewendungen und Sprichwörter, Literatursprache und dergleichen sowie heute nicht mehr geläufige Sachbezeichnungen. Gegebenenfalls findet sich zu Beginn des Erläuterungsteils ein kurzer Hinweis auf strukturelle Anregungen der jeweiligen Szene mit Verweisen auf den dokumentarischen Teil des Bandes. Auf wörtliche Anregungen wird in den Stellenerläuterungen selbst aufmerksam gemacht.

Zur Entstehung dieses Bandes beigetragen haben Teilnehmer eines Forschungsseminars im Wintersemester 1993/94 und Mitarbeiter der Forschungsstelle Georg Büchner am Institut für Neuere deutsche Literatur und Medien der Philipps-Universität Marburg. Dabei eruierte Martin d'Idler die bibelsprachlichen Wendungen, Daniel Linke wertete Quellen zum Pauperismus, Stefanie Wagner, Carolin Seling und Christian Schulz Quellen zur forensischen Psychiatrie aus. Literarische Anregungen ermittelten Ulla Stelzel (Sturm und Drang), Susanne Stenner (Shakespeare) und Werner Weiland (»Kinder- und Hausmärchen« der Brüder Grimm), Christian Schulz bearbeitete zudem das Gebiet des großherzoglich-hessischen Militärwesens, und Udo Roth rekonstruierte Hintergründe zur Figur des Doktors und dessen Nahrungsexperiment. Thomas Michael Mayer gab wichtige Hinweise vor allem zu den Stellenerläuterungen, Roland Mulch (Gießen) unterstützte uns bei der Einschätzung dialektalen Sprachgebrauchs.

I. Kommentar, Wort- und Sacherläuterungen

Lese- und Bühnenfassung

Szene 1 (= H 4,1)

Aus einer Episode im Clarus-Gutachten übernahm Büchner für diese Szene folgende Elemente: Ort (»eine halbe Stunde« außerhalb der Stadt), Zeit (»ungefähr um sieben Uhr« abends), Halluzinationen (»drei feurige Streifen« an verschiedenen Seiten des Himmels, »unterirdisch⟨e⟩« Töne) sowie Woyzecks Furcht vor den Freimaurern (Clarus, S. 18, 44–47; vgl. Dok. 1, S. 129 und 142 f.).

9,2 *Freies Feld:* Die sonst eher seltene Szenenangabe verwendete Büchner schon in »Danton's Tod« (II/4); sie begegnet auch in Shakespeare, »Macbeth« I/2: »Freies Feld bei Fores« sowie »König Lear« IV/1: »Freies Feld« und variiert in Goethe, »Faust« I (Walpurgisnachtstraum): »Feld« und »offen Feld«.

9,4 *schneiden Stöcke:* In H 2,2 (66,6) fragt Louise: *Hast du Stecken geschnitten für den Major?*, was nahelegt, daß die Arbeit entweder zum militärischen Dienst oder zu den Tätigkeiten gehört, mit denen Woyzeck zusätzlich Geld verdient. Beim Militär wurden Stöcke für verschiedene Zwecke verwendet, z. B. zur Herstellung sogenannter Schanzkörbe, eines korbartigen Geflechts, »das mit Erde gefüllt zur Befestigung ⟨...⟩ von Schanzwerken ⟨Laufgräben⟩, dann auch von Dämmen, Deichen u. ä.« diente (DWb XIV,2169). Denkbar ist auch die Verwendung als Prügelwerkzeug bei Disziplinarstrafen. Im Großherzogtum Hessen bestand die Degradationsstrafe für gemeine Soldaten stets in der »Versetzung unter den Stock« (GHRB, Nr. 22, 5. August 1822, S. 249 f.). Zur Arbeitsorganisation im Militär vgl. Kap. IV.1, S. 194 f.

9,5 *Streif:* »ältere Form« für ›Streifen‹ (DWb XIX,1247). Im Volksglauben war die Vorstellung verbreitet, daß an Orten, »wo eine Hinrichtung stattgefunden hat oder eine Richtstelle 〈...〉 gewesen ist, auch dem Boden unauslöschliche Merkmale eingeprägt« sind: »es wächst kein Gras« (HWdA IV,54).

9,6 *da rollt Abends der Kopf:* Zwei Vorstellungen sind möglich: (a) Woyzeck denkt an Hinrichtungen, z. B. durch *Freimaurer*, daran also, daß hier ›Köpfe rollen‹ (vgl. L9: Dornseiff 1959, S. 148); (b) Woyzeck hat die Vorstellung, daß Geköpfte als »Wiedergänger« (HWdA V,218) auftreten und »in der Dämmerung« am Richtplatz »mit ihren Köpfen« kegeln. »Ihr Auftreten ist von vielerlei Geräuschen und Lichterscheinungen begleitet: Getöse«, »Gesause«, »sie verschwinden 〈...〉 mit mächtiger Flamme, ein Feuerstreif bezeichnet ihren Weg« (HWdA V,219 f.). Daß Geister nachts mit abgeschlagenen Köpfen kegeln, wird auch in dem Märchen »Gut Kegel- und Kartenspiel« (KHM I,14–17; später erweitert unter dem Titel »Märchen von einem, der auszog, das Fürchten zu lernen«) erzählt. Vgl. auch 63,17 f. *Ja Andres, das ist er, der Platz ist verflucht* und 9,9 *Freimaurer* mit Erl.

9,7 f. *Drei Tag und drei Nächt:* biblisch häufige Wendung, z. B. NT Matthäus 12,40: »Denn gleichwie Jonas war drey Tage und drey Nächte in des Wallfisches Bauche: also wird des Menschen Sohn drey Tage und drey Nächte mitten in der Erde seyn.« Die Zahl Drei spielt außerdem im Aberglauben eine Rolle, z. B. gibt »Drei Tage vorher 〈...〉 irgendein Anzeichen den nahen Tod an« (HWdA VIII,642). – Mglw. mitangeregt durch Woyzecks Spekulationen über die Zahl Drei: »Zugleich habe er gedacht, daß in dieser Zahl auch das Geheimnis der Freimaurer liegen könne« (Clarus, S. 44 f.; vgl. Dok. 1, S. 142).

9,8 *lag auf den Hobelspänen:* Redewendung für ›gestorben sein‹, die daher rührt, daß das »Sargkissen 〈...〉 meist mit Hobelspänen gefüllt« wurde (HWdA VII,946). Vgl. auch

54,15 *sich die Hobelspän schütteln lassen* und 34,12 f. *wann der Schreiner die Hobelspän sammelt.*

9,9 *Freimaurer:* international verbreiteter Geheimbund, der aus der Tradition der mittelalterlichen Bauhütten hervorging und im 18. Jh. als Träger der Aufklärung eine bedeutende Rolle spielte. In Deutschland wurde die erste Loge 1737 gegründet. Im zeitgenössischen »Brockhaus« (1830) heißt es: Die Freimaurer sind »eine über alle Erdtheile ⟨...⟩ ausgebreitete Gesellschaft von Männern aus verschiedenen Ständen und Religionen, welche in abgesonderten Versammlungen oder Logen« organisiert sind. Sie widmen sich »den reinsittlichen Zwecken der Menschenliebe, Duldung und Geselligkeit« und üben »ihre Kunst als ein Geheimniß« (Brockhaus 1830, IV,376, 382). Im »Bilder-Conversationslexikon« (1838): »Das Geheimnißvolle des Ordens ist von Vielen, theils böswilligen, theils schwärmerischen Menschen benutzt worden, um dem Orden fremde Zwecke unterzuschieben« (BCL II,108). Das »Handwörterbuch des deutschen Aberglaubens« vermerkt folgende Vorstellungen über die Freimaurer: Man »glaubt an eine unterirdische Kapelle, an Keller als Versammlungsräume« (vgl. 64,1–3 *Fort, die Erde schwankt unter unsern Sohlen. Die Freimaurer! Wie sie wühlen!*). Bei ihren »Zusammenkünften ertönen fremdartige Geräusche«. »Schlimm geht es ⟨...⟩ dem Verräter; er ist verloren, wird zum Tode verurteilt«. »Auch ihre Feinde ⟨...⟩ morden sie«, »wie überhaupt Eindringlinge ›abgemurkst‹ werden«. Die Freimaurer stünden mit dem Teufel im Bunde, der als »feuriges Rad« erscheine (HWdA III,29, 37, 30, 41, 30, 33). Woyzeck gab im Verhör an, er habe »von reisenden Handwerksburschen allerhand nachtheilige Gerüchte über die Freimaurer gehört« (Clarus, S. 44; vgl. Dok. 1, S. 142).

9,12–17 *Saßen dort zwei Hasen ... Bis auf den Rasen:* Andres singt vmtl. die letzten Verse aus der 6. Strophe eines Volksliedes, das 1834 unter dem Titel »Welterfahrung«

erstmals überliefert ist und auch in Hessen-Darmstadt bekannt war:

Ob ich gleich kein' Schatz mehr hab,
⟨W⟩erd' ich einen finden.
Gieng die Straßen auf und ab,
⟨B⟩is zu der Linden.

Als ich zu der Linden kam
Stand mein Schatz daneben:
›Grüß dich Gott, herztausiger Schatz!
Wo bist du gewesen?⟨‹⟩

»Schatz, wo ich gewesen bin,
Kann ich dir wohl sagen:
Bin gewesen in fremdem Land,
Habe viel erfahren«.

⟨›⟩Was du da erfahren hast,
Kannst du mir wol sagen?‹
»Hab erfahren, daß junge Leut
Bei einander schlafen«.

›Bei mir schlafen kannst du wol,
Wills dirs gar nicht wehren:
Aber nur, herztausiger Schatz,
Aber nur in Ehren!‹

›Zwischen Berg und tiefem Thal
Saßen einst zwei Hasen,
Fraßen ab das grüne Gras
Bis auf den Rasen.

Als sie sich nun satt gefressen hatt'n
Legten sie sich nieder.
Nun ade, herztausiger Schatz,
Jetzt komm ich nicht wieder!‹

(L2a: »Deutscher Liederhort« II,332)

»Aus Strophe 6 und 7 dieses Liebesliedes hat sich das spaßige Hasenlied mit gleicher Melodie herausgebildet« (vgl. L2a: »Deutscher Liederhort« II,332 und Lewalter V,82 f.); eine weitere Variante ist das Lied »Das Weltende« in »Des Knaben Wunderhorn« I,291 f. (L2a).

9,18 *Es geht hinter mir, unter mir:* mglw. übernommen aus verschiedenen Episoden im Clarus-Gutachten (Clarus, S. 24, 51 und 62; vgl. Dok. 1, S. 133 und 145). Vgl. auch die Schilderung in Büchners »Lenz«: »Es war als ginge ihm was nach, und als müsse ihn was Entsetzliches erreichen, etwas das Menschen nicht ertragen können, als jage der Wahnsinn auf Rossen hinter ihm« (S. 8).

9,19 f. *hohl ... Alles hohl da unten:* vgl. Erl. zu 9,9 *Freimaurer.*

9,22 f. *S'ist so kurios still. Man möcht den Athem halten:* Angst davor, die Stille durch Atmen zu stören, empfinden in Büchners Werken auch Danton: »Ich mag in dießer Stille mit dem Geplauder meiner Tritte und dem Keuchen meines Athems nicht Lärmen machen« (»Danton's Tod« II/4) und Lenz: »er wollte mit sich sprechen, aber er konnte, er wagte kaum zu athmen, das Biegen seines Fußes tönte wie Donner unter ihm, er mußte sich niedersetzen; es faßte ihn eine namenlose Angst in diesem Nichts« (»Lenz«, S. 8).

9,26–29 *Ein Feuer fährt um den Himmel ... (reißt ihn in's Gebüsch):* vmtl. angeregt durch den Bericht im Clarus-Gutachten, daß Woyzeck »am Himmel drei feurige Streifen gesehen, die nachher wieder verschwunden seyen. Als er sich umgesehen, habe er an der entgegengesetzten Seite des Himmels einen einzelnen ähnlichen Streifen gesehen« (Clarus, S. 47; vgl. Dok. 1, S. 143). – Im einzelnen beschreibt Woyzeck seine halluzinatorischen Erscheinungen nach biblischem Muster, vor allem nach NT Offenbarung 8,5–7: »Und da geschahen Stimmen und Donner und Blitze und Erdbebung. Und die sieben Engel mit den sieben Posaunen hatten sich gerüstet zu posaunen. Und der erste Engel posaunte, und es ward ein Hagel und Feuer mit Blut gemenget und fiel auf die Erde« und nach der Beschreibung der Zerstörung von Sodom und Gomorra (aus der Woyzeck auch in Szene 2 zitiert; vgl. 11,22–24 *steht nicht geschrieben 〈...〉 wie der Rauch vom Ofen* mit Erl.), AT 1. Mose 19,24: »Da ließ der Herr Schwefel und Feuer regnen 〈...〉 vom Himmel herab auf Sodom und Gomorra« sowie AT Hesekiel 3,12: »und ich hörete hinter mir ein Getöse, wie eines großen Erdbebens«. Außerdem zitiert Woyzeck die im Zusammenhang der Zerstörung von Sodom gegebene Anweisung an Loth: »Errette deine Seele, und siehe nicht hinter dich« (AT 1. Mose 19,17). – Die biblische Beschreibung der Apokalypse wurde oft adaptiert, so daß Büchner hier mglw. auch auf literarische Quellen, z. B. Goethe, »Götz« V/I, zurückgreift: »Weib. Heiliger Gott, wie bluthroth der Himmel ist, die untergehende Sonne bluthroth! / Mutter. Das bedeut Feuer. 〈...〉 / Alter. Fort! Fort! In Wald!« – Vgl. auch Büchners »Lenz« (S. 33): »Hören Sie denn nichts, hören Sie denn nicht die entsetzliche Stimme, die um den ganzen Horizont schreit« sowie 22,22–24 *Wenn die Sonn im Mittag steht ... Stimme zu mir geredet!* mit Erl.

10,3 *Still, Alles still, als wär die Welt todt:* mglw. angeregt durch Tieck, »Der Abschied« II/2: »und hernach alles so still, kein Laut in der ganzen Natur, – alles todt! todt, Louise«.

10,4 *Sie trommeln drin:* vgl. 10,9 *Zapfenstreich* mit Erl.

Szene 2 (= H 4,2)

10,9 *Zapfenstreich:* »das mit der Trommel oder dem Flügelhorn gegebene Abendsignal, nach welchem sich alle Soldaten in ihren Kasernen oder Quartieren 〈...〉 einfinden müssen« (Brockhaus 1843–48, XV,487; vgl. 10,4 f. *Sie trommeln drin. Wir müssen fort*). »Das Signal wird gewöhnlich von den Wachposten aus gegeben, oft aber auch, besonders an festlichen Tagen, von den Musikbanden der Regimenter begleitet, welche dann, mit den eigentlichen Signalgebern abwechselnd, musicirend die Hauptstraßen und Plätze durchziehen« (MCL VIII,945). Es wurde »im Frieden meist um 9 Uhr geschlagen« (DWb XXXI,272), so auch in der Garnisonstadt Gießen (vgl. Vogt, S. 41) und in der Residenzstadt Darmstadt (vgl. L10: Linz 1836, S. 60; DR II,226 f.).

10,10 *Tambourmajor:* Anführer der Tambours (Trommler) eines Infanterie-Regiments, im Rang eines Unteroffiziers (vgl. L9: »Allgemeine Realencyclopädie« IX,1067) mit repräsentativer Funktion bei Paraden. Im Truppenverband marschierte er vor den Tambours und gab ihnen mit seinem Stock, der oben mit einem »Knopf« versehen war, Kommandos für die Trommelsignale und die Marschformation (L10: »Exercier-Reglement« 1819, S. 193–196). Zu seiner Uniform gehörten weiße Handschuhe und der Federbusch auf dem Helm (vgl. 19,20–22 *Wenn ich am Sonntag erst den großen Federbusch hab' und die weißen Handschuh* und die zeitgenössische Abbildung in L10: Kersten/Ortenburg 1984, S. 36). Die Bezeichnung »Tambourmajor« (oder auch *Tambour-Major*, vgl. 19,14) stammt aus dem Französischen (vgl. L9: »Grand dictionnaire universel« XIV,1434), während in zeitgenössischen deutschen Lexika »Regiments-Tambour« gebräuchlich ist. Einen »Tambour-Major« erwähnen allerdings auch Heinrich Heine in »Ideen. Das Buch Le Grand« (»Reisebilder« II,129; vgl. auch 10,12 *Sa ra ra ra!* mit Erl.) und Grabbe in »Napoleon« I/1: »voran der Tambour Major«.

10,12 *Bub:* südhessisch »mit wärmerem Gefühlston« für ›Sohn‹, aber auch ganz allgemein für ›Knabe‹ und ›Junge‹ gebräuchlich (ShWb I,1185 f.).

Sa ra ra ra!: Marie intoniert hier mglw., unter Auslassung des anlautenden »i«, das französische Revolutionslied »Ça ira« (vgl. auch 64,23 *Sa! ra*), das dazu auffordert, »die

Aristokraten an die Laterne« zu hängen, und dessen erste Strophe folgendermaßen lautet:

> Ah! ça ira, ça ira, ça ira,
> Les aristocrates à la lanterne;
> Ah! ça ira, ça ira, ça ira,
> Les aristocrates on les pendra;
> Et quand on les aura tous pendus,
> On leur fich'ra la pelle au cul.
> Ah! ça ira, ça ira, ça ira ⟨...⟩.
>
> (L2a: Semmer, S. 56 f.)

Das Singen des Liedes und die szenische Konstellation (Frauen am Fenster beobachten einen Tambourmajor) kannte Büchner vmtl. aus Heine, »Ideen. Das Buch Le Grand« (»Reisebilder« II,128 f.; vgl. L5: Schmidt, GBJb 8).

10,13 *Was ein Mann:* Das Fehlen der Präposition »für« galt hochsprachlich als ›unerlaubt‹ (Adelung IV,1394), war zeitgenössisch aber durchaus üblich, vgl. z. B. Lenz, »Die Freunde machen den Philosophen« I/4: »Was ein Ochse ist denn das da?«

ein Mann, wie ein Baum: Der Ausdruck ist sprichwörtlich: »Es ist ein Mann wie ein Baum« (L13: Tendlau 1860, S. 546), mglw. aber auch biblisch angeregt: »Der ist wie ein Baum ⟨...⟩ der seine Frucht bringet zu seiner Zeit« (AT Psalm 1,3).

10,14 *wie ein Löw:* häufiger Vergleich in der Bibel, z. B. AT Psalm 17,12: »Gleich wie ein Löwe, der des Raubes begehret«.

10,17 *nit:* mundartlich für ›nicht‹ im ober- und mitteldeutschen Sprachgebiet verbreitet (vgl. DWb XIII,690); dramensprachlich findet die Form sich z. B. bei Goethe, »Götz« III/7: »Ich will ⟨...⟩ sehn ob ich nit mit warmen Ueberschlägen meinem Uebel abhelfen kann.«

10,19 *Soldaten, das sind schöne Bursch:* vgl. auch 65,4 *Solda-*

ten, das sind schmucke Bursch. Beide Varianten sind als Liedanfang nicht nachgewiesen. Mglw. variiert Büchner das 1880 erstmals im »Liederbuch für Soldaten« gedruckte Lied »Soldaten das sein lustge Brüder«, dessen erste zwei Strophen lauten:

Soldaten das sein lustge Brüder,
Haben frohen Mut,
Singen lauter lustge Lieder,
Sein den Mädchen gut.

Spiegelblank sein unsre Waffen,
Schwarz das Lederzeug,
Können wir beim Mädchen schlafen,
Sein wir Kaiserreich.

(L2a: Lewalter I,67 f.)

10,22–24 *Trag sie ihr Auge zum Jud ... verkaufe:* Büchner dachte mglw. an den in Darmstadt bekannten jüdischen Trödler Benedikt Ludwig, der in Ernst Elias Niebergalls Lokaldrama »Des Burschen Heimkehr« (1837) mit einer ähnlich schnippischen Entgegnung, bezogen auf eine elterliche Heiratseinwilligung, auch namentlich erwähnt wird: »Gehn-Se zum Benedick un losse-Se sich's wechsele« (III/2; zit. nach L13: Esselborn 1919, S. 24; vgl. L5: Schulz, GBJb 9).

10,24 *für zwei Knöpf verkaufe:* »Knöpfe« ist umgangssprachlich auch für ›Geld‹ gebräuchlich (»keinen Knopf Geld haben«), »wol weil manche Metallknöpfe Münzen ähnlich sehn« (DWb XI,1478). Marie sagt also entweder: Margreth solle ihre ›Augen verkaufen‹ und bekäme dafür *zwei Knöpf* (Münzen, Geldstücke), oder: Margreth solle ihre Augen als Knöpfe zum Kauf anbieten.

10,25 *Jungfer:* Bezeichnung »für unverheirathete weibliche Personen solches Standes 〈...〉, die man nicht für vornehm genug hält, um sie mit einem andern Ehrentitel zu belegen« (Campe II,856). – Das beleidigende *Frau*

Jungfer spielt auf Maries illegitimes Verhältnis zu Woyzeck an.

10,26 *eine honette Person:* »honett« hat die Bedeutung »achtbar, anständig« und »wird meist nur in Bezug auf Rang oder äußerlichen Anstand gebraucht« (DWb X,1785). Südhessisch ist die Wendung »Er ist e honetter Mann« (vgl. 65,10 f. *ich bin e honette Person*) in der Bedeutung »ehrenhaft, redlich, bieder« belegt (ShWb III,693). Der Sprachgebrauch ist ähnlich bei Lenz, z. B. »Die Soldaten« I/4: »Red' ich denn von honnetten Mädchen?«

10,26 f. *sie guckt 7 Paar lederne Hose durch:* sprichwörtlich, vgl. Wander II,790: »Der koh durch neu ⟨neun⟩ Poër ladern Hosen gegloatz.«

11,1 *Luder:* »schimpft man in der niedrigsten Sprechart« Menschen, denen »man seine höchste Verachtung bezeigen will« (Campe III,159), vor allem Frauen (vgl. DWb XII,1233). Das Wort findet sich bei Clarus, S. 16 (vgl. Dok. 1, S. 127) und dramensprachlich in Lenz, »Die Soldaten« III/2: »das Luder ist deiner nicht werth gewesen« und ebd.: »Solch ein Luder« (vgl. Dok. 17, S. 233).

11,4 *unehrliche Gesicht:* »unehrlich« bezeichnet auch den Rechtsstatus der unehelichen Geburt (vgl. DWb XXIV,454). Die Wendung *unehrliche Gesicht* ist mglw. angeregt durch Heine, »Die Harzreise«: »die Waisenkinder, mit ihren ⟨...⟩ lieben, unehelichen Gesichtchen, ziehen über den Jungfernstieg« (»Reisebilder« I,234). – Vgl. auch den Vorwurf des Hauptmanns in Szene 5 (17,31 f.), daß Woyzeck *ein Kind, ohne den Segen der Kirche,* habe.

Sa! Sa!: Die Interjektion »sa« (frz. »ça«) war zur Zeit Büchners als ein »Ausruf ⟨...⟩ des Antreibens« (DWb XIV,1577) und um »zur Lebhaftigkeit, Schnelligkeit, zur Freude aufzumuntern« (Campe IV,2) geläufig; heute wird sie nur noch in Verbindungen wie »heisa«, »hopsasa« oder »Tausendsasa« gebraucht (DWb X,896; XXI,224). Belegt ist sie auch in Shakespeare, »König Lear« IV/6: »Kommt: wenn ihr's haschen wollt, so müßt ihr's durch

Laufen haschen. Sa, sa, sa, sa!« (Vgl. auch 82,11 f. *Christianchen, du bekommst en Reuter, sa sa* und L5: Schmidt, GBJb 8.)

11,5–10 *Mädel, was fangst du jezt an ... kein Mensch nix dazu:* eine »Wanderstrophe«, die vielfältig variiert auch als Schluß anderer Volkslieder gesungen wurde. Büchners Text am nächsten steht die folgende, unter dem Titel »Die lustige Nonne aus Preßburg« 1806 gedruckte Variante:

Hinter'm Zaun im grünen Gras,
Sing' I mein Gratias:
Hinter'm Zaun im Grünen hier
Beth' I mein Klosterbrevier.
»Nannerl, was hast gethan?
Hast ein klein Kind und kein Mann!« –
Ei, was frag' I darnach,
Sing I die ganze Nacht,
Heiderbubheiderl, mein Bue,
Es gibt mir kein Mensch was dazu;
Heiderbubheiderl, mein Kind,
Zieh I, durch Regen und Wind,
Mit dir zum Prior nach Spaa,
Und komm' I zurück – hab I zwo.

(L7: Rölleke 1990, S. 332)

11,11–16 *Hansel spann deine sechs Schimmel an ... Wein muß es seyn:* Variation des 1854 in der Gegend von Gießen aufgezeichneten Liedes »Des Fuhrmanns Lust«, dessen letzte Strophe lautet:

Hansel, spann meine sechs Schimmel aus!
Gieb ihn' zu fressen aufs Neu!
Kein Hafer saufens nit,
Kein Wasser fressens nit,
Lauter kühler Wein muß es sein, juchhe!
Lauter kühler Wein muß es sein.

(L2a: »Deutscher Liederhort« III,405 f.)

Auch die elsässische Variante des »Reitliedchens« aus der Sammlung seines Freundes August Stöber könnte Büchner gekannt haben:

Gib mî'm kleine Réssele
Z'fresse un z'saufe;
Hawre, dä frißt es nit,
Wasser, das sauft es nit;
Lauter kühler Wein,
Lauter kühler Wein
Muß es sein!

(L2a: Stöber 1859, S. 27)

11,19 *Verles:* abendlicher Zählappell des Militärs. »Das ⟨...⟩ Abendverlesen wird ⟨...⟩ zwischen 4 und 8 Uhr Abends gehalten, ⟨...⟩ etwa eine halbe Stunde vor dem Eintritte der Dunkelheit, jedoch in der Regel nicht später als 8 Uhr im hohen Sommer.« Beim »Verlesen muß sämmtliche dienstfreie, nicht beurlaubte Mannschaft ⟨...⟩ zugegen seyn« und auf den Namensaufruf »mit einem vernehmlichen Hier!« antworten. Darauf erstattet der Feldwebel Rapport und »commandirt ⟨...⟩ die Mannschaft, welche den folgenden Tag in Dienst kommt« (DR I,229 ff.). – Büchners Darstellung zufolge wird der Zapfenstreich vor dem Verlesen geschlagen (vgl. 10,9 *Zapfenstreich* mit Erl.).

11,21–12,1 *Woyzeck. (geheimnißvoll) ... schnappt noch über mit den Gedanken:* Clarus berichtet über Woyzecks Sorge, »daß er von den Freimaurern verfolgt werde« (Clarus, S. 18; vgl. Dok. 1, S. 129), sowie über seinen Hang zu »fortgesetztem Nachgrübeln« und seine »Vorurtheile über die Bedeutung der Träume, über Geistererscheinungen« und dergleichen (ebd., S. 37 f.).

11,22–24 *steht nicht geschrieben ... wie der Rauch vom Ofen:* Woyzeck zitiert aus der Schilderung des Untergangs von Sodom und Gomorrha: »und siehe! da ging ein Rauch auf vom Lande, wie ein Rauch vom Ofen« (AT

1. Mose 19,28). Vgl. auch 9,26–29 *Ein Feuer fährt um den Himmel 〈...〉 (reißt ihn in's Gebüsch)* mit Erl.

11,26 *Es ist hinter mir gegangen:* vgl. 9,18 *Es geht hinter mir, unter mir* mit Erl.

11,30 *vergeistert:* südhessischer Ausdruck für »verängstigt«, »außer sich vor Schreck« (ShWb II,491); Goethe gebraucht ihn für »in große Aufregung versetzen« (L9: Fischer 1929, S. 681).

12,3 *Sonst scheint doch als die Latern herein:* Marie ist offenbar zu arm, um ihre Kammer beleuchten zu können. Vgl. auch 66,20–24 *er hat mir Angst gemacht 〈...〉 Sonst scheint doch als die Latern herein* mit Erl.
als: südhessisch für ›immer‹ (vgl. ShWb I,184).

12,4 *Ich halt's nicht aus ... (geht ab):* Einen ähnlichen Szenenschluß gestaltet Büchner in »Danton's Tod« II/3: »Ich halt' es da oben nicht aus. (sie geht.)«
Es schauert mich: »schauern« ist ebenso wie »schaudern« in der zeitgenössischen Dramatik und in der Schauerliteratur Ausdruck einer diffusen Bedrohung, vgl. z. B. Tieck, »Der Abschied« II/4: »Mich schaudert!« Hier in Verbindung mit der Schmuckszene (Szene 4) vmtl. angeregt durch Goethe, »Faust« I, V. 2757 f.: »Mir läuft ein Schauer über'n ganzen Leib – / Bin doch ein thöricht furchtsam Weib!« Wie dort Margarete beginnt auch Louise in der Vorläuferszene H 2,2 zu singen. Vgl. Dok. 18, S. 239, sowie 66,25 *(sie singt:)*.

Szene 3

Die Lese- und Bühnenfassung fügt unter der Szenenüberschrift von H 4,3 in die von Büchner offengehaltene Arbeitslücke eine Zusammenstellung von Passagen aus den Jahrmarktszenen H 1,1, H 1,2, H 2,3 und H 2,5 ein. Für Erläuterungen zu 12,7 bis 13,13 s. u. S. 81 f. und 95, zu 13,14 bis 13,26: S. 97, zu 14,1 bis Szenenende: S. 82–84.

12,6 *Buden:* »In engerer Bedeutung, ein leichtes hölzernes Gebäude, welches auf einige Zeit als an Jahrmärkten etc. errichtet wird«, speziell »Taschenspielerbude, Puppenspielerbude, Marktschreierbude« (Campe I,644) oder Verkaufsstand von umherziehenden Händlern.

Szene 4 (= H 4,4)

Wesentliche Anregungen für diese Szene gingen aus von Lenz, »Die Soldaten« I/6 und Goethe, »Faust« I, V. 2790–2804 (vgl. Dok. 17, S. 227 ff., und Dok. 18, S. 237 ff.).

15,2–5 *Marie sitzt ... ein Stückchen Spiegel in der Hand ... (bespiegelt sich):* angeregt durch Lenz, »Die Soldaten« I/6: »Mariens Zimmer. (Sie sitzt auf ihrem Bette, hat die Zitternadel in der Hand, und spiegelt damit, in den tiefsten Träumereien. ⟨...⟩)« (vgl. Dok. 17, S. 228).

15,5 *Steine:* hier: Edelsteine (vgl. Campe IV,618).

15,9 *er holt dich:* »Kinderschreck, ⟨...⟩ der das Kind ›holt‹ ⟨...⟩, wenn es den Weisungen der Erwachsenen nicht folgt« (HWdA IV,1366 f.). Vgl. auch 15,21–24 *das Schlafengelchen ⟨...⟩ daß du blind wirst* mit Erl.
(singt): szenisch mglw. angeregt durch Goethe, »Faust« I, V. 2759–82 (vgl. Dok. 18, S. 239).

15,10–13 *Mädel mach's Ladel zu ... Fort in's Zigeunerland:* Das in zahlreichen Varianten überlieferte Volkslied ist bei Böhme folgendermaßen wiedergegeben:

Mädle, mach's Lädle zu,
Kommt a Zigeunerbu,
Führt die an deiner Hand
In das Zigeunerland.

(L2a: Böhme 1897, S. 123)

Eine entfernte elsässische Variante hat Büchners Freund August Stöber in sein »Elsässisches Volksbüchlein« (L2a: Stöber 1842, S. 70) aufgenommen.

15,14–20 *(spiegelt sich wieder) S'ist gewiß Gold! ... als die großen Madamen ... nur ein arm Weibsbild:* vmtl. angeregt durch Goethe, »Faust« I, V. 2792–2804: »Ein Schmuck! Mit dem könnt' eine Edelfrau / Am höchsten Feyertage gehn. / ⟨...⟩ / (Sie ⟨...⟩ tritt vor den Spiegel). / ⟨...⟩ / Nach Golde drängt, / Am Golde hängt / Doch alles. Ach wir Armen!« (Vgl. Dok. 18, S. 240.)

*⟨150,1 f.⟩ *Wie wird mir's beym Tanz stehn?:* vmtl. angeregt durch Goethe, »Faust« I, V. 2794: »Wie sollte mir die Kette stehn?« (Vgl. Dok. 18, S. 240.)

15,17 *großen Madamen:* Das Adjektiv »groß« bedeutet hier »hochgeboren, hochgestellt, vornehm« (DWb IX,480). »Madam« ist eine allgemeine Bezeichnung »für verheiratete ⟨...⟩ Frauen aller besserer Stände«. Umgangssprachlich wird »Madame« synonym zu »Frau« gebraucht, aber »mit Bezug auf ihre höhere Stellung oder modische Erscheinung« (DWb XII,1417). Südhessisch wird der Ausdruck »von sozial niedriger Stehenden« öfter »mit kritischem oder spöttischem Beiklang« gebraucht (ShWb IV,473).

15,20 *Weibsbild:* bezeichnet im Gegensatz zu »Frau« die »social niedriger« gestellte weibliche Person, häufig mit negativer (vgl. DWb XXVIII,446), in »Woyzeck« eher mit positiver Betonung des Sexuellen; vgl. 19,26 f. *Und du bist auch ein Weibsbild*, 13,15 f. *Was ein Weibsbild* sowie 27,12 *Vorhin sind die Weibsbilder hin.*

15,21–24 *das Schlafengelchen ... daß du blind wirst:* Eine ähnliche Drohung ist aus dem südhessischen Raum überliefert, wo die Mutter »den Kindern, die beim Schmücken des Christbaumes spähen«, zuruft: »'s Chrischkindle blosd der d' Auche aus!« (ShWb I,435.) Das *Schlafengelchen* ist ein weiterer »Kinderschreck« (vgl. 15,9 *er holt dich* mit Erl.), der die Kinder »zur Bestrafung eines unerlaubten Anblicks« blendet (HWdA I,1393).

15,25 f. *Woyzeck tritt herein ... Sie fährt auf mit den Händen nach den Ohren:* szenisch und sprachlich angeregt durch Lenz, »Die Soldaten« I/6: »Der Vater tritt herein, sie fährt auf und sucht die Zitternadel zu verbergen« (vgl. Dok. 17, S. 228). Die Anregung wird besonders deutlich durch Büchners Sofortkorrektur: *Sie fährt auf* [*u*⟨*nd*⟩ *verste*⟨*ckt*⟩] *mit d. Händen* (vgl. Diff. Text, 150,13 f.).

16,3 *ein Mensch:* Neutrum, Plural »Menscher«, bezeichnet eine weibliche Person von sozial niedrigem Stand; »in manchen Gegenden« ist es »ein hartes Schimpfwort« und bedeutet dann »soviel als Hure« (Campe III,262). Vgl. auch 16,14 *schlecht Mensch* sowie 27,12 f. *Vorhin sind die Weibsbilder hin, die Menscher dämpfen.*

16,4 *Was der Bub schläft:* in Hessen üblich für ›wie der Bub schläft‹; der Ausdruck ist auch literatursprachlich belegt, vgl. Grabbe, »Napoleon« I/1: »Was der Pöbel frech geworden ist.«

16,7 f. *Alles Arbeit unter der Sonn, sogar Schweiß im Schlaf:* steigernde Variante der biblischen Sätze im AT 1. Mose 3,19: »Im Schweiß deines Angesichts sollst du dein Brod essen« und AT Prediger 1,3: »Was hat der Mensch mehr von aller seiner Mühe, die er hat unter der Sonne?«

16,8 *Wir arme Leut!:* ähnlich auch Goethe, »Faust« I, V. 2804: »Ach wir Armen!« (Vgl. Dok. 18, S. 240.) Zum Thema Armut vgl. Kap. IV.1, S. 189–197.

16,9 *Löhnung:* Sold »der gemeinen Soldaten« und »Unter-Officiers« (Adelung II,2098). Die Soldaten im Großherzogtum Hessen erhielten außer einer täglichen Brotration von zwei Pfund (vgl. GHRB, Nr. 39, 16. April 1834, S. 224, § 13) ihre Löhnung alle fünf oder sechs Tage, wobei ein »Gemeiner der Infanterie« wie Woyzeck 7 Kreuzer täglich bekam (vgl. Wagner IV,340). Davon wurde noch ein Beitrag zur Menage abgezogen (vgl. 23,8 *menage* mit Erl.). Zu Woyzecks Nebenverdiensten vgl. 21,10 *2 Groschen täglich* mit Erl.; zu seinem Einkommen als Soldat im Vergleich zu anderen Berufsgruppen vgl. Kap. IV.1, S. 194.

was von mein'm Hauptmann: vmtl. Zulagen, die Woyzeck für seine ›Lohndienste‹, also das Rasieren (vgl. Szene 5) und vmtl. auch das Stöckeschneiden (vgl. Szene 1), erhält. Vgl. auch Kap. IV.1, S. 195.

16,12 *Adies:* »statt des alten ›ade‹, oder des vornehmen ›adieu‹« verwendet (DWb I,181; vgl. auch ShWb I,141); literatursprachlich bei Goethe, »Götz« I/3 belegt: »Wir müssen fort. Adies!«

16,13–16 *Marie. (allein nach einer Pause) … Mann und Weib:* Der Szenenschluß ist vmtl. angeregt durch Lenz, »Die Soldaten« I/6 (vgl. Dok. 17, S. 229). Ähnlich auch bei Tieck, »Der Abschied« II/4: »Komme was da will, ich kann nicht mehr als sterben!«

Szene 5 (= H 4,5)

Aus dem Clarus-Gutachten übernahm Büchner für diese Szene mglw. die Informationen, daß Woyzeck »bald als Friseur, bald als Bedienter« (Clarus, S. 15; vgl. Dok. 1, S. 126) tätig war und die »Officiers« ihm zu einem »Trauschein hätten behülflich seyn wollen« (ebd., S. 43; vgl. Dok. 1, S. 141), daß er von ihnen »mancherlei unverdiente Kränkungen habe erfahren müssen, und sich zugleich seiner beabsichtigten Heirath immer mehr Schwierigkeiten in den Weg gestellt hätten« (ebd., S. 41; vgl. Dok. 1, S. 140), daß »die Leute von ihm gesagt hätten, daß er ein guter Mensch sey« (ebd., S. 43; vgl. Dok. 1, S. 141), und schließlich, daß er sich oft im »Zustand der Gedankenlosigkeit« befunden habe (ebd., S. 42; vgl. Dok. 1, S. 141).

16,18 *Hauptmann:* Offizier, der im Rang über einem Premierleutnant und unter einem Major steht (vgl. MCL VI,238) und als »Chef einer Compagnie zu Fuß« verantwortlich »für die Ausbildung und Mannszucht seiner Truppe und für deren Bedürfnisse« ist (MCL III,654). In H 1,8 ist die Figur des Vorgesetzten, für den Woyzeck Arbeiten verrichtet, noch unspezifisch ein *Officier*, in H 2,2 ein *Major*, bis sich Büchner in H 2,7 für den rangniedrigeren *Hauptmann* entscheidet. Mglw. hat die phlegmatisch-kränkliche Zeichnung der Figur (vgl. Szene 9) das überalterte Offizierskorps des Großherzogtums Hessen zum realen Hintergrund. Nach der Truppenreorganisation von 1820 war es zu einem Beförderungsstau gekommen, so daß die Offiziere frühestens mit 42 Jahren zum Hauptmann befördert wurden (vgl. L10: Kattrein 1907, S. 71, 78; Bigge 1903, S. 225). Die Beleibtheit höherer Offiziersränge war – wie der Ausdruck »Hinneigung zu einem Majorsbauche« zeigt – sprichwörtlich (L13: Corvin 1880, I,271). Die besonders in Preußen (vgl. ebd., S. 188), aber auch im Großherzogtum rigiden Ehevorschriften für Offiziere erschwerten eine Heirat erheblich. Im Großherzogtum mußte ein Hauptmann, wenn er eine Genehmigung zur Heirat erhalten wollte, Vermögen im Wert von 4000 Gulden hinterlegen (vgl. DR I,88). Die Eifersucht des Hauptmanns auf Woyzeck (vgl. H 2,7) und sein Voyeurismus (vgl. 18,21–24 *Wenn ich am Fenster lieg ⟨...⟩ da kommt mir die Liebe* mit Erl.) mögen auf eine derart erzwungene Ehelosigkeit zurückzuführen sein. Auch die Langeweile des Hauptmanns (vgl. 17,4–13 *Es wird mir ganz angst ⟨...⟩ melancholisch* mit Erl.) gehörte offenbar zu den Realitäten des Offiziersberufs: »Das verhältnißmäßig müßige Leben macht aber die Officiere ganz besonders begierig nach weiblichen Bekanntschaften« (L13: Corvin 1880, I,189).

16,21 f. *ein's nach dem andern:* sprichwörtlich (vgl. Wander I,794).

16,22 f. *Er macht mir ganz schwindlich:* Die Suffixbildung auf »-ch« (statt »schwindlig«) war zeitgenössisch üblich (vgl. DWb XV,2677); der Dativ nach »machen« ist in Südwestdeutschland idiomatisch und bei Büchner öfter zu finden, z. B. »Ich meine eine Tour ⟨...⟩ durch unsere teutschen Staaten müßte einem ganz wüthend machen« (Brief an Boeckel vom 1. Juni 1836; HA II,458).

Er: Die als höflich geltende Anrede »Er« wird im 18. Jh.

durch »Sie« abgelöst und »Er« nurmehr für einen »geringer scheinenden Bauer und Handwerker« (DWb III,689) benutzt, außerdem aber für Soldaten.

16,23 f. *Was soll ich dann ... zu früh fertig wird:* Das Leiden an der Langeweile teilt der Hauptmann mit Danton (»Danton's Tod« II/1), Prinz Leonce (»Leonce und Lena« I/1) und Lenz (»Lenz«, S. 27). In einem Brief an Gutzkow schreibt Büchner 1836 aus Straßburg: »Ich glaube, man muß ⟨...⟩ die abgelebte moderne Gesellschaft zum Teufel gehen lassen. Zu was soll ein Ding, wie diese, zwischen Himmel und Erde herumlaufen? Das ganze Leben desselben besteht nur in Versuchen, sich die entsetzlichste Langeweile zu vertreiben. Sie mag aussterben, das ist das einzig Neue, was sie noch erleben kann« (HA II,455).

16,26 f. *dreißig Jahr! ... Tage, Stunden, Minuten!:* mglw. angeregt durch Lenz, »Die Soldaten« III/2, wo Stolzius ebenfalls eine bestimmte Zeitdauer durch kleine Maßeinheiten ins Unendliche auflöst: »Endlich – endlich – – alle Tage ein Sandkorn, ein Jahr hat zehn zwanzig dreißig hundert« (vgl. Dok. 17, S. 234).

17,1 *Theil er sich ein:* Der hochsprachlich unübliche reflexive Gebrauch des Verbs »einteilen« ist in der Bedeutung ›sich mit dem Vorhandenen einrichten‹ in den südhessischen Varianten »Däl dich in!« und »Er verstehd sich nedd insedäle« belegt (ShWb II,147).

17,3 *Herr Hauptmann:* Die Anrede entspricht der vorgeschriebenen Form, nach der »der Gemeine jeden Vorgesetzten und Oberen« mit dessen Rangbezeichnung und »dem Vordersatz, Herr« anzusprechen hatte (DR I,18).

17,4–13 *Es wird mir ganz angst ... melancholisch:* Als möglicher Auslöser von Melancholie galt zeitgenössisch das Mißbehagen angesichts der steten Wiederkehr gleicher Abläufe (vgl. »Dichtung und Wahrheit« III, 13. Buch; »Goethes Werke« XXVI,212 f.). Beispiele sind der Zug der Wolken (vgl. »Leonce und Lena« I/1: »Daß die Wolken schon seit drei Wochen von Westen nach Osten ziehen. Es macht mich ganz melancholisch«), das morgendliche Ankleiden (vgl. »Danton's Tod« II/1: »Das ist sehr langweilig immer das Hemd zuerst und dann die Hosen drüber zu ziehen«) oder der Anblick von Mühlrädern (vgl. Eichendorffs bekanntes »Lied« von 1813: »In einem kühlen Grunde, / Hör' ich das Mühlrad gehen, / Ich weiß nicht was ich will, / Ich möcht' am liebsten sterben, / Da wär's auf einmal still«; »Werke« I,84). Der Hauptmann leidet unter einer sonst nicht nachweisbaren Variante der Melancholie, die Büchner vmtl. erfunden hat, um das berufsspezifische Problem des Offiziersstandes, den Mangel an Beschäftigung, zu karikieren: der Hauptmann wird anscheinend melancholisch bei dem Gedanken, daß die Menge möglicher Tätigkeiten und Ereignisse endlich, die Zeit dagegen unendlich ist, so daß die *Ewigkeit* schließlich aus einer unendlichen Menge leerer *Augenblick⟨e⟩* bestehen wird.

17,11 f. *wo soll das hinaus?:* südhessisch gebräuchlich: »Ich waß's schunn, wo 's enaus soll!« (ShWb III,504.)

17,15 f. *er sieht immer so verhetzt aus:* verhetzen: »verstärkt das einfache ›hetzen‹« (DWb XXV,564); die Wendung, er »sichd ganz vahetzd aus« ist in der Gegend von Darmstadt üblich (ShWb II,510).

17,15–17 *verhetzt ... gutes Gewissen hat:* Das Motiv ist mglw. von Clarus übernommen, der Woyzecks Verhalten u. a. durch »Gewissensunruhe« erklärte (Clarus, S. 76; vgl. Dok. 1, S. 154; vgl. auch Erl. zu 27,21–29 *ich hab keine Ruh ⟨...⟩ Ich muß hinaus, s'ist so heiß da hie*). In der Schauerliteratur gilt gehetztes Verhalten als Zeichen vergangener oder künftiger Schuld. Vgl. Zacharias Werner, »Der 24. Februar«: »Die Hölle / Trieb immer ihn! – Sonst war der Jung' nicht dumm, / Auch schlecht nicht – aber immer trieb's ihn im Kreis' herum, / Unstät und flüchtig! – War das wohl der Fluch?« (S. 97.) Vgl. auch 24,28–

30 *Woyzeck, was hetzt er sich so an mir vorbey. ⟨...⟩ er laüft ja wie ein offnes Rasirmesser durch die Welt.*

17,16 *Ein guter Mensch thut das nicht:* mglw. biblisch angeregt: »Ein guter Mensch bringet Gutes hervor aus seinem guten Schatz des Herzens; und ein böser Mensch bringet Böses hervor aus seinem bösen Schatz« (NT Matthäus 12,35; vgl. NT Lukas 6,45). Vgl. auch 17,28 *er ist ein guter Mensch* mit Erl.

17,18–20 *Was ist heut für Wetter? ... schlimm; Wind:* »schlimm« bezeichnet den »ungünstigen Einfluß« oder die »schädliche Wirkung« der »Erscheinungen der umgebenden Natur« (DWb XV,715 f.), so auch in der Verbindung »Schlimmes Wetter« (Adelung III,1535); im Südhessischen hat »schlimm« allgemein die Bedeutung »unangenehm, unerfreulich, ungünstig« (ShWb V,440).

17,21–24 *s'ist so was Geschwindes ... so was aus Süd-Nord:* »Geschwindes« hier wohl noch in der älteren Bedeutung »ungestüm, heftig und kräftig« (DWb V,3994). Die Rede des Hauptmanns ist mglw. angeregt durch Stolzius' Konversationsversuch in Lenz, »Die Soldaten« II/2: »Es geht ein so scharfer Wind draußen, ich meine, wir werden Schnee bekommen« (vgl. Dok. 17, S. 230) sowie durch Hamlets Verhöhnung des Höflings Osrick in Shakespeare, »Hamlet« V/2: »Osrick. Ich danke eurer Hoheit, es ist sehr heiß. / Hamlet. Nein, auf mein Wort, es ist sehr kalt; der Wind ist nördlich. / Osrick. Es ist ziemlich kalt, in der That, mein Prinz. / Hamlet. Aber doch dünkt mich, es ist ungemein schwül und heiß«.

17,27 *abscheulich:* in »der verderbten Umgangssprache« üblich zur Steigerung und Intensivierung eines Ausdrucks (Campe I,46).

17,28 *er ist ein guter Mensch:* übernommen aus dem Clarus-Gutachten: »wenn die Leute von ihm gesagt hätten, daß er ein guter Mensch sey« (Clarus, S. 43, vgl. Dok. 1, S. 141).

17,32 *ohne den Segen der Kirche:* unehelich. Tatsächlich wäre eine Heirat für einen Soldaten in Woyzecks Position nicht möglich gewesen, da er und seine Verlobte dazu jeweils 600 Gulden Vermögen hätten nachweisen müssen (vgl. DR I,89). Vgl. Kap. IV.1, S. 196 f. Vgl. auch 10,25 *Jungfer* mit Erl. und 11,4 *unehrliche Gesicht* mit Erl.

18,1 *Garnisonsprediger:* Militärgeistlicher am Truppenstandort, u. a. mit der Aufgabe, in Predigten »den Soldaten über seine Pflichten gegen Gott, gegen seinen Souverain, seine Obrigkeit und seine Mitmenschen zu belehren und ihn in der Erfüllung seiner Obliegenheiten zu stärken« (DR I,122, § 535). Nach 1821 gab es im Großherzogtum Hessen nur noch in Babenhausen und Darmstadt »eine eigene Garnisonsgemeinde« (L10: Köhler 1847, S. 260).

18,4 *Wurm:* in der »mitleidig-affektischen Verwendung« sowie »in der mundartlich gefärbten Umgangssprache« gebräuchlich für ein »armseliges, hilfloses Geschöpf«, vor allem für ein Kind (DWb XXX,2227 f.).
drum ansehn: »Einen drum angucke« bedeutet südhessisch: »ihn (unausgesprochen) als den Schuldigen betrachten« (ShWb I,1400).

18,6 f. *Der Herr sprach: … Kindlein zu mir kommen:* Der von Woyzeck zitierte Satz »Jesus 〈…〉 sprach zu ihnen: Lasset die Kindlein zu mir kommen, und wehret ihnen nicht; denn solcher ist das Reich Gottes« (Markus 10,14) ist im Neuen Testament mit geringen Unterschieden auch in Matthäus 19,14 und Lukas 18,16 überliefert.

18,9 *Er macht mich ganz confus:* Ähnlich reagiert König Peter in Büchners »Leonce und Lena« I/2: »Was? Was? Die Menschen machen mich confus, ich bin in der größten Verwirrung.«

18,13 *Geld, Geld. Wer kein Geld hat:* Woyzecks Rechtfertigung der Unehelichkeit seines Kindes bezieht sich u. a. auf die Heiratsbestimmungen des Militärs. Vgl. Erl. zu 17,32 *ohne den Segen der Kirche.*

18,13–15 *Da setz einmal einer mein'sgleichen … in der Welt:* Zunächst hatte Büchner hier geschrieben: *Da setz einmal einer sein'sgleichen* ⟨d. h. Kinder⟩ *auf die moralische Art in die Welt.* Eine spätere Korrektur mit dem vmtl. beabsichtigten neuen Satzsinn: *Da setz' einmal einer ⟨...⟩ auf die Moral in d⟨er⟩ Welt* führte Büchner nur unvollständig aus, so daß der überlieferte Text keinen eindeutigen Sinn ergibt (vgl. Diff. Text, 152,31–153,1, sowie L6: Mayer, GBJb 8, S. 234 f.).

18,15 *Fleisch und Blut:* hier um den »sinnliche⟨n⟩ Theil des Menschen, seine Begierden und Lüste« zu bezeichnen: »Ein jeder greife in seinen Busen und fühle ob er noch Fleisch und Blut habe« (Luther, zit. nach Campe II,101).

18,16 *unseelig:* zeitgenössisch übliche orthographische Variante zu »unselig« (vgl. DWb XVI,48; XXIV,1365).

18,16 f. *in der und der andern Welt:* in Anlehnung an NT Matthäus 12,32: »wer etwas redet wider den heiligen Geist, dem wirds nicht vergeben, weder in dieser noch in jener Welt.«

18,17 f. *wenn wir in Himmel kämen ... donnern helfen:* vmtl. angeregt durch das Gedicht »Jost« des elsässischen Dichters Gottlieb Conrad Pfeffel (1736–1809):

Von seinem milden Landesvater
Durch Frohnen abgezehrt, lag Jost
Auf faulem Moos. Ein frommer Pater
Gab in dem letzten Kampf ihm Trost:
Bald, sprach er, wird euch Gott entbinden
Vom Joch, das euch so hart gedrückt:
Die Ruhe, die euch nie beglückt,
Freund, werdet ihr im Himmel finden.
Ach, Herr! rief Jost so dumpf und hohl
Wie aus dem Grab, wer kann das wissen?
Wir armen Bauren werden wohl
Im Himmel frohnweis donnern müssen.

(»Poetische Versuche« III,34)

Zur Zeit der Entstehung des Gedichts (1785) war das Bild »im Himmel donnern helfen« sprichwörtlich. So erscheint es z. B. in einem anonymen Gedicht mit dem Titel »Aussichten in die Ewigkeit eines Taglöhners. 1781« (vgl. L7: Rölleke 1995, S. 331). Pfeffels Gedicht wurde auch auf der Titelseite der jakobinischen »Mainzer National-Zeitung« (Nr. 174, vom 5. November 1792) abgedruckt (Hinweis von Walter Grab, vgl. L5: Bornscheuer 1972, S. 10). Die Wendung findet sich außerdem in Achim v. Arnims Roman »Die Kronenwächter« (1817), wo ein Bergmann sagt, »ihm würde im Himmel auch nichts geschenkt werden; er werde ›ta prav tonnern‹ helfen müssen« (S. 256; vgl. L5: Bornscheuer 1972, S. 10).

18,21–24 *Wenn ich am Fenster lieg … da kommt mir die Liebe:* Andeutung offenbar voyeuristischer Neigungen des Hauptmanns, die er auch in H 2,7 (25,21 f.), nachdem er Marie und den Tambourmajor beim Küssen beobachtet hat, beschreibt: *ein Paar Lippen, Woyzeck, ich habe wieder die Liebe gefühlt.* Vgl. Erl. zu 16,18 *Hauptmann.*

18,29 f. *ich hab's noch nicht so aus:* »etwas hauß haben« hat südhessisch die Bedeutung: »einen Kunstgriff beherrschen« (ShWb III,189). Vgl. auch 63,23 *ich hab' es haus* und 66,9 *Ich hab's aus!* sowie 72,18 f. *wenn die Natur aus ist* mit Erl.

18,30 f. *wir gemeinen Leut:* Als »gemeine Leute« wird »der zahlreichste und zugleich niedrigste Theil einer bürgerlichen Gesellschaft« bezeichnet (Adelung II,548). Der »singulare Collectivbegriff« »das Leut« im Neutrum war mundartlich gebräuchlich (vgl. DWb XII,838).

18,32–19,3 *wenn ich ein Herr wär … wollt schon tugendhaft seyn:* Dieser Gedanke stellte August Becker zufolge Büchners eigene Meinung dar: »Büchner ⟨…⟩ sagte, es sei keine Kunst, ein ehrlicher Mann zu sein, wenn man täglich Suppe, Gemüse und Fleisch zu essen habe« (L10: Noellner 1844, S. 423; vgl. Dok. 8, S. 210). *Herr* ist zeitgenössisch definiert als Erwachsener »nicht ganz niedrigen Standes« (Campe II,655); das zunächst niedergeschriebene *vornehmer Herr* (vgl. Diff. Text, 153,18 f.) legt eine Anregung durch Goethe, »Götz« II/1 nahe: »wenn ich ein großer Herr wär'« (vgl. L6: Mayer, GBJb 8, S. 229).

19,1 *anglaise:* »Festkleid« für Männer »aus schwarzem Tuch mit langen Schössen«, das »besonders zu Hochzeiten und Taufen« getragen wird (L9: »Wörterbuch der elsässischen Mundarten« I,54).

*⟨153,21 f.⟩ *copuliren:* »trauen«, »vermählen« (DWb II,636; L9: Heyse 1840, S. 88).

*⟨153,22⟩ *Chaise:* französisches Lehnwort für eine »leichte zweirädrige, einspännig gefahrene Kutsche, ohne Bock, mit Halbverdeck« (ShWb V,201; vgl. Adelung I,1322).

19,7 *du denkst zuviel:* Clarus berichtet über Woyzecks Hang im Gefängnis zu »fortgesetztem Nachgrübeln« (Clarus, S. 37); Woyzeck selbst berichtete, »daß er zuweilen, wenn er lange die Gedanken auf etwas gerichtet, zuletzt gar nichts mehr gedacht habe« (ebd., S. 41; vgl. Dok. 1, S. 140). Vmtl. mitangeregt durch Shakespeare, »Julius Cäsar« I/2: »Er denkt zu viel: die Leute sind gefährlich«.

19,9 *Diskurs:* nach frz. »discours« für »Gespräch, Unterhaltung« (L9: »Nouveau dictionnaire de la langue française et allemande« I,594; Paul 1992, S. 175); in Südhessen auch mundartlich (vgl. ShWb I,1543).

Szene 6 (= H 4,6)

19,16 *mit Ausdruck:* So spricht und spielt »ein Schauspieler«, »wenn seine Empfindungen sich in seinem Äußern, in seinen Bewegungen verrathen« (Campe I,294).

19,18 *wie ein Löw:* vgl. 10,14 *wie ein Löw* mit Erl.

19,18 f. *Ich bin stolz vor allen Weibern:* in Anlehnung an AT Judith 13,23: »Gesegnet bist du, Tochter, vom Herrn, dem höchsten Gott, vor allen Weibern auf Erden«. Vgl.

auch ›Mariae Verkündigung‹ in NT Lukas 1,42: »Und rief laut, und sprach: Gebenedeyet bist du unter den Weibern, und gebenedeyet ist die Frucht deines Leibes!«

19,20–23 *Wenn ich am Sonntag ... der Prinz sagt immer:* vmtl. Hinweis darauf, daß der Tambourmajor nicht zur lokalen Garnison, sondern zu einem prinzlichen Garderegiment der Residenzstadt gehört und aus Anlaß der *Messe* (vgl. 66,18) mit einem Musikkorps in die *Stadt* abgeordnet wurde (vgl. auch Erl. zu 10,9 *Zapfenstreich*), Marie ihn also am Abend zuvor erstmals gesehen hat. – Im Großherzogtum Hessen war Prinz Emil, der Bruder des seit 1830 regierenden Großherzogs Ludwig II., »bis Ende der dreißiger Jahre der eigentliche Befehlshaber« der Armee, der auch »bei allen Waffengattungen Besichtigungen« abhielt und die Manöver leitete (L10: Kattrein 1907, S. 278). Unter seinem Kommando erfolgte die blutige Niederschlagung des oberhessischen Aufstandes von 1830 in der Nähe des Dorfes Södel, an die im »Hessischen Landboten« erinnert wird (HA II,40; vgl. auch Katalog Marburg, S. 41 f., 69).

19,21 f. *Federbusch ... weißen Handschuh:* vgl. Erl. zu 10,10 *Tambourmajor.*

19,23 *er ist ein Kerl:* »Kerl« gilt als umgangssprachlicher Ausdruck für »einen tapfern, starken Mann« (Adelung II,1551). – Hier mglw. mitangeregt durch Lenz' Bemerkung in den »Anmerkungen übers Theater« (»Gesammelte Schriften« II,226 f.), der »Volksgeschmack« reagiere angesichts eines Menschen, der »immer drauf losstürmt«, mit dem Ausruf: »das ist ein Kerl! das sind Kerls!«

19,26 f. *Weibsbild:* vgl. 15,20 *Weibsbild* mit Erl.

19,27 *Sapperment:* aus »Sakrament« gebildetes Fluchwort (vgl. L9: Paul 1992, S. 713; ShWb V,68).

20,4 f. *Sieht dir der Teufel aus den Augen?:* Geläufig ist die Variante »Es sieht ihm der Schalk aus den Augen« (Campe I,279); südhessisch sagt man »von einer Temperamentvollen« »Der fehrd's Feier aus de Age« (ShWb I,437).

Szene 7 (= H 4,7)

Anregungen zu dieser Szene vermittelte vmtl. Shakespeare, »Othello« III/3 (vgl. Dok. 20, S. 246 ff.), daneben mglw. das Clarus-Gutachten, das mehrmals von Woyzecks eifersüchtigem Jähzorn gegen Frauen berichtet (Clarus, S. 15 f., 29 und 93; vgl. Dok. 1, S. 127, 135 und 157). In H 2,8 ist dieses Motiv noch deutlicher ausgeprägt.

20,11–13 *Ich seh nichts ... greifen können mit Fäusten:* vmtl. angeregt durch Shakespeare, »Othello« III/3, dessen Titelheld mit den Worten »Seh'n will ich« und dem späteren Ausruf »Laß mich es sehn« wiederholt »den sichtlichen Beweis« für Desdemonas Untreue einfordert (vgl. Dok. 20, S. 247, sowie 47,17 *Ich muß fort, muß sehen!*).

20,12 f. *greifen ... mit Fäusten:* »Faust« wird zeitgenössisch synonym zu »Hand« gebraucht (vgl. Campe II,28).

20,15 *hirnwüthig:* umgangssprachlich für »toll, rasend, unsinnig« (Adelung II,1205) oder für »eine verrückte ⟨...⟩ Person« (Campe II,739), im Südhessischen aber auch für »übergeschäftig, rastlos arbeitend« gebräuchlich (ShWb III,607).

20,16 *so dick und so breit:* nach der südhessischen Wendung »so dick un so braht« (ShWb I,1501).

20,16–18 *Es stinkt ... zum Himmel hinaus räuchern:* Geläufig sind die Wendungen »Sünde stinkt« und etwas stinkt »zum Himmel« (DWb XVIII,3158, 3161); biblisch ist belegt: »Denn ihre Sünden reichen bis in den Himmel« (NT Offenbarung 18,5). Woyzeck variiert mglw. das Sprichwort »Rauch vertreibt die Bienen, Sünde die Engel« (Wander III,1500).

20,19 *Keine Blasen drauf?:* In Südhessen sagt man, »wer einen Ausschlag am Mund hat, ›der hodd 'n falsche Kuß kriggd‹« (ShWb IV,63; L9: Dang 1953, S. 50). Zu einer möglichen Anregung durch Shakespeare, »Othello« III/3, vgl. Erl. zu 76,2 f. *auf Paar Lippen eins finden.*

20,20 *schön wie die Sünde:* sprichwörtlich; vgl. Wander IV,317.
Todsünde: Sünde, »für welche man den Tod verdienet« oder »welche den ewigen Tod oder die Verdammniß nach sich« zieht (Campe IV,838). Nach christlicher Lehre gehört zu den sieben Todsünden auch die »Unkeuschheit« (Brockhaus 1830, XI,290).

20,22 *im Fieber:* Der Begriff kann zeitgenössisch auch einen kurzen Anfall von Wahnsinn bezeichnen (vgl. L12a: Henke 1829, S. 184; L11: Reil 1805, S. 316 f.). Außerdem galt »Irrereden« als Symptom des »Gefäßfiebers« (delirium febrile) (L11: Reil 1805, S. 404 f.). Vgl. auch 30,22 f. *Schnaps trinken und Pulver drein, das schneidt das Fieber* mit Erl.

20,24 *Dieweil:* für ›solange‹ (Campe I,721; ShWb I,1523).

Szene 8 (= H 4,8)

Aus dem Clarus-Gutachten übernahm Büchner für diese Szene den Hinweis auf die Woyzeck zuteil gewordenen ›Offenbarungen‹ und seine Grübeleien über die Geheimnisse der Natur (Clarus, S. 44 u. ö.; vgl. Dok. 1, S. 142) sowie Clarus' zentralen Hinweis, daß Woyzeck »vor, während und nach den Perioden« seiner »Sinnestäuschungen« immer »seine Geschäfte ordentlich besorgt habe« (ebd., S. 75 f.; ähnlich S. 60; vgl. Dok. 1, S. 153), was die Annahme »irgend einer Seelenkrankheit« ausschließe, da echte psychische Krankheitssymptome immer »mit andern allgemeinen Symptomen einer Seelenstörung verbunden« seien. In Übereinstimmung mit Clarus sagt Büchners Woyzeck, er verrichte alles *⟨i⟩mmer ordentlich*. Im Widerspruch zu Clarus stellt der Doktor aber die Diagnose *aberratio mentalis partialis, ⟨...⟩ fixe Idee, mit allgemein vernünftigem Zustand.* Zu möglichen Anregungen für das Motiv der Erbsendiät vgl. Kap. III.3, S. 183 ff.

21,4 *Doctor:* zur Figur des Doktors vgl. Kap. III.3, S. 177 ff.

21,5 f. *Ein Mann von Wort:* vmtl. Variation des Sprichworts »Ein Wort, ein Mann; ein Mann, ein Wort« (Wander V,405).

21,10 *Groschen:* »kleine Silbermünze« (BCL II,283). Nach dem amtlichen Umrechnungskurs waren 30 preußische oder kurhessische (Silber-)Groschen = 1 preußischer oder kurhessischer Thaler = 1 hessen-darmstädtischer Gulden (à 60 Kreuzer) und 45 Kreuzer = 105 Kreuzer (GHRB, Nr. 47, 7. November 1828, S. 449). Der Doktor zahlt Woyzeck also 7 Kreuzer täglich. Vgl. zu Woyzecks Verdienst 16,9 *Löhnung* mit Erl. und Kap. IV.1, S. 195 f.

21,12–18 *wenn einem die Natur kommt … der Mensch ist frei:* Diese Wiederaufnahme von *es kommt einem nur so die Natur* aus Szene 5 (18,31 f.) steht auch im Zusammenhang mit gerichtspsychiatrisch relevanten Annahmen über das Verhältnis von Willensfreiheit und ›tierischer Natur‹ des Menschen. Vgl. z. B. den Widerspruch Johann Christian August Heinroths gegen Johann Christian August Grohmann, der »das Thier im Menschen eine große Rolle spielen« lasse (I.12a: Heinroth 1825a, S. 327).

21,16 *musculus constrictor vesicae:* (lat.) Blasenschließmuskel; Nebenform zu dem üblichen »musculus sphincter vesicae« (vgl. Hufeland XXI,55).

21,16 f. *dem Willen unterworfen:* Büchner ironisiert hier vmtl. den Gießener Anatomieprofessor Johann Bernhard Wilbrand (vgl. auch Kap. III.3, S. 178 ff.), der besonders betonte, daß »Functionen« des Verdauungssystems »⟨m⟩ittelbar ⟨…⟩ unter der Willkühr, mithin unter der Herrschaft des geistigen Lebens« stünden: »Wir nehmen unsere Nahrung willkührlich in den Mund, zerkauen sie willkührlich und schlucken sie willkührlich hinunter, und nach geendigter Verdauung werden die Reste willkührlich wieder ausgeleert. ⟨…⟩ Die willkührliche Bewegung gehört der Vernunft an und kommt deshalb dem Menschen zu, in so weit er vernünftig ist« (L11: Wilbrand 1815, 324 f.; diese und die folgenden Wilbrand-Parallelen gehen zurück auf Hinweise von Thomas Michael Mayer). Siehe auch den vergleichbaren sexuellen Witz in Büchners »Leonce und Lena« I/2, wo König Peter beim Zuknöpfen seiner Hose sagt: »Halt, pfui! der freie Wille steht davorn ganz offen.«

21,17 f. *der Mensch ist frei:* eine der Grundannahmen der idealistischen Philosophie und der zeitgenössischen Gerichtspsychiatrie; vgl. z. B. die Äußerung Adolph Henkes: »Durch Vernunft und Freiheit erhebt sich der Mensch über das Thier. Nur vernünftige, d. h. der Selbstbestimmung fähige, freie Wesen, sind im Stande sich gegen den Trieb der Sinnlichkeit zu Handlungen zu bestimmen. 〈...〉 Der Gerichtsarzt hat« u. a. festzustellen, ob »das in Untersuchung stehende Individuum 〈...〉 als frei zu betrachten« sei (L12a: Henke 1829, S. 174, § 239 f.). Ähnlich Johann Christian August Heinroth: »Ein heiliger Gott hat 〈...〉 den freien Willen 〈...〉 über die Naturkraft gestellt. 〈...〉 wir sind frei 〈...〉. Der freie Wille ist unüberwindlich« (L12a: Heinroth 1825a, S. 328). Ebenso heißt es bei Wilbrand: »Der Mensch gebietet frey über die Materie seines Körpers; diese unterliegt mithin der Herrschaft seines Geistes« (L11: Wilbrand 1815, S. 2).

21,18 f. *in dem Menschen verklärt sich die Individualität zur Freiheit:* vmtl. eine weitere Ironisierung Wilbrands, der geschrieben hatte: »Durch den Menschen verklärt sich also die Natur aufwärts zum Uebersinnlichen« (L11: Wilbrand 1833, S. 2). Ähnlich heißt es in seinem »Handbuch der Naturgeschichte des Thierreichs«, »daß der Mensch, als das gemeinsame Haupt, an der Spitze des gesammten Thierreiches steht, 〈...〉 weil sich in ihm das geistige Leben zur Vernunft und zur geistigen Freiheit aufgeschlossen hat, während sich in den Thieren überall nur ein Streben zum Menschen aufwärts zu erkennen giebt« (L11: Wilbrand 1829, S. 21).

21,19 f. *Den Harn nicht halten können!:* Im Gegensatz zu den Vorwürfen des Doktors steht die Lehre, die der *Marktschreier* aus dem ›ungebührlichen‹ Verhalten des Pferdes in H 1,2 (14,17 f.) zieht: *Sehn sie das Vieh ist noch Natur unverdorbene Natur! Lernen Sie bey ihm.*

21,20–22,26 *schüttelt den Kopf ... er philosophirt wieder ... legt den Finger an die Nase:* vmtl. angeregt durch Lenz, »Die Soldaten« III/4: »schüttelt mit dem Kopf ⟨...⟩ den Finger an der Nase ⟨...⟩ Der philosophirt mich zu tode« (vgl. Dok. 17, S. 237). In Büchners »Leonce und Lena« I/2 und III/3 legt König Peter ›philosophierend‹ den »Finger an die Nase«. »Philosophieren« hat hier die Bedeutung: über Probleme »grübeln und darüber reden« (L9: Paul 1992, S. 652).

21,22 *Erbsen:* zur Erbsendiät vgl. 80,23–81,25 *ich hab's Zittern ⟨...⟩ es wird mir dunkel ⟨...⟩ (sie betasten ihm Schläfe, Puls und Busen) ⟨...⟩ ja die Erbsen* mit Erl. Zu den möglichen wissenschaftlichen Zielen, die der Doktor mit seinem Experiment verfolgt, vgl. Kap. III.3, S. 183 ff.

21,22 f. *Es giebt eine Revolution in der Wissenschaft:* Welches wissenschaftliche Ziel der Doktor verfolgt, ist unklar. Vmtl. will er nachweisen, daß eine bestimmte Diät gleichzeitig mit Veränderungen im Urin partielle psychische Störungen verursacht und daß die »Urin- und Darmsecretion« auch Rückschlüsse auf den Geisteszustand des Menschen erlaubt (vgl. L12a: Groos 1831, S. 10). Daß sich die *neue Theorie* des Doktors auf die *fixen Ideen* bezieht, ist in H 2,6 (73,9 f., 73,12) noch deutlicher (*köstliche alienatio mentis*; *da zwischen die fixen Ideen*). Vgl. auch Kap. III.3, S. 187 f.

21,24 *Harnstoff, 0,10:* Harnstoff ist neben Wasser der mengenmäßig größte Bestandteil des Harns. In der zeitgenössischen Fachliteratur wird als Quantum stets 30,10 Promille angegeben (vgl. L11: Berzelius 1831, IV/1, S. 369; Hufeland XV,481; L9: »Dictionnaire des sciences médicales« LVI,323). Der Sinn der Mengenangabe *0,10* ist unklar; mglw. ist der abweichende Harnstoffgehalt auf die Erbsendiät zurückzuführen.

21,24 *salzsaures Ammonium:* Salz des Harns, zeitgenössisch oft auch als »Chlor Ammonium« bezeichnet (Hufeland II,228).

21,25 *Hyperoxydul:* eine mit griech. »hyper« gebildete Nebenform zu dem geläufigeren Begriff »Superoxydul«, der chemischen Bezeichnung für eine Untergruppe des Oxyds: »Man unterscheidet a) Suboxyde, 〈...〉 b) Superoxyde oder Hyperoxyde«. »Es kommt hier vor, daß ein Metall zwei Superoxyde bildet, welche man dann durch die Farbe zu unterscheiden pflegt, oder auch durch die Benennungen Superoxydul und Superoxyd« (Hufeland XXVI,276 f.). Welche Metallverbindung der Doktor in Woyzecks Urin nachzuweisen versucht, ist unklar.

21,29 *Affect:* »hoher Grad einer Gemüthsbewegung und dessen Ausbruch« (Adelung I,173).

22,1 *Akkord:* frz. »accord« für »Vertrag« (L9: »Nouveau dictionnaire de la langue française et allemande« I,18).

22,2–5 *ich streckte grade die Nase ... das Niesen zu beobachten:* Die Beobachtung, daß *Sonnenstrahlen Niesen* verursachen, wird in Friedrich Arnolds in Büchners Dissertation zitierter Schrift »Der Kopftheil des vegetativen Nervensystems« (L11: Arnold 1831, S. 190 f.) folgendermaßen erklärt: »Auf gleiche Weise scheint helles Licht Niesen hervorzubringen, indem sich die Reizung der Blendungsnerven zu den mit ihnen verbundenen Nasennerven oder die des Sehnerven durch die Verbindung mit dem Nasenknoten auf dem obigen Wege zu dem nervus phrenicus fortpflanzt.«

22,11 *proteus:* lat. »Proteus« bezeichnet entweder eine Amphibienart, speziell einen »Olm« (L11: Oken 1835–42, VI,438 f.), oder aber eine Amöbe, eine Spezies der Infusorien, über die es in Wilbrands »Naturgeschichte« heißt: »Proteus. Einfach, punktförmig, seine Gestalt mit jeder Bewegung in hervortretende und verschwindende Lappen ändernd« (L11: Wilbrand 1829, S. 597). Das in H 2,6 ausgeführte Sammelprojekt des Doktors läßt vermuten, daß hier die zweite Bedeutung gemeint ist. Zum Sammelprojekt des Doktors vgl. Kap. III.3, S. 181 f.

22,21 *der doppelten Natur:* unklar; mglw. meint Woyzeck, was Clarus als »Glaube an die Möglichkeit materieller Wirkungen der Geisterwelt« bezeichnet (Clarus, S. 61; vgl. Dok. 1, S. 149).

22,22–24 *Wenn die Sonn im Mittag steht ... Stimme zu mir geredet:* Woyzeck beschreibt seine Erfahrungen nach biblischem Muster, vor allem nach NT Offenbarung 16,1: »Und ich hörete eine große Stimme aus dem Tempel, die sprach zu den sieben Engeln: Gehet hin und gießet aus die Schalen des Zorns Gottes auf die Erde!« und nach NT Offenbarung 16,8: »Und der vierte Engel goß aus seine Schale in die Sonne, und ward ihm gegeben, die Menschen heiß zu machen mit Feuer«. Vgl. auch 9,26 *Ein Feuer fährt um den Himmel* und 9,27 *ein Getös herunter wie Posaunen* sowie Woyzecks Angabe im Clarus-Gutachten, es »habe um ihn geschrieen« (Clarus, S. 51; vgl. Dok. 1, S. 145), und Büchners »Lenz«: »Hören Sie denn nichts, hören Sie denn nicht die entsetzliche Stimme, die um den ganzen Horizont schreit« (S. 33).
im Mittag: biblisch und zeitgenössisch üblich für ›im Süden‹ (vgl. Campe III,314 und z. B. AT Prediger 1,6: »Der Wind gehet gegen Mittag«).

22,25 *aberratio:* vgl. Erl. zu 22,31 f. *aberratio mentalis partialis*.

22,27 *Schwämme:* Pilze (ShWb V, 866).
Da, da steckts: vmtl. angeregt durch Lenz, »Die Soldaten« II/2: »Sehen Sie, das ist Ihre Hand, aber was ist das? Haut, Knochen, Erde, (klopft ihm auf den Puls) da, da steckt es« (vgl. Dok. 17, S. 236). Vgl. auch 52,23–53,4 *Was ist der Mensch? ⟨...⟩ sticht hinein* mit Erl.

22,28–30 *in was für Figuren ... Wer das lesen könnt:* Einige Pilzarten wachsen in kreisförmigen Ansammlungen, welche mit der Zeit mehr oder weniger auseinanderreißen und so geometrische Figuren, sogenannte Hexenringe, bilden (vgl. L11: Oken 1835–42, III/1, S. 148 f.; vgl. 72,31–73,1 *die Ringe von den Schwämmen ⟨...⟩ lange Linien, dann Kreise, Figuren* mit Erl.

22,31 f. *aberratio mentalis partialis:* (lat.) wörtl.: teilweise geistige Abirrung; als Fachterminus in der zeitgenössischen psychiatrischen Literatur nicht nachgewiesen (vgl. aber L12a: Friedreich 1830, S. 125 und 278). Maximilian Jacobi, ein Vertreter der somatischen Richtung der Psychiatrie, verwendet den Ausdruck »psychische Aberrationen« für Seelenstörungen, die auf organischen Krankheiten beruhen (L12a: Jacobi 1830, S. 16; vgl. Grohmann 1825, S. 302). – Zur Diskussion um den »partielle⟨n⟩ Wahnsinn«, der »nur auf einzelne fixe Ideen beschränkt« ist, vgl. Adolph Henke (L12a: Henke 1829, S. 188) und im Widerspruch dazu Johann Christian August Heinroth, für den ›partieller Wahnsinn‹ unter die nur »scheinbar unfreien Zustände« zählte (L12a: Heinroth 1825a, S. 316 f.). Carl Moritz Marc warf Clarus vor, er habe »fixen partiellen Wahnsinn« für Woyzeck nicht in Betracht gezogen (L12a: Marc 1825, S. 59 f.). – Vgl. auch 73,9 f. *alienatio mentis* mit Erl.

22,32 *Species:* »Art« (Campe VI,563).

23,2 f. *fixe Idee, mit allgemein vernünftigem Zustand:* Fixe Ideen sind »Vorstellungen«, die »so herrschend oder übermächtig werden, daß die Seele sich gar nicht mehr davon losmachen kann, daß sie das Denkgeschäft stören und verwirren und den Menschen wohl gar verleiten, bloße Einbildungen für wirkliche Dinge zu nehmen«. Sie seien »schon Beweise eines verstörten oder verrückten Gemüths, gesetzt auch, daß der Mensch sich übrigens verständig benähme. Man kann sie daher auch als die erste Stufe des Wahnsinns betrachten« (L9: »Krug's encyclopädisch-philosophisches Lexicon« II,37 f.). Eine fixe Idee hat auch Büchners Lenz: »Am dritten Hornung hörte er, ein Kind in Fouday sey gestorben, er faßte es auf, wie eine fixe Idee« (»Lenz«, S. 24). Clarus berichtet, Woyzeck habe »einen Gedanken, den er einmal gefaßt habe, nicht leicht wieder los werden können« (Clarus, S. 42; vgl. Dok. 1, S. 140).

23,7 *ordentlich:* Daß Woyzeck »seine Geschäfte ordentlich besorgt habe« (Clarus, S. 76; vgl. Dok. 1, S. 153), rechnete Clarus zu den entscheidenden Beweisen für Woyzecks Zurechnungsfähigkeit.

23,8 *menage:* »gemeinschaftliche Wirthschaft« (Campe VI,417); speziell beim Militär Bezeichnung für eine Gruppe von Soldaten (bei der Großherzoglich-Hessischen Infanterie 50 Mann; vgl. Wagner IV,340 f.), die »der Ersparniß wegen eine gemeinschaftliche Wirthschaft führen oder die Einkäufe und das Kochen gemeinschaftlich besorgen lassen« (BCL III,109). Der Menagebetrieb wurde im Großherzogtum Hessen 1808 »gegen einen täglichen Abzug von der Löhnung eingeführt« (L10: Kattrein 1907, S. 9). Das Geld, das Woyzeck in die Menagekasse zahlen müßte, *kriegt die Frau*, weil er des medizinischen Experiments wegen nur Erbsen essen darf.

23,11 *casus:* (lat.) Fall.
Subject: bezeichnet »Personen, die in einem Abhängigkeitsverhältnis stehen, wie Diener, Gehilfen« (DWb XX,813).

Szene 9

Die Lese- und Bühnenfassung fügt an H 4,9 den zweiten Teil der Szene H 2,7 (Gespräch des Hauptmanns mit Woyzeck). Vgl. Erl. zu H 2,7 (S. 101 ff.). – Der situative Kern dieser Szene ist mglw. mitangeregt durch Jaeglés Gedicht »Der Zweykampf zwischen einem Arzt und einem Hauptmann« (in: Joh⟨ann⟩ Jak⟨ob⟩ Jaegle, »Gedichte«, Straßburg 1805, S. 188–190; vgl. L3: Hauschild 1993, S. 560). Jaeglé war der Vater von Büchners Verlobter Wilhelmine.

23,21 f. *Ein guter Mensch, der sein gutes Gewissen hat:* vgl. 17,15–17 *verhetzt 〈...〉 gutes Gewissen hat* mit Erl.

23,26 f. *so schwermüthig ... was schwärmerisches:* Schwermut und Schwärmerei galten zeitgenössisch als potentielle Krankheitszustände. »Schwermuth« oder »Melancholie« bezeichnet »eine anhaltende große Traurigkeit«, die aus »innern Gründen« hervorgeht (Campe IV,345), »Schwärmerey« oder »enthusiastische Melancholie« die »Krankheit der Seele, in welcher der Mensch Einbildungen für Erkenntnisse hält« (L11: Reil 1805, S. 383; vgl. auch Campe IV,321).

24,1 f. *aufgedunsen, fett, dicker Hals, apoplectische Constitution:* körperliche Merkmale einer zum Schlaganfall neigenden Person (vgl. Brockhaus 1830, IX,779). Der Begriff *apoplectische Constitution* (»constitutio apoplectica«) scheint nach dem französischen Ausdruck »constitution apoplectique« gebildet (L9: »Dictionnaire des sciences médicales« II,246). In der deutschen Literatur ist dagegen »habitus apoplecticus« üblich (vgl. Hufeland III,97).

24,3 *apoplexia cerebralis:* Gehirnschlag. »Unter Apoplexie 〈...〉 versteht man einen Krankheitszustand des Gehirns, der sich durch eine plötzliche Unterdrückung der höhern Nervenfunktionen, des Bewußtseyns, der Sinnesthätigkeit und der willkührlichen Bewegung, auszeichnet, bei welchem jedoch die 〈...〉 vitalen Funktionen, insbesondere das Athmen und der Blutumlauf, mehr oder weniger ungestört von Statten gehn« (Hufeland III,92).
kriechen: südhessisch geläufige phonetische Variante für ›kriegen‹ (vgl. ShWb III,1829).

24,3–6 *sie können sie aber ... auf der einen gelähmt seyn:* Bei dieser häufigsten Art des Schlaganfalls führt die Störung in der betroffenen Gehirnhälfte zu Lähmungen in der entgegengesetzten Seite des Körpers (vgl. L11: Romberg 1820, S. 54 ff.).

Hauptmann (links) und Doktor (Zeichnung Büchners zu H 2,7 / Szene 9)

24,6 f. *geistig gelähmt werden:* unklar; gemeint ist vmtl. eine mögliche Folgeerscheinung der Apoplexie, nämlich die »Störung einzelner Sinne und Geisteskräfte« wie z. B. des »Orts-, Namens- und Zahlensinnes« (Hufeland III,94).

24,8 *ohngefähr:* im 19. Jh. noch übliche Form für ›ungefähr‹ (vgl. DWb XXIV,651).

24,11 f. *Zunge zum Theil gelähmt:* Die »Glossolysis ⟨...⟩, Zungenlähmung, ist ⟨...⟩ eine gewöhnliche Begleiterin der Apoplexie ⟨...⟩ und kann in verschiedenen Graden Statt finden, indem bald blos das Bewegungsvermögen, bald blos das Empfindungsvermögen derselben, bald aber auch beide vernichtet sind. Sehr oft beschränkt sich auch die Lähmung nur auf einen Theil oder auf die eine Hälfte der Zunge« (Hufeland XV,41 f.).

24,17 *Citronen in den Händen:* verbreiteter Brauch bei Begräbnissen. Man hielt Zitronen z. B. dem Sterbenden unter die Nase, um zu sehen, ob er schon tot sei, oder sie dienten anstelle von Blumen als Schmuck. Auch als Schutzmittel gegen den Verwesungsgeruch hielten Kantor, Pastor und Leichenträger eine Zitrone in der Hand (vgl. L13: Sieber 1929).

24,19 *Sargnagel:* jemand, der dazu beiträgt, einen ›in den Sarg zu bringen‹ (vgl. DWb XIV,1800); südhessisch z. B. sagt die »Mutter zum ungeratenen Kind: ›Dou bisd man Sargnagel‹« (ShWb V,71).

24,20 *(hält ihm den Hut hin):* Szenenanweisung nach H 2,7 (75,5) ergänzt (vgl. auch Diff. Text).

24,25 *Exercirzagel:* »Zagel« bezeichnet den »Schwanz« oder herunterhängenden Haarteil, in übertragener Bedeutung »das hinterste, letzte eines Dinges« und also im militärischen Bereich den »Nachtrab eines Heeres, die letzte Schaar eines Zuges« (DWb XXXI,23, 26). Ein *Exercirzagel* ist also vmtl. jemand, der beim Exerzieren hinterherläuft.

Erläuterungen zu dem aus H 2,7 übernommenen Rest der Szene finden sich unten S. 101–104.

Szene 10 (= H 4,10)

Die Ereignisfolge von Szene 10 (H 4,10) bis Szene 13 (H 4,13) ist angeregt durch den Bericht des Clarus-Gutachtens über die Anfänge von Woyzecks »Eifersucht gegen die

Woostin« im Zusammenhang mit der »Kirmse« in Gohlis (Clarus, S. 52; vgl. Dok. 1, S. 145).

27,5–20 *Frau Wirthin hat n'e brave Magd ... in ihrem Garten / Sie sitzt in ihrem Garten ... paßt auf die Solda–aten:* Variante der vierten Strophe des Volksliedes »Das Wirthshaus an der Lahn«, die 1893 folgendermaßen überliefert wurde:

> Die Wirthin hat auch eine Magd,
> Die sitzt im Garten und pflückt Salat;
> Sie kann es kaum erwarten,
> Bis daß das Glöcklein zwölfe schlägt,
> Da kommen die Soldaten.
>
> (L2a: »Deutscher Liederhort« II,653)

Das in vielen anzüglichen Varianten überlieferte Lied wurde »besonders von Studenten zum Zeitvertreib in der Kneipe gesungen« (ebd.); in Gießen gab es auch eine Lokalvariante des Liedes, die im »Gasthaus zum Hirsch« gesungen wurde (vgl. Vogt, S. 77). Büchners Fassung ist die älteste bekannte Aufzeichnung.

27,12 *Weibsbilder:* vgl. 15,20 *Weibsbild* mit Erl.

27,12 f. *Menscher:* vgl. 16,3 *ein Mensch* mit Erl.

27,13 *dämpfen:* südhessisch synonym zu »dampfen« in der Bedeutung »dampfend schwitzen«: »Mädchin schwitze, Borscht ⟨Burschen⟩ die dampe«, sagt man über die Jugend auf »der Kirchweih« (ShWb I,1344).

27,20 *paßt auf:* ›wartet auf‹ (Campe III,589).

27,21–29 *ich hab keine Ruh ... Ich muß hinaus, s'ist so heiß da hie:* Woyzecks ›Unruhe‹ wird von Clarus verschiedentlich erwähnt: »unter dem Vorgeben, daß es ihm keine Ruhe lasse«, sei Woyzeck »nicht zu Hause geblieben« (Clarus, S. 24; vgl. Dok. 1, S. 133); es habe »ihm ⟨...⟩ keine Ruhe gelassen« (ebd., S. 25; vgl. Dok. 1, S. 133); er sei »oft ins Freie gelaufen« (ebd., S. 18; vgl. Dok. 1, S. 129), habe »beunruhigende Träume« (ebd.) gehabt und

»⟨s⟩eine Unruhe habe fortgedauert« (ebd.). Vgl. auch 33,9 f. *es wird heiß hie. (sie macht das Fenster auf.)* mit Erl. und 17,15–17 *verhetzt ⟨...⟩ gutes Gewissen hat* mit Erl.

27,22 *Narr!:* Zeitgenössisch schwankte die Wortbedeutung zwischen ›Possenreißer‹ und »Wahnwitziger, Wahnsinniger« (RCL IX,22). Ähnlich auch in Lenz, »Die Soldaten« III/2: »Mutter. ⟨...⟩ Narre!« (Vgl. Dok. 17, S. 234.)

27,24 *Was sie heiße Händ haben:* mglw. angeregt durch Shakespeare, »Othello« III/4: »Diese Hand ist warm. / ⟨...⟩ / Heiß, heiß und feucht! Solch einer Hand geziemt / Abtödtung von der Welt, Gebet und Fasten«. – Mglw. mitangeregt durch Tieck, »Das grüne Band«: »Deine Hand ist heiß« (»Schriften« VIII,342). – Vgl. auch 29,9 f. *Das Weib ist heiß, heiß!* und 36,15 f. *heiß, heißer Hurenathem.*

27,28 *Mit dem Mensch:* ähnlich Lenz, »Die Soldaten« III/2: »daß du dich an solche Menscher hängst« und ebd.: »um solch eine Metze« (vgl. Dok. 17, S. 233 f.). Vgl. auch 16,3 *ein Mensch* mit Erl.

Szene 11 (= H 4,11)

Angeregt durch Mitteilungen im Clarus-Gutachten, daß Woyzeck Johanna Woost »mit seinem Nebenbuhler auf dem Tanzboden getroffen« (Clarus, S. 29; vgl. Dok. 1, S. 135), daß sie »in Gesellschaft eines Nebenbuhlers öffentliche Oerter besucht hat« (ebd., S. 86), sowie durch den Bericht über die Ereignisse bei der Kirmes in Gohlis (ebd., S. 52; vgl. Dok. 1, S. 145 f.). Die szenische Gestaltung – der eifersüchtige Mann erblickt die Tanzenden durch Fenster hindurch – ist mglw. angeregt durch das Ende von Tiecks Erzählung »Das grüne Band« (vgl. »Schriften« VIII,341–344).

28,5 *Handwerksbursch:* Die Zeichnung der Handwerksburschen als einer auch für reaktionäre Ideologien anfälligen Gruppe entspricht dem Bericht des historischen Woyzeck, er habe »von reisenden Handwerksburschen allerhand nachtheilige Gerüchte über die Freimaurer gehört« (Clarus, S. 44; vgl. Dok. 1, S. 142). – Die Handwerker stellten in den 1830er Jahren einen bedeutenden Teil der emigrierten politischen Opposition dar; im Elsaß und der Schweiz wurden von z. T. in altburschenschaftlicher Tradition stehenden Oppositionellen Emigranten- und Handwerkerbildungs-Organisationen gegründet, deren Aufgabe vor allem darin bestand, die Handwerker im Sinne eines national-patriotisch gefärbten Republikanismus zu beeinflussen (vgl. L4: Mayer 1993, S. 59 und 71 ff.), wobei die Versammlungen allerdings »in eine bloße Kneiperei und Sauferei auszuarten drohte⟨n⟩« (Georg Fein, zit. nach: ebd., S. 71).

28,6–8 *Ich hab ein Hemdlein an ... stinkt nach Brandewein:* Näheres zu diesem Lied konnte nicht ermittelt werden.

28,8 *Brandewein:* zeitgenössisch übliche Nebenform zu »Branntwein« (ShWb I,1067).

28,9 *Bruder:* übliche Anrede zwischen »Personen, welche beim Trunke nähere und vertraulichere Bekanntschaft gemacht haben« (Campe I,629).

28,10 *ein Loch in die Natur machen:* vmtl. im Sinne von ›Verletzung des Körpers‹ (vgl. DWb XII,1097), wie auch eine Parallele in »Danton's Tod« II/6 nahelegt: »über all den Löchern, die wir in anderer Leute Körper machen, ist noch kein einziges in unsern Hosen zugegangen.«

28,15 f. *Geld geht in Verwesung über:* nach NT Jakobus 5,2 f.: »Euer Reichthum ist verfaulet, eure Kleider sind Mottenfressig worden. Euer Gold und Silber ist verrostet, und ihr Rost wird euch zum Zeugniß seyn, und wird euer Fleisch fressen, wie ein Feuer.«

28,18 *greinen:* »Weinen mit verzogenem Munde« (Campe II,449), besonders: »sanft, schmerzlich, still weinen« (DWb IX,58).

28,19 *Bouteillen:* (frz.) Flaschen; südhessisch üblich (vgl. ShWb V,578).

28,22–26 *Ein Jäger aus der Pfalz ... mei Freud:* »verbreitetes und beliebtes Volkslied«, das vielfach »mündlich aus dem Hessen-Darmstädtischen« überliefert ist. Die erste Strophe wurde 1894 folgendermaßen dokumentiert:

Ein Jäger aus Kurpfalz,
der reitet durch den grünen Wald,
er schießt sein Wild daher
gleich wie es ihm gefallt.
Ju ja, ju ja! gar lustig ist die Jägerei
allhier auf grüner Heid,
allhier auf grüner Heid.

(L2a: »Deutscher Liederhort« III,315)

29,1 *Immer zu. – immer zu:* vgl. 30,15 f. *ich hör die Geigen, immer zu, immer zu* mit Erl.

29,2–4 *fährt heftig auf ... die Hände in einander:* vmtl. angeregt durch Lenz, »Die Soldaten« III/2: »Stolzius 〈...〉 (springt auf) 〈...〉 (fällt kraftlos auf die Bank, beide Hände in die Höhe)«. Vgl. Dok. 17, S. 233 f.

29,4–6 *dreht Euch, wälzt Euch ... übereinanderwälzt:* mglw. angeregt durch Shakespeare, »Viel Lärmen um Nichts« IV/1: »Doch Du bist ungezähmt in Deiner Lust / Wie Venus oder jene üpp'gen Thiere, / Die sich im wilden Sinnentaumel wälzen«. Ähnlich heißt es in »Der Hessische Landbote«: »Der Fürstenmantel ist der Teppich, auf dem sich die Herren und Damen vom Adel und Hofe in ihrer Geilheit übereinander wälzen« (HA II,44).

29,4 f. *Warum bläßt Gott nicht die Sonn aus:* mglw. in Anlehnung an die Schilderung in NT Offenbarung 9,2: »und es ward verfinstert die Sonne und die Luft«; dramenliterarisch mglw. angeregt durch Shakespeare, »Othello« V/2: »Nun, dächt' ich, müßt' ein groß Verfinstern seyn / An Sonn' und Mond, und die erschreckte Erde / Sich aufthun vor Entsetzen« (vgl. Dok. 20, S. 251).

29,6 f. *Mann und Weib, Mensch und Vieh:* häufige Wendung in der Bibel, z. B. AT Josua 6,21: »Und verbanneten alles, was in der Stadt war, ⟨...⟩ beyde Mann und Weib, Jung und Alt, Ochsen, Schafe und Esel« und AT 2. Mose 12,12: »Denn ich will in derselben Nacht durch Egyptenland gehen, und alle Erstgeburt schlagen in Egyptenland, beyde unter Menschen und Vieh.«

29,7 f. *thut's einem auf den Händen, wie die Mücken:* Das gleiche Bild gebraucht Büchner in »Danton's Tod« I/5: »Die Mädel guckten aus den Fenstern, man sollte vorsichtig seyn und sie nicht einmal in die Sonne sitzen lassen, die Mücken treiben's ihnen sonst auf den Händen«. Beides mglw. angeregt durch Shakespeare, »König Lear« IV/6: »Der Zeisig thut's, die kleine goldne Fliege, / Vor meinen Augen buhlt sie. / Laßt Ueppigkeit gedeih'n.«

29,9 f. *Das Weib ist heiß, heiß!:* vgl. 27,24 *Was sie heiße Händ haben* mit Erl.

29,14–29 *Jedoch wenn ein Wandrer ... meine geliebten Zuhörer:* Anhäufung biblischer Floskeln; im einzelnen nachweisbar sind Anlehnungen an AT 5. Mose 18,20: »Doch wenn ein Prophet vermessen ist, zu reden in meinem Namen«; an AT Jesus Sirach 18,7: »Denn was ist der Mensch? Wozu tauget er? Was kann er frommen, oder Schaden thun?«; an NT Lukas 4,24 u. ö.: »Er aber sprach: Wahrlich, ich sage euch«; an NT Matthäus 6,34: »Darum sorget nicht«; an NT Matthäus 5,37: »Eure Rede aber sey: ja, ja; nein, nein; was darüber ist, das ist vom Übel«; an AT Psalm 133,1: »Siehe, wie fein und lieblich ists, daß die Brüder einträchtig bey einander wohnen!«; an AT Prediger 1,2: »Es ist alles ganz eitel, sprach der Prediger, es ist alles ganz eitel«; an NT 2. Korinther 13,11 oder ähnliche im Neuen Testament häufige Schlußformeln: »Zuletzt, liebe Brüder, freuet euch«.

29,16–20 *Warum ist der Mensch? ... von was hätte der Landmann ... leben sollen:* Karikatur auf geläufige Vorstellungen von Naturteleologie, über die Büchner in seiner Probevorlesung »Über Schädelnerven« folgendermaßen urteilt: »Die Natur handelt nicht nach Zwecken, sie reibt sich nicht in einer unendlichen Reihe von Zwecken auf, von denen der eine den anderen bedingt; sondern sie ist in allen ihren Aeußerungen sich unmittelbar selbst genug. Alles, was ist, ist um seiner selbst willen da« (HA II,292).

29,18 f. *Landmann:* zeitgenössisch für ›Bauer‹ (vgl. Campe III,21).

29,19 *Weißbinder:* vor allem im Mitteldeutschen üblich für ›Anstreicher‹, ›Tüncher‹ (vgl. DWb XXVIII,1201).

29,29 f. *über's Kreuz pissen, damit ein Jud stirbt:* verbreitete antisemitische Vorstellung: »Schlagen zwei übers Kreuz Wasser ab 〈...〉, stirbt ein Jude« (HWdA IV,831).

Szene 12 (= H 4,12)

Die monologische Situation dieser Szene ist vmtl. u. a. angeregt durch Woyzecks Aussage, »er habe die Gewohnheit gehabt, bald heimlich, bald, wenn er allein gewesen, laut mit sich selbst zu sprechen und dazu Gesticulationen zu machen, oder wie er sich ausdrückte, allerhand bei sich auszufechten« (Clarus, S. 44; vgl. Dok. 1, S. 142). – Inhaltlich anregend wirkten Details aus Woyzecks Bericht über akustische Halluzinationen wie z. B.: »Gewöhnlich sey es ihm gewesen, als ob Jemand auf seiner rechten Seite neben ihm gehe, und ihm zuflüstere« (ebd., S. 51; vgl. Dok 1, S. 145). Vgl. auch die Szene H 1,6, die dem Clarus-Gutachten in manchem noch näher steht.

30,4 *Immer zu! immer zu!:* vgl. 30,15 f. *ich hör die Geigen, immer zu, immer zu* mit Erl.

30,4 f. *(reckt sich gegen den Boden) He was, was sagt ihr?:* In der psychiatrischen Literatur um 1830 wurden Halluzinationen des Gehörs z. T. für »Vorspiele des Wahnsinnes und Verbrechens« (L12a: Grohmann 1830 ⟨gegen die »Anmassung von Hrn. Dr. Clarus«⟩, S. 123) gehalten. »Es gibt Irre ⟨...⟩, die Stimmen hören, welche sehr klar zu ihnen sprechen, sie befragen, mit denen sie zusammenhängende Gespräche führen. Diese Stimmen kommen von oben, durch Mauern, manchmal von unterhalb des Fußbodens oder des Pflasters ⟨...⟩; sie raten ihnen zu Handlungen, die ihrer Ehre, ihrem Interesse und ihrer Selbsterhaltung zuwiderlaufen« (übers. nach L9: »Dictionnaire des sciences médicales« XVI,154). Vgl. auch 30,15–17 *ich hör die Geigen ⟨...⟩ und dann sprichts' aus der Wand, hörst du nix?*

30,6 f. *stich die Zickwolfin todt:* Woyzeck berichtet im Clarus-Gutachten, er habe eine »Stimme: Stich die Frau Woostin todt! ⟨...⟩ auf der Treppe nach seinem Logis gehört« (Clarus, S. 53; vgl. Dok. 1, S. 146).

30,6 *Zickwolfin:* »Zickwolf« als Familienname in Süddeutschland nachweisbar.

30,7 *Soll ich? Muß ich?:* Das Motiv der zwanghaft verübten Tat, zu der eine Person durch Stimmen aufgefordert wird, findet sich zeitgenössisch in der Schicksalstragödie, z. B. Zacharias Werner, »Der 24. Februar«: »Da hörst du's! – Muß ich nicht – ?« (S. 120), »Soll ich – ?! –« (S. 158) oder: »Horch! – Sein Gold – 's ist auch verflucht! – / Komm mit! ruft's. – Komm! ruft's durch die Mitternacht, / ⟨...⟩ / Ich soll's, es will mich befreyn!« (S. 166.)

30,9 *stich todt, todt:* mglw. angeregt durch Shakespeare, »König Lear« IV/6: »Dann schlagt sie todt, todt, todt! – Todt, todt!«

Szene 13 (= H 4,13)

Büchner übernahm für diese Szene aus einer im Clarus-Gutachten mitgeteilten Episode Ort und Zeit (»Abends im Bette«; Clarus, S. 52; vgl. Dok. 1, S. 145) sowie verschiedene Einzelelemente (vgl. die folgenden Erläuterungen).

30,12 *in einem Bett:* Bis Anfang der 1840er Jahre schliefen die Mannschaften in den Kasernen des Großherzogtums Hessen zu zweit in einem Bett (vgl. L10: Kattrein 1907, S. 82). Vmtl. mitangeregt durch Clarus, der berichtet, Woyzeck habe »bis Weihnachten« 1820 »mit dem Tambour Vitzthum einige Wochen lang in einem Bette geschlafen« (Clarus, S. 26; vgl. Dok. 1, S. 134).

30,14–17 *ich kann nit schlafen ... hörst du nix?:* Schlaflosigkeit, Schwindel und Kopfschmerz galten in der zeitgenössischen psychiatrischen Literatur als Symptome bzw. Vorboten des Wahnsinns (vgl. L9: »Dictionnaire des sciences médicales« VIII,257). Dramenliterarisch mglw. angeregt durch Tieck, »Der Abschied« II/2: »Ich kann nicht schlafen, – mir ist so sonderbar.« Schlafstörungen in Verbindung mit dem Hören von Stimmen hat auch Büchners Lenz: »Hören Sie denn nichts, hören Sie denn nicht die entsetzliche Stimme, ⟨...⟩ seit ich in dem stillen Thal bin, hör' ich's immer, es läßt mich nicht schlafen« (»Lenz«, S. 33).

30,15 f. *ich hör die Geigen, immer zu, immer zu:* angeregt durch Woyzecks Bericht, er habe nachts im Bett gelegen, »an die Woostin gedacht«, die »wohl dort mit einem anderen zu Tanze seyn könne« und »Tanzmusik, Violinen und Bässe durcheinander« sowie »dazu im Takte die Worte: Immer drauf, immer drauf!« gehört (Clarus, S. 52; vgl. Dok. 1, S. 146). Vgl. auch 48,21 *die Geigen und die Pfeifen*, 29,1 *Immer zu. – immer zu* und 30,4 *Immer zu! immer zu!*

30,16 f. *sprichts' aus der Wand:* mglw. angeregt durch das Clarus-Gutachten, wo Woyzeck berichtet, er habe mehrmals Stimmen »in der Nebenkammer« gehört (Clarus, S. 50; vgl. Dok. 1, S. 144). Vgl. auch 30,4 f. *(reckt sich gegen den Boden) He was, was sagt ihr?* mit Erl.

30,20 f. *Es zieht mir zwischen den Augen wie ein Messer:* Die in dem zunächst niedergeschriebenen, dann getilgten Satzanfang *Es redet immer, stich! stich* (vgl. Diff. Text,

164,6) deutliche Verbindung der Phantasien über ein Messer mit dem Hören von Stimmen ist vmtl. angeregt durch das Clarus-Gutachten: »Die Stimme: Stich die Frau Woostin todt! habe er 〈…〉 gehört, als er eben die Degenklinge gekauft gehabt, und sie mit dem Gedanken besehen habe, daß sich daraus müßten hübsche Messer machen lassen« (Clarus, S. 53; vgl. Dok. 1, S. 146). Außerdem liegt in der optischen Halluzination des Messers eine Anregung durch Shakespeare, »Macbeth« II/1, vor: »Ist das ein Dolch, was ich vor mir erblicke, / Der Griff mir zugekehrt?« (Vgl. Dok. 19, S. 242.) Diese Anregung ist in den Vorstufen H 1,7 und H 1,11 noch deutlicher.

30,22 f. *Schnaps trinken und Pulver drein, das schneidt das Fieber:* Zeitgenössisch wurde bei verschiedenen Arten des Fiebers (»Wechselfieber«, »Nervöse Fieber«) und bei »Chronische〈n〉 Nervenkrankheiten« Chinin in Pulverform, versetzt mit Alkohol, verabreicht (Hufeland VII,472 ff. bzw. VII,512 und 517); *schneidt* hier vmtl. als Lehnübersetzung von »kupieren« in der Bedeutung von ›(einem Krankheitsprozeß) die Spitze abschneiden, (ihn) unterdrücken‹. Vgl. 34,10 f. *Schnaps trinken und Pulver drein das tödt das Fieber.*

Szene 14 (= H 4,14)

Die szenische Situation ist angeregt durch das Clarus-Gutachten: Woyzeck wurde von seinem Vermieter Warnecke in einer »Schenkwirthschaft« mit den Worten »Hier, Woyzeck, Mordhahn, willst du ein Glas Schnaps trinken« (Clarus, S. 21; vgl. Dok. 1, S. 131) zum Trinken eingeladen (vgl. 32,8 f. *da Kerl, sauf*). Woyzeck, der wegen der Woostin »häufigen Umganges mit Soldaten Eifersucht gefaßt« hatte (ebd.), nahm an, Warnecke wolle ihn »für den Narren halten«, gab »ihm hierauf eine pöbelhafte Antwort«, entfernte sich »mit den Worten: der Kerl pfeift dunkelblau« (ebd.;

vgl. auch Clarus, S. 48 f., sowie Dok. 1, S. 143 f.) und ließ sich als Abbitte für seine Antwort später von Warnecke prügeln (ebd.). Von einem in eine Schlägerei verwickelten Tambourmajor berichtet auch Büchners Vater in einem »Gutachten über den Gemüthszustand eines Soldaten im Augenblick seines Vergehens im Dienste, durch thätliches Vergreifen am Vorgesetzten« (L11: Ernst Büchner 1825, S. 42 und 63).

31,6 f. *der laß sich von mir:* südhessisch für »sich von einem ⟨...⟩ fernhalten« (vgl. ShWb IV,153: »Von dem Mensche muß er sich losse«).

31,19 f. *dunkelblau pfeifen:* »Su, jetz kann er blo peife« wird in Südhessen »verächtlich« von einem »Erfolglosen« gesagt (ShWb I,924). Die von Clarus mitgeteilte Bedeutung »er macht sich gewaltig breit« (Clarus, S. 48 f., Anm.; vgl. Dok. 1, S. 143) ergibt dagegen hier keinen Sinn (vgl. L5: Hölter 1992).

31,21 f. *Brandewein ... giebt courage!:* Näheres zu diesem Lied war nicht zu ermitteln.

31,23 *Der hat sein Fett:* üblich für ›er hat seine Strafe bekommen‹ (DWb III,1572; Wander I,990) und mit dieser Bedeutung auch für das Südhessische belegt (»Der hodd sei Fett«). Hier existiert außerdem die Bedeutungsvariante »er ist betrunken« (ShWb II,689). – Carl Vogts Erinnerungen zufolge sagte man in der Gießener Gegend »von einem Durchgeprügelten: ›Sei' Fäng' hat er – die nimmt em kä Mensch mehr ab!‹« (Vogt, S. 63.)

31,25 *Eins nach dem andern:* sprichwörtlich (vgl. Wander I,794); in der Andeutung des baldigen Mordes mglw. angeregt durch Lenz, »Die Soldaten« III/2: »Ein Tag ist wie der andere, was nicht heut kommt, kommt Morgen, und was langsam kommt, kommt gut« (vgl. Dok. 17, S. 234).

Szene 15 (= H 4,15)

Dramenliterarisch vmtl. angeregt durch Lenz, »Die Soldaten« IV/11 (vgl. Dok. 17, S. 234). Als Anregung aus dem Clarus-Gutachten wirkte die Mitteilung, Woyzeck habe an einer zuvor erworbenen »abgebrochnen Degenklinge« »Nachmittags« vor der Tat »einen Griff ⟨...⟩ befestigen lassen« (Clarus, S. 8; vgl. Dok. 1, S. 125 f.) und »den Dolch in der Absicht zu morden abgeholt« (ebd., S. 84).

32,2 *Der Jude:* vgl. 10,22–24 *Trag sie ihr Auge zum Jud ⟨...⟩ verkaufe* mit Erl. – Das Milieu jüdischer Kleinhändler konnte Büchner sowohl aus Darmstadt als auch aus Gießen (vgl. dazu Vogt, S. 33–36) kennen; ein speziell am Waffenverkauf beteiligter jüdischer Händler aus Darmstadt wird im Untersuchungsverfahren gegen die Beteiligten am Frankfurter Wachensturm vom 3. April 1833 erwähnt.

32,4 *Nu:* hier vmtl. zur Charakterisierung jüdischer Sprechweise; in dieser Funktion auch in Shakespeare, »Der Kaufmann von Venedig« III/1: »was muß seine Geduld seyn nach christlichem Vorbild? Nu, Rache.«

32,8 *wohlfeil:* angemessen im Preis.

32,12 *Zwei Groschen:* vgl. 21,10 *Groschen* mit Erl.

Szene 16 (= H 4,16)

32,18 *Der Narr:* Reales Vorbild der in den Szenen H 1,5 und H 3,2 (dort unter der Bezeichnung *Der Idiot*) mit dem Namen *Karl* angeredeten bzw. angeführten Figur ist vmtl. der auch auf einer Lithographie als »Unser Karl« abgebildete Hausdiener des Straßburger Studienstifts Collegium Wilhelmitanum, in dem u. a. Büchners Freund Alexis Muston wohnte, der über jenen Karl schrieb: »Le factotum ⟨...⟩ est un pauvre homme / nommé Karll, ⟨...⟩ un peu idiot« (»Der Handlanger ⟨...⟩ ist ein armer Kerl namens Karl, ⟨...⟩ etwas idiotisch«; zit. und übers. nach

L5: Fischer 1987, S. 50 f.; vgl. ebd., S. 54–67; Abb. 55.) Vgl. auch 38,24 *Narr*. Den Narren als Figur, die sich gleichnishaft äußert, kannte Büchner dramenliterarisch u. a. von Shakespeare, »König Lear« (z. B. I/4, II/4 und III/6). Vgl. Erl. zu 38,25 f. *Der stinkt schon*.

32,19–28 *(allein, blättert in der Bibel.) … daß ich beten kann:* Das Lesen in der Bibel und der vergebliche Versuch zu beten sind ein häufiges Motiv in der Schicksalstragödie, z. B. in Zacharias Werner, »Der 24. Februar«: »O nimm die Bibel; laß uns beten, singen, / Und waschen unsre Schuld in bittrer Thränenfluth! ⟨…⟩ / Trude. Drum bet'! – / Kunz. Das kann ich nicht« (S. 50 f.) oder: »Hilf mir beten! – Hilf mir! ⟨…⟩ Vater unser, der mich hat verflucht!« (Ebd., S. 164 f.) Außerdem ist es belegt bei Shakespeare, »Hamlet« III/3: »Beten kann ich nicht, / Ist gleich die Neigung dringend wie der Wille« und »Macbeth« II/1: »Doch warum / Konnt' ich nicht Amen sprechen? War mir doch / Die Gnad' am meisten noth, und Amen stockte / Mir in der Kehle« (vgl. Dok. 19, S. 243). Hier vmtl. angeregt durch Margarethes Gebet in der »Zwinger«-Szene in Goethe, »Faust« I, V. 3587–3619 (vgl. Dok. 18, S. 241).

32,19 f. *Und ist kein Betrug in seinem Munde erfunden:* Marie liest im NT 1. Petrus 2,21 f., wo es heißt: »Denn dazu seyd ihr berufen; sintemal auch Christus gelitten hat für uns, und uns ein Vorbild gelassen, daß ihr sollt nachfolgen seinen Fußstapfen. Welcher keine Sünde gethan hat, ist auch kein Betrug in seinem Munde erfunden.«

32,22–26 *aber die Pharisäer … hinfort nicht mehr:* Marie liest im NT Johannes 8,3–11: »Aber die Schriftgelehrten und Pharisäer brachten ein Weib zu ihm, im Ehebruche begriffen, und stelleten ins Mittel dar. Und sprachen zu ihm: Meister, dieß Weib ist begriffen auf frischer That im Ehebruch. Moses aber hat uns im Gesetz geboten, solche zu steinigen; was sagest du? ⟨…⟩ Aber Jesus ⟨…⟩ sprach zu ihnen: Wer unter euch ohne Sünde ist, der werfe den ersten Stein auf sie. ⟨...⟩ Da sie aber das höreten, gingen sie hinaus ⟨...⟩. Jesus aber sprach: So verdamme ich dich auch nicht. Gehe hin, und sündige fort nicht mehr.«

33,1 *Stich in's Herz:* seit dem 16. Jh. gebräuchliche Metapher für seelischen Schmerz. Die solcherart umschriebenen »Gefühle wechseln gern ins Sentimentale, zu Wehmut und Trauer, hinüber« (DWb XVIII,2685; vgl. Wander IV,846 f.). Mglw. auch angeregt durch Goethe, »Faust« I, V. 3590 und 3596 ff.: »Das Schwert im Herzen«; »Wer fühlet, / Wie wühlet / Der Schmerz mir im Gebein?« (Vgl. Dok. 18, S. 241.)

33,2 *brüht:* (südhess.) wärmt (vgl. ShWb I,1164).

33,4 f. *Der hat die goldne Kron, der Herr König:* Die »goldene Krone« gehört in Märchen zu den »stereotypen Attributen« des Königs (L9: »Enzyklopädie des Märchens« VIII,135), eine Quelle für die Verbindung des Attributs »goldene Krone« mit der Anrede »Herr König« war jedoch nicht zu ermitteln. Mglw. zitiert der Narr zwei Formeln aus verschiedenen Märchen. Eine »goldene Krone« spielt z. B. in dem Märchen über den Menschenfresser »Okerlo« eine Rolle, wo ein Mädchen einem Kind des Menschenfressers »die goldene Krone« abnimmt, sie einem ›jungen Prinzen‹ aufsetzt und ihn so vor dem Tod rettet (KHM I,333). Die Wortverbindung »Herr König« findet sich z. B. in »Die kluge Bauerntochter«: »als der Herr König einmal auf die Parade zog« (KHM II,65 u. ö.) oder mehrfach in »Der gestiefelte Kater«, wo der Kater sagt: »Herr König, Ihr gelangt hier in das Schloß meines Herrn« (KHM I,154 f.).

33,5 *Morgen hol' ich ... Königin ihr Kind:* Der Narr zitiert aus dem Märchen »Rumpelstilzchen«: »heute back ich, morgen brau ich, / übermorgen hohl ich der Frau Königin ihr Kind, / ach wie gut ist, daß niemand weiß, / daß ich Rumpelstilzchen heiß!« (KHM I,255.)

33,6 *Blutwurst sagt: komm Leberwurst:* In dem Märchen »Die wunderliche Gasterei« ist die Blutwurst ein Mörder,

der die Leberwurst mit einem »langen, langen Messer, das blinkte, als wärs frisch gewetzt« (KHM I,193) bedroht. – Der Narr bezieht sich hier vmtl. auf den Märchenbeginn: »Auf eine Zeit lebte eine Blutwurst und eine Leberwurst zusammen, und die Blutwurst bat die Leberwurst zu Gast« (KHM I,191).

33,8 f. *Der Franz ist nit gekommen, gestern nit, heut nit:* mglw. angeregt durch Lenz, »Die Soldaten« III/9: »er hat dich vergessen, er ist in drei Tagen nicht hier gewesen«. – Zugleich Hinweis auf den zeitlichen Ablauf: Zwischen der Szene 4 (H 4,4), wo Woyzeck Marie zuletzt besuchte, und Szene 16 (H 4,16) sind ein oder – höchstens – zwei Tage vergangen.

33,9 f. *es wird heiß hie. (sie macht das Fenster auf.):* angeregt durch Goethe, »Faust« I, V. 2753: »Es ist so schwül, so dumpfig hie / (Sie macht das Fenster auf)« (vgl. Dok. 18, S. 239).

33,10–13 *Und trat hinein … salbete sie mit Salben:* Marie liest im NT Lukas 7,37 ff.: »Und siehe, ein Weib war in der Stadt, die war eine Sünderin. Da die vernahm, daß er ⟨Jesus⟩ zu Tische saß in des Pharisäers Hause, brachte sie ein Glas mit Salben. Und trat hinten zu seinen Füßen, und weinete, und fing an, seine Füße zu netzen mit Thränen, und mit den Haaren ihres Hauptes zu trocknen, und küssete seine Füße, und salbete sie mit Salben. Da aber das der Pharisäer sahe, der ihn geladen hatte: sprach er bey sich selbst, und sagte: Wenn dieser ein Prophet wäre, so wüßte er, wer und welch ein Weib das ist, die ihn anrühret; denn sie ist eine Sünderin.« Jesus antwortet: »Derohalben sage ich dir; Ihr sind viele Sünden vergeben, denn sie hat viel geliebet; welchem aber wenig vergeben wird, der liebet wenig.« Schließlich »sprach ⟨er⟩ zu dem Weibe: Dein Glaube hat dir geholfen; gehe hin mit Frieden.«

33,14 *(schlägt sich auf die Brust) Alles todt!:* Zeichen für innere Gefühlsstarre und im religiösen Sinn für Gottesferne. Mglw. angeregt durch Lenz, »Die Soldaten« III/2: »Stolzius (an seine Brust schlagend). Marieel – nein, sie ist es nicht mehr, – 〈...〉 Laßt mich – / Mutter 〈...〉. Wohin, du Gottsvergessener?« (Vgl. Dok. 17, S. 233.) Ähnlich auch bei Tieck, »Der Abschied« II/2: »alles todt! todt«. Vgl. auch Büchners »Lenz«: »es kamen ihm Erinnerungen an die Zeiten, wo Alles in ihm sich drängte, wo er unter all' seinen Empfindungen keuchte; und jetzt so todt. Er verzweifelte an sich selbst, dann warf er sich nieder, er rang die Hände, er rührte Alles in sich auf; aber todt! todt!« (S. 24.)

Szene 17 (= H 4,17)

Die Szene ist mglw. angeregt durch einen dem Clarus-Gutachten angefügten Bericht des Verfassers über »die Vertheilung« der Woyzeck am Tage der Hinrichtung »zugekommenen Almosen an seine Verwandte〈n〉, seine frühere Geliebte, an das mit dieser erzeugte Kind und an dessen Lehrer« (Clarus, S. 96).

33,20 f. *Kamisolchen ... ist nit zur Montour:* Ein Kamisol ist »ein kurzes Unterkleid unter dem Oberrocke« der Männer, »eine Weste« (Adelung II,1476 f.). Büchner verwendet das in Südhessen gebräuchliche Diminutiv, mit dem im Darmstädter Raum eine »kurze, eng anliegende Männerjacke« bezeichnet wird (ShWb III,1072). – Die »Ablieferung der Montirungs- 〈Uniform〉 und Armaturstücke 〈Bewaffnung〉 verstorbener Soldaten betr〈effend〉« galt im Großherzogtum Hessen folgende Regelung: Im Todesfalle eines Soldaten mußten »seine noch nicht ausgetragenen Montirungsstücke, sowie seine Armaturstücke jedesmal an die Compagnie oder Escadron des Verstorbenen zurückgeliefert werden 〈...〉, in so ferne die Hinterlassenen deren Betrag nicht bezahlen wollen oder können« (GHRB, Nr. 16, 29. Mai 1822, S. 188).

33,21 *Montour:* »Kleidung der gemeinen Soldaten«; »die einförmige Kleidung der Officiers« ist dagegen »die Uniforme« (Adelung III,275).

33,23–34,4 *ein Heiligen … es lag in meiner Mutter Bibel … (zieht ein Papier hervor.):* in Verbindung mit 83,13 f. *Da kauf dem Bub en Reuter* mglw. angeregt durch Goethe, »Götz« I/2: »(Zieht ein Gebetbuch hervor und gibt dem Buben einen Heiligen.)«

33,23 *Heiligen:* hier: Heiligenbild.

33,26 f. *Leiden sey … Gottesdienst:* Variante von Versen der dritten Strophe eines in mehreren Gesangbüchern verbreiteten pietistischen Kirchenliedes von Christian Friedrich Richter (1676–1711), das später auch als Lied »Eines Krancken« betitelt wurde. Die ersten vier Strophen dieses Liedes lauten:

GOTT, den ich als Liebe kenne,
der du kranckheit auf mich legst,
und des leidens flamm erregst,
daß ich davon hitz und brenne;
brenne doch das böse ab,
das den geist bisher gehindert,
das der liebe regung mindert,
die ich öfters von dir hab.

In der schwachheit sey du kräftig,
in den schmertzen sey mir süß;
schaffe, daß ich dich genieß,
wenn die kranckheit streng und heftig:
denn, was ietzt den leib bewegt,
was mein fleisch und marck verzehret,
was den cörper ietzt beschweret,
hat die liebe selbst erregt.

Leiden ist ietzt mein geschäffte,
anders kann ich ietzt nichts thun,
als nur in dem leiden ruhn;
leiden müssen meine kräfte,

leiden ist ietzt mein gewinst,
das ist ietzt des Vaters wille,
den verehr ich sanft und stille;
leiden ist mein gottesdienst.

GOtt, ich nehms aus deinen händen
als ein liebes-zeichen an:
denn in solcher leidens-bahn,
wilst du meinen geist vollenden;
auch die labung, die man mir
zu des leibes stärckung giebet,
kömmt von dir, der mich geliebet,
alles kömmt, mein GOtt, von dir.

(L2a: Freylinghausen 1741, S. 931)

Büchner zitiert dieselben Verse in »Lenz« (S. 14): »Laß in mir die heil'gen Schmerzen, / Tiefe Bronnen ganz aufbrechen; / Leiden sey all' mein Gewinnst, / Leiden sey mein Gottesdienst.« (Vgl. auch L4: Anz, GBJb 1; und zur Geschichte des Topos: L7: Rölleke 1995.)

33,28 f. *Herr wie dein Leib ... aller Stund:* Näheres hierzu war nicht zu ermitteln.

34,4 f. *Friedrich Johann Franz Woyzeck:* Der historische Woyzeck trug die Vornamen Johann Christian (Clarus, S. 1; vgl. Dok. 1, S. 125).

34,5 *geschworener:* Beim Eintritt in den Militärdienst war der »Soldateneid« auf die Fahne zu schwören, das »feierliche, ⟨...⟩ unter Anrufung des göttlichen Namens gegebene Versprechen ⟨...⟩ der Treue gegen Fürst und Vaterland und der unbedingten Unterwerfung unter die Militairgesetze und Anordnungen« zu geben. Vor dem Schwur wurden die »Kriegsartikel« verlesen und die »Heiligkeit des Eides ⟨...⟩ erläutert« (MCL VII,693 f.).
Füsilir: Soldat, der mit einem leichten Gewehr bewaffnet ist und zur Infanterie gehört (vgl. Adelung II,372; Campe VI,330).

34,6 f. *2. Regiment, 2. Bataillon, 4. Compagnie:* die Truppeneinheit, der Woyzeck angehört. Die einem Hauptmann unterstehende »Compagnie«, »die kleinste selbstständige Truppenabtheilung«, umfaßt 100–200 Mann (MCL II,237); mehrere Compagnien bilden das von einem Major befehligte Bataillon, mehrere Bataillone das einem Oberst unterstehende Regiment (MCL V,63; VI,202, 269; VII,72). Im Großherzogtum Hessen gab es vier Infanterieregimenter, die aus jeweils zwei Bataillonen bestanden (vgl. Wagner IV,321). Das 2. Regiment hieß bis 1820 »Gardefüsilier-Regiment« (L10: Kattrein 1907, S. 72), später »Großherzog« und war in Darmstadt »garnisonirt« (Wagner IV,323 f.), stellte jedoch auch abwechselnd mit dem 4. Regiment ein Kommando zur Bewachung der Gießener Gefängnisse in der Stärke von 60 Mann, 1 Offizier, 4 Unteroffizieren und einem »Spielmann« (L10: Kattrein 1907, S. 75; vgl. Keim 1879, S. 262).

34,6–8 *geboren Mariae Verkündigung ... 7 Monate und 12 Tage:* 7 Monate und 12 Tage vor dem 20. Juli liegt nicht *Mariae Verkündigung*, sondern das katholische Fest »Mariae Empfängnis« (8. Dezember; vgl. L5: de Angelis 1997, S. 94 f.). Die Handschrift läßt den Schluß zu, daß Büchner zunächst als noch unbestimmtes Ausgangsdatum *d. d.* (de dato) und ein formelhaft bestimmtes Lebensalter notierte, danach als bestimmtes Geburtsdatum irrtümlich *Mariae Verkündigung* statt »Mariae Empfängnis« und zuletzt das aus diesen Vorgaben errechnete Datum *20. Juli* (vgl. Diff. Text, Anm. S. 168).

34,8 *30 Jahre:* Der historische Woyzeck beging die Tat im Alter von 41 Jahren; 30 Jahre alt war er allerdings »im Jahre 1810«, als er »Umgang mit einer ledigen Weibsperson, der Wienbergin, gehabt, mit dieser ein Kind gezeugt« und erste Anzeichen psychischer Krankheit gezeigt hatte (Clarus, S. 17; vgl. Dok. 1, S. 128). – Soldaten waren in Hessen bis zum 26. Lebensjahr militärpflichtig. Der Tatsache, daß Woyzeck älter ist, hätte ein zeitgenössischer Leser entnehmen können, daß er zur Gruppe der sogenannten »Einsteher« gehört (vgl. Kap. IV.1, S. 196).

34,10 f. *Schnaps trinken und Pulver drein das tödt das Fieber:* vgl. 30,22 f. *Schnaps trinken und Pulver drein, das schneidt das Fieber* mit Erl.

34,12 f. *wann der Schreiner die Hobelspän sammelt:* vgl. 9,8 *lag auf den Hobelspänen* mit Erl.

Szene 18 (= H 1,14)

34,18 f. *Wie scheint die Sonn St. Lichtmeßtag ... das Korn im Blühn:* St. Lichtmeß ist ein »zum Gedächtniß der Darbringung Christi im Tempel und der Reinigung Mariens ⟨...⟩ eingesetztes Kirchenfest, welches auf den 2. Februar fällt« (Brockhaus 1830, VI,584). Vmtl. stehen die Verse in Verbindung mit den Wetter- und Ernteprognosen, die man vor allem aus dem Sonnenschein am Lichtmeßtag ableitete (vgl. HWdA V,1270). In Südhessen sagte man z. B.: »scheint an Lichtmeß die Sonne, wird es noch vier Wochen kalt« (ShWb IV,328 f.) oder andernorts: »Fällt auf Lichtmess Sonnenschein, wird der Flachs sehr lang und fein« (Wander III,120). – Andere Überlieferungen dieses Liedes waren nicht zu ermitteln.

34,22 f. *Die Pfeifer gingen vorn / Die Geiger hinter drein:* vgl. 48,21 *die Geigen und die Pfeifen* mit Erl.

34,25 *S'ist nit schön:* mglw. angeregt durch Goethe, »Faust« I, V. 3575: »Das ist nicht schön!«

34,29–35,2 *Warum? ... Aber warum darum?:* Teil eines Kinderreimes, der in »Des Knaben Wunderhorn« (III,310) unter dem Titel »Wenn das Kind allzu wissbegierig ist« folgendermaßen überliefert ist: »Warum? / Darum. / Warum denn darum? / Um die Krumm. / Warum denn um die Krumm? / Weils nicht grad ist!« Die Verse sind rechts neben dem auf der linken Seite der Handschrift zuerst niedergeschriebenen Wortwechsel *S'ist nit schön ⟨...⟩ Es muß singen* eingetragen und mglw. als Parallelentwurf dazu gedacht (vgl. Diff. Text, S. 119).

35,5 *Krabben:* nennt man »in vertraulichem Scherze« kleine Kinder (Campe II,1025).

35,6 *Ringle, ringel Rosenkranz:* erste Zeile eines Ringelreihens, der »von kleinen Mädchen lachend und scherzend unter Gesang gesprungen« wird (L2a: Böhme 1897, S. 438). Aus Darmstadt ist das folgende Tanzspiel überliefert:

Ringel, Ringel, Rosenkranz!
kleine Wasch, große Wasch,
Schöppche Wein, Bretzelche drein.
Kikerikiki?

(Ebd., S. 443)

Eine andere ebenfalls in Hessen bekannte Variante lautet:

Ringel, Ringel, Rosenkranz!
setz' ein Töpfchen Wasser bei,
morgen woll'n wie waschen,
kleine Wäsche, große Wäsche,
allerhand sehr schöne Wäsche.
Kikeriki!

(Ebd., S. 442)

König Herodes: jüdischer König, der auf die Nachricht von der Geburt des Messias »alle Kinder zu Bethlehem tödten« ließ (NT Matthäus 2,16); hier mglw. in Verbindung mit dem obigen Ringelreihen eine Schreckgestalt, bei deren Nennung die Kinder sich ducken.

35,8–22 *Es war einmal … ist ganz allein:* Im ›Großmutter-Märchen‹ verarbeitet Büchner verschiedene Motive aus Grimms Märchen. Nachweisbare Anregungen gingen vor allem von den Märchen »Die drei Raben« (»Die sieben Raben«), »Das arme Mädchen« (»Die Sterntaler«) und »Das singende, springende Löweneckerchen« aus. – In dem Märchen »Die drei Raben« verläßt ein Mädchen auf der Suche nach seinen Brüdern die Erde und gelangt zu Sonne, Mond und Sternen, die sich jedoch als grausam erweisen und die Hoffnung des Kindes enttäuschen. Die Sterne sitzen auf »Stühlerchen«, bei Büchner sind sie *angesteckt*. Die wörtlichen Übernahmen Büchners (z. T. auch in Szene 21) sind im folgenden halbfett und unterstrichen, die sinngemäßen nur unterstrichen markiert:

»**Es** ging aber immer fort, so weit, so weit bis es an der **Welt** Ende kam, **und es ging zur Sonn**e, die war aber gar zu heiß und fraß die kleinen Kinder. **Da**rauf **kam es zu** de**m Mond**, der war aber gar zu kalt, und auch bös, **und** wie ers merkte, sprach er: ›**ich rieche**, **riech**e **Menschenfleisch**.‹ ⟨Vgl. Szene 21.⟩ Da machte es sich geschwind fort und **kam zu den Sternen**, die waren ihm gut und saßen alle jeder auf Stühlerchen« (KHM I,111).

Vgl. dazu auch 38,24 f. *Und da hat der Riese gesagt: ⟨...⟩ ich riech Menschenfleisch* sowie 48,10–13 *Das riecht ⟨...⟩ Ich riech, ich riech Blut* jeweils mit Erl. – Von dem Märchen »Das arme Mädchen« ließ Büchner sich vor allem durch den Anfang anregen:

»**Es war einmal ein arm**es, kleines Mädchen, dem war **Vater und Mutter** gestorben, es **hatte kein** Haus mehr in dem es wohnen, und kein Bett mehr, in dem es schlafen konnte, **und** nichts **mehr auf der Welt**« (KHM I,382).

Eine ähnliche Formulierung findet sich auch bei Goethe, »Götz« I/3: »es war einmal ein Kind, und sein' Mutter war krank, da ging das Kind hin –«. Außerdem stimmt das Motiv des Weinens mit dem Märchen »Das singende, springende Löweneckerchen« überein:

»und als auch das nichts geholfen hatte, ward sie traurig, ging hinaus auf eine Wiese, **setzte sich da hin und** weinte« (KHM II,14).

Büchner verstärkt den märchentypischen Sprachduktus, indem er auf Relativsätze, die in den schriftlich fixierten Märchen in der Sammlung der Grimms üblich sind, fast ganz verzichtet. Der schon literarisierte Sprachduktus wird auf diese Weise zurückgenommen und wieder der Situation des realen Erzählens angeglichen. – Kosmische Untergangsstimmungen (Weltende) und Einsamkeitserfahrung, die in Bildern von »Eltern-, Heimat- und Wegverlust« und im Verlust der gewohnten Orientierungspunkte bzw. der kosmischen Ordnung ihren Ausdruck finden, sind zu Büchners Zeit topisch (vgl. L4: Kruse 1992, S. 16 ff.).

35,11 *gerrt:* »gerren« ist »das in der Wetterau und auf dem Vogelsberg am meisten gebrauchte Wort für weinen«, besonders für »laut weinen« (L9: »Oberhessisches Wörterbuch« I,419; DWb V,3733). Die verkürzte Partizipform (hier: *gerrt* statt »gegerrt«) ist hessisch allgemein üblich.

35,12 f. *wollt's in Himmel gehn:* Die Auslassung des Artikels findet sich häufiger bei Büchner, vgl. z. B. »Danton's Tod« II/3: »Wie kommt mir gerad das in Kopf?«, aber auch bei Goethe, vor allem in »Götz« und in »Faust« I, V. 2428 (vgl. L6: Mayer, GBJb 8, S. 229, und Mayer, GBJb 7, S. 189, Anm. 84).

35,14 f. *wie's endlich zum Mond kam, war's ein Stück faul Holz:* Dem Bild liegt zugrunde, daß man an faulem Holz »Phosphorescenz«, d. h. »die Eigenschaft« von Körpern, »im Dunkeln einen Lichtschein von sich zu geben«, beobachten kann (RCL IX,835). – Mglw. angeregt durch Erinnerungen an den Schulunterricht bei Ernst Theodor Pistor. In dessen »Lehrbuch der Naturwissenschaft für die Jugend« heißt es: »Ursprünglich leuchtende Körper sind z. B. die Sonne und die übrigen Fixsterne, Phosphor, faules Holz« (L11: Pistor 1830, S. 64; Hinweis von Reinhard Pabst).

35,15 f. *wie's zur Sonn kam, war's eine verwelkte Sonnen-*

blume: Ähnliche Vergleiche der Himmelskörper mit (verwelkten) Pflanzen finden sich bei Jean Paul, »Das heimliche Klagelied der jetzigen Männer«: »Sie setzte sich willig wieder vor die Sonne, die, selber eine Sonnenblume, sich gelb-roth ausdehnte und die Krone gegen die Erde senkte« (»Sämmtliche Werke« XXXIX,33) und Heine, »Ideen. Das Buch Le Grand«: »spärlich schimmerten oben einige Sterne und auch diese fielen herab wie gelbe Blätter im Herbste« (»Reisebilder« II,127).

35,18 *Neuntödter:* mglw. angeregt durch Erinnerungen an den Schulunterricht bei Ernst Theodor Pistor. In dessen »Lehrbuch der Naturwissenschaft für die Jugend« heißt es: »Der Neuntödter oder Dorndreher ⟨...⟩ spießt die gefangenen Käfer und Fliegen an die Dornen der Schlehenbäume auf, um sowohl sich und seine Jungen damit zu nähren, als auch kleine Vögel dadurch herbeizulocken, die er dann fängt« (L11: Pistor 1830, S. 144; Hinweis von Reinhard Pabst).

35,19 *Schlehen:* »Frucht des Schwarzdorns« bzw. »der Strauch selbst« (Prunus spinosa) (ShWb V,407), dessen Holz »mit vielen Knoten und Stacheln« versehen ist (Campe IV,173).

35,20 *Hafen:* »ein Geschirr und in engerer Bedeutung ein Topf«, besonders »ein irdener Topf« (Campe II,197); südhessisch auch mit der Bedeutungsvariante »Nachttopf« geläufig (ShWb III,35).

35,23–27 *Marie! ... Weiß ich's?:* Vieldeutige Dialogpartien dieser Art waren in der Schauerliteratur beliebt; hier mglw. angeregt durch Tieck, »Der Abschied« II/5: »Waller. Fort! komm! / Louise. Wohin? / Waller. Wohin? – Was weiß ich's?« Vgl. ähnlich auch in »Danton's Tod« II/3: »Camille. Wo gehst du hin? / Danton. Ja, wer das wüßte! / Camille. Im Ernst, wohin? / Danton. Spazieren, mein Junge, spaziren! (er geht)«.

35,25 *wir wollen gehn s'ist Zeit:* Auch das Motiv des fatalen Zeitpunkts ist schauerliterarisch geläufig (vgl. L5: Ingrid

Oesterle, GBJb 3, S. 184), begegnet aber auch in Shakespeare, »Macbeth« V/1: »Nun, dann ist es Zeit, es zu thun« (vgl. Dok. 19, S. 244). Vgl. auch 53,17 *Wieviel Uhr ist's?* und 53,20–23 *übermorgen Abend ⟨...⟩ Dann wär's vorbey* mit Erl.

35,26 *Wohinaus?:* in der südhessischen Umgangssprache für ›wohin‹ (vgl. ShWb III,504). Vgl. auch Shakespeare, »Macbeth« II/1: »Mein Wohinaus« (vgl. Dok. 19, S. 243).

Szene 19 (= H 1,15)

Anregungen zu dieser Szene entnahm Büchner außer dem Gutachten von Clarus mglw. auch dem Horn-Gutachten zum Schmolling-Prozeß (vgl. Dok. 2, S. 157 ff.) sowie in Verbindung mit Szene 23 (H 1,19) Shakespeares »Othello« V/2 (vgl. Dok. 20, S. 250 f.). – Den Tatort stellte Büchner sich offenbar an einem Ort in der Umgebung Darmstadts vor (vgl. Erl. zu 39,8 f. *Links über die Lochschneise in dem Wäldchen, am rothen Kreuz*).

36,4 *Komm setz dich:* mglw. angeregt durch Schmollings Aussage: »Ich bat die L. sich noch ein wenig bei mir zu setzen, weil ich sie im Sitzen besser als im Stehen ermorden konnte« (L12a: Horn 1820, S. 307; vgl. Dok. 2, S. 159).

36,8 *Wie bist du denn auch!:* mglw. angeregt durch Lenz, »Die Soldaten« I/3: »Marie. Aber sag' Er mir doch, Papa, wie ist Er denn auch?«

36,15 f. *heiß, heißer Hurenathem:* mglw. angeregt durch Shakespeare, »Othello« III/4: »Heiß, heiß, und feucht!« Vgl. 27,24 *Was sie heiße Händ haben* mit Erl.

36,23 f. *Was der Mond roth auf geht ... Wie ein blutig Eisen:* »Eisen« ist hier eine Bezeichnung für »spitze Geräte wie Messer, Sichel und dergleichen« (ShWb II,163). Die Wortverbindung *blutig Eisen* findet sich auch bei Grillparzer, »Die Ahnfrau«: »Hab' ich's gethan? / Kann die

That die Schuld beweisen, / Muß der Thäter Mörder seyn? / Weil die Hand, das blut'ge Eisen, / Ist drum das Verbrechen mein?« (V. 2976 ff.) oder: »Ja, du bist es, blutig Eisen, / Ja, du bist's, du bist dasselbe, / Das des Ahnherrn blinde Wuth / Tauchte in der Gattinn Blut« (V. 2534 ff.; vgl. L5: Jäger, GBJb 8, S. 291 ff.). Das Motiv des ›roten Mondes‹ findet sich auch bei Goethe, »Faust« I: »Wie traurig steigt die unvollkommne Scheibe / Des rothen Monds mit später Gluth heran« (V. 3852) und ist vmtl. angeregt durch NT Offenbarung 6,12: »und die Sonne ward schwarz wie ein härener Sack, und der Mond ward wie Blut« oder NT Apostelgeschichte 2,20: »Die Sonne soll sich verkehren in Finsterniß, und der Mond in Blut, ehe denn der große und offenbarliche Tag des Herrn kommt« (ähnlich auch AT Joel 3,4). Zur Einleitung der Mordszene bei Tieck, »Das grüne Band«, wird ein ähnliches Bild gebraucht: »Die Sonne ging blutig unter« (»Schriften« VIII,341). Vgl. auch Erl. zu Szene 20.

36,25 f. *Was hast du vor? ... halt ... He Hülfe:* Im Horn-Gutachten wird mitgeteilt, daß zwei Vorbeikommende »Jemand um Hülfe rufen« hörten (L12a: Horn 1820, S. 293; vgl. Dok. 2, S. 157 f.). Mglw. mitangeregt durch Shakespeare, »Hamlet« III/3: »Königin. Was willst du thun? Du willst mich doch nicht morden? He, Hülfe! Hülfe!«

36,27–29 *Nimm das ... (stößt zu):* Woyzeck sagte aus, daß er »zugestoßen habe, ohne zu wissen, was er thue« (Clarus, S. 55; vgl. Dok. 1, S. 148).

36,28–30 *noch nicht noch nicht? ... es kommen Leute:* vmtl. angeregt durch Shakespeare, »Othello« V/2 (Othello wird bei der Tat gestört): »Was für ein Lärm? Nicht todt? Noch nicht ganz todt? – / ⟨...⟩ (ersticht sie mit dem Dolch.) / ⟨...⟩ Jetzt ist sie todt« (vgl. Dok. 20, S. 251).

Szene 20 (= H 1,16)

Teile der Szene sind mglw. angeregt durch den Schluß von Tieck, »Das grüne Band« (»Schriften« VIII,343 f.).

37,4–9 *Hörst du? ... Wie ein Mensch der stirbt:* vmtl. angeregt durch Tieck, »Das grüne Band«: »hörtest du kein Aechzen in der Nähe? ⟨...⟩ Nichts als den Wind, der durch die Laube rauscht. ⟨...⟩ Es war ein schweres Athmen – wie eines Sterbenden« (»Schriften« VIII,343).

37,5–7 *Uu! da! Was ein Ton ... s'ist nicht gut, es zu hören:* Der Ausruf der *1. Person* ist mglw. angeregt durch Shakespeare, »Othello« V/2: »Gott! Welch ein Schrei war das?« (Vgl. Dok. 20, S. 251.) – Den verbreiteten Volksglauben an ›rufendes Wasser‹ kannte Büchner u. a. von Woyzecks Aussage im Clarus-Gutachten, er habe, »als er einmal Baden gegangen sey, die Stimme gehört: Spring ins Wasser, spring ins Wasser!« (Clarus, S. 52; vgl. Dok. 1, S. 145.) Ein weiterer Hintergrund von Büchners Szenenkonzeption ist vmtl. eine in Darmstadt bekannte Sage über den dortigen Stadtteich und seinerzeit einzigen Badesee (vgl. 40,6–9 *wenn sie sich baden ⟨...⟩ wenn sie tauchen nach Muscheln*), den großen Woog, von dem erzählt wurde, es hause in ihm ein Wassergeist, »und der müsse alljährlich ein Opfer haben. ⟨...⟩ Ist lange kein Mensch daselbst verunglückt ⟨vgl. 37,6 f. *schon lang ist Niemand ertrunken*⟩, so hört man am stillen Morgen einen gellenden, unerklärlichen Schrei« (L10: Nodnagel 1925–26, XIII,27). Die zwei hinzukommenden *Leute* interpretieren ihre Wahrnehmungen offenbar zunächst im Horizont dieser Sage (vgl. L5: Schulz, GBJb 9).

37,10–12 *Es ist unheimlich ... wie gesprungene Glocken:* mglw. angeregt durch Tieck, »Der blonde Eckbert«: »in der Nacht hörte ich die seltsamsten Töne ⟨...⟩ alles war mit einem neblichten Dufte überzogen, der Tag war grau« (»Schriften« IV,149).

37,10 *düftig:* Nebenform zu »duftig«, hier mit der Bedeutung »dunstig«, »leicht neblig« (ShWb I,1809).
37,13 *Da hinauf:* vgl. Erl. zu 39,8 f. *Links über die Lochschneise in dem Wäldchen, am rothen Kreuz.*

Szene 21 (= H 1,17)

37,17 f. *Tanzt alle … schwizt und stinckt:* vgl. auch Büchner, »Danton's Tod« IV/3: »Es ist mir, als röch' ich schon. Mein lieber Leib, ich will mir die Nase zuhalten und mir einbilden du seyst ein Frauenzimmer, was vom Tanzen schwizt und stinkt«.
37,17 *immer zu:* vgl. 30,15 f. *ich hör die Geigen, immer zu, immer zu* mit Erl.
37,25 *Ich hab heiß:* »heiß haben« für ›mir ist heiß‹, »kalt haben« für ›mich friert‹ dort gebräuchlich, »wo diese Adjektive in substantivischer Geltung stehen« (vgl. DWb X,62). Südhessisch nicht belegt. In elsässischer Mundart jedoch nachgewiesen ist die Wendung: »Er het h⟨eiss⟩ im Kopf« für ›ist betrunken‹ (L9: »Wörterbuch der elsässischen Mundarten«, S. 381).
38,2–10 *Ins Schwabeland das mag ich nicht … und schlaf allein:* letzte und Teil der vierten Strophe eines in Oberhessen bekannten Volksliedes, das 1885 unter dem Titel »Ins Schwabenland« folgendermaßen überliefert wird:

Auf dieser Welt hab' ich keine Freud'.
Ich hab' einen Schatz und der ist weit;
Er ist so weit weg über Berg und Thal,
Daß ich ihn nicht mehr sehen kann.

Und als ich kam über Berg und Thal,
Da sang eine schöne Nachtigall.
Sie sang so hübsch, sie sang so fein,
Sie sang, ich sollt' ihr Liebling sein.

Und als ich kam zur Vorstadt hinein,
Da stand mein Schatz schon Schildwacht drein.
Mir blutt mein Herz, es thut mir weh,
Sie sagt, ich sollt' nicht von ihr gehn.

Mein Schatz wollt' mir einen Thaler gebn,
Ich sollt' mit ihr zu Bette gehn.
Zu Bette gehn, das wär mir fein,
Behalt' deinen Thaler, ich schlaf' allein.

Guten Morgen, lieber Goldschmied mein,
Schmied' meinem Schatz ein Ringelein,
Ein Ringelein an die rechte Hand,
Damit ziehn wir ins Schwabenland.

In's Schwabenland, da mag' ich nicht,
Die langen Kleider trag' ich nicht,
Lange Kleider und spitze Schuh,
Die kommen keiner Dienstmagd zu.

(L2a: »Deutsche Volkslieder aus Oberhessen«, S. 9 f.)

Bei Lewalter (I,11; L2a) ist die 6. Strophe folgendermaßen überliefert:

Nach Schwabenland da mag ich nicht,
Denn lange Kleider trag ich nicht,
Denn lange Kleider und spitze Schuh
Die kommen keiner Dienstmagd zu.

In Büchners »Lenz« (S. 23) singt eine Magd die ersten zwei Verse der ersten Strophe (vgl. auch L2a: »Deutscher Liederhort« II,395 f.).

38,6 f. *man kann auch ohne Schuh in die Höll gehn:* mglw. eine Variante der südhessischen Redewendung: »Du kimmschd medd Schuh unn Strimp in die Hell (Hölle)!« (ShWb V,793.)

38,13–21 *Aber was hast du an deiner Hand? ... Ich hab's abgewischt:* vmtl. angeregt durch Goethe, »Faust« I,

V. 4512–14: »Deine liebe Hand! – Ach aber sie ist feucht! / Wische sie ab! Wie mich däucht / Ist Blut dran.«

38,24 f. *Und da hat der Riese gesagt: … ich riech Menschenfleisch:* Der Narr zitiert ein in verschiedenen Märchen vorkommendes Motiv. In dem Märchen »Die drei Raben« z. B. spricht der Mond: »ich rieche, rieche Menschenfleisch« (KHM I,111; vgl. Erl. zu 35,8–22 *Es war einmal* ⟨…⟩ *ganz allein*); ebenso der »Holzhacker« in dem Märchen »Von dem Teufel mit drei goldenen Haaren« (KHM I,124). Zu dem schauerliterarisch verbreiteten Motiv des Blut- und Leichengeruchs schon vor dem Todesfall vgl. auch 48,10–13 *Das riecht* ⟨…⟩ *Ich riech, ich riech Blut* mit Erl.

38,25 f. *Der stinkt schon:* Der Narr wiederholt eine Wendung aus NT Johannes 11,39, wo über den toten Lazarus gesagt wird: »Herr, er stinket schon; denn er ist vier Tage gelegen.« Mglw. mitangeregt durch Shakespeare, »König Lear« II/4: »Narr. ⟨…⟩ gewiß ist unter Zwanzigen nicht Eine Nase, die den nicht röche, der stinkt.«

Szene 22 (= H 1,18)

Mit allerdings nicht stichhaltigen Begründungen (vgl. Textband, S. 204) wird diese Szene in Lese- und Bühnenfassungen häufig hinter die Teichszene H 1,20 plaziert. Wir folgen hier dem handschriftlichen Befund.

39,8 f. *Links über die Lochschneise in dem Wäldchen, am rothen Kreuz:* weiterer Hinweis darauf, daß Büchner sich das Tatgeschehen an realen Orten in der Umgebung Darmstadts vorgestellt hat (vgl. Erl. zu 37,5–7 *Uu! da! Was ein Ton* ⟨…⟩ *s'ist nicht gut, es zu hören*). Im Darmstädter Stadtwald steht noch heute – ca. 3,5 km von der damaligen Stadtgrenze entfernt – das aus Sandstein gefertigte »rote Kreuz«. Zu Büchners Zeit stand dort »an einer

lichten ⟨...⟩ Stelle des Waldes, abseits vom Fußpfade« ein rotes Holzkreuz (L10: Nodnagel 1925–26, XIII,29). Die Aufstellung solcher Gedenkkreuze war in früheren Zeiten üblich, um an Morde zu erinnern, die an diesen Stellen begangen worden waren. Allein in Hessen sind etwa vierhundert alte Steinkreuze oder deren Standorte nachweisbar (vgl. L13: Riebeling 1977, S. 15 und 21). Der Grund ihrer Aufstellung hat sich oft in ›Schauer‹-Sagen verfremdet erhalten. Ob Büchner die Sage zum roten Kreuz kannte, geht aus dem Dramentext nicht hervor. Friedrich Nodnagel überliefert sie um 1850 folgendermaßen: Das Kreuz soll zuerst Ziel kirchlicher Prozessionen und von weißer Farbe gewesen sein. Nachdem einmal in der Nähe ein armer Pilger von Räubern erschlagen worden war, der sich in »seiner letzten Angst« zum Kreuz geschleppt hatte und dort starb, während er es »umschlungen« hielt, war das Kreuz »von seinem Blute befleckt«. Es wurde wieder weiß gestrichen, doch »immer kamen die Flecken zum Vorschein, und die sichtbare Erinnerung an den verruchten Mord störte die Betenden in ihrer Andacht.« Schließlich wurde das ganze Kreuz rot gestrichen, »und so wird das einst weiße nunmehr das rote Kreuz genannt« (ebd.). Die Wahl des Tatortes *am rothen Kreuz* ist mglw. angeregt durch das in der Schauerliteratur verbreitete Motiv der ›fatalen Örtlichkeit‹ (vgl. 63,17 f. *der Platz ist verflucht* sowie L5: Ingrid Oesterle, GBJb 3, S. 190).
Die *Lochschneise*, ein schnurgerader Waldweg, liegt ca. 3 km südlich vom roten Kreuz in jenem »Buchwald«, wo sich Büchners Schülerzirkel zu gemeinsamen Shakespeare-Lesungen einfand (nach Ludwig Wilhelm Luck, vgl. L3: Hauschild 1993, S. 109). Die Wegbeschreibung der *Kinder* in der Stadt stimmt jedoch nicht mit der Lage der realen Örtlichkeiten überein. Von Darmstadt aus ist das rote Kreuz nicht *Links über die Lochschneise* zu erreichen. Auch das Vorbild des Teichs, der große Woog (vgl. Erl. zu 37,5–7 *Uu! da! Was ein Ton ⟨...⟩ s'ist*

nicht gut, es zu hören), liegt mit ca. 2,5 km weiter vom roten Kreuz entfernt, als nach Szene 20 (H 1,16) anzunehmen ist. In die Gestaltung der Schlußszenen ging also nicht die genaue Lage der realen Orte zueinander ein, wohl aber die bildhafte Erinnerung Büchners an die einzelnen Örtlichkeiten. So entspricht die Gestaltung der Szene 20 genau der Lage des roten Kreuzes, das an der damaligen Roßdörfer Straße lag bzw. liegt, auf der abendliche Fußgänger (vgl. 36,30 *es kommen Leute* und 39,25 *Leute – Dort*) nichts Ungewöhnliches waren. Auch der Ausruf *Da hinauf* eines der beiden Tatzeugen fügt sich zur tatsächlichen Lage, denn das rote Kreuz liegt auf einem langgezogenen Hügel, und die Straße führt zu ihm noch heute *hinauf* (vgl. L5: Schulz, GBJb 9).

Szene 23 (= H 1,19)

Die Szene ist mglw. angeregt durch den Bericht im Horn-Gutachten, Schmolling habe das verlorene Messer gesucht und sei bei der Suche erst auf vorbeikommende Leute, dann auf das Mordopfer gestoßen (L12a: Horn 1820, S. 309; vgl. Dok. 2, S. 160).

39,16–18 *Es rührt sich was … Was bist du so bleich:* mit dem getilgten Ansatz *Sie rührt* (vgl. Diff. Text, 123,24) vmtl. angeregt durch Shakespeare, »Othello« V/2: »Still, wie das Grab. 〈…〉 Mir däucht, sie rührt sich« und »Ach, wie siehst du nun aus, o Kind des Jammers, / Bleich wie dein Tuch!« (Vgl. Dok. 20, S. 251.)

39,18 f. *Marie? Was hast du eine rothe Schnur um den Hals?:* vmtl. angeregt durch Goethe, »Faust« I, V. 4203 ff.: »Wie sonderbar muß diesen schönen Hals / Ein einzig rothes Schnürchen schmücken, / Nicht breiter als ein Messerrücken!«

39,19 f. *Bey wem hast du das Halsband verdient:* vmtl. mitangeregt durch den Bericht bei Clarus, Woyzeck habe nach dem Mord gesagt: »Gott gebe nur, daß sie todt ist, sie hat es um mich verdient!« (Clarus, S. 31; vgl. Dok. 1, S. 137.)

39,23 *Hast du die Zöpfe heut nicht geflochten?:* mglw. angeregt durch Goethe, »Faust« I, Szenenanweisung vor V. 2678: »Margarete (ihre Zöpfe flechtend und aufbindend)« (vgl. Dok. 18, S. 239).

Szene 24 (= H 1,20)

40,2 f. *Woyzeck an einem Teich ... (er wirft das Messer hinein):* Woyzeck sagte aus, er habe – allerdings einige Zeit vor der Tat – »den Degen in den Teich vor dem grimmaischen Thore werfen wollen« (Clarus, S. 54; vgl. Dok. 1, S. 147). – Zum vermutlichen realen Vorbild des Teichs vgl. Erl. zu 37,5–7 *Uu! da! Was ein Ton ⟨...⟩ s'ist nicht gut, es zu hören.*

40,5–11 *Will denn die ganze Welt es ausplaudern? ... Da ein Fleck und da noch einer:* vmtl. angeregt durch Shakespeare, »Macbeth« V/I: »Da ist noch ein Fleck. ⟨...⟩ Fort, verdammter Fleck! fort, sag' ich! ⟨...⟩ wollen diese Hände denn nie rein werden? ⟨...⟩ Wasch' deine Hände« (vgl. Dok. 19, S. 244). Ähnlich reagiert der Titelheld in »Danton's Tod« II/5: »Will denn das nie aufhören? ⟨...⟩ will's denn nie still und dunkel werden ⟨...⟩? ⟨...⟩ soll ich nicht zittern, wenn so die Wände plaudern? ⟨...⟩ Was streckt es nach mir die blutigen Hände?«

Szene 25 (= H 1,21)

40,13 *Barbier:* Der *Barbier* ist hier Mitglied der »Mordkommission« (L5: Martens 1960, S. 372); vgl. Erl. zu 51,9 *Barbier.*

Foliohandschrift H 1

Szene H 1,1

44,7 *Rock:* zeitgenössisch für: Jacke, Jackett (vgl. DWb XIV,1093).

44,8 *Kompliment:* »Höflichkeitsbezeigung« (Campe VI,209), speziell »Verbeugung« (ShWb III,1628).

44,9 *er trompetet:* Die Kunst zu trompeten gehörte vmtl. zur Dressur von Affen, die auf Jahrmärkten vorgeführt wurden (vgl. die Abb. eines trompetenblasenden Affen in: Katalog Darmstadt, S. 297).

44,10 *das astronomische Pferd:* hier wohl »sternkundig⟨es⟩« Pferd (Campe VI,132).

44,11 *Canaillevögele:* ein südhessisch »in Anlehnung an ›Kanalje‹ ⟨Schurke⟩« gebildeter Ausdruck für Kanarienvögel (ShWb III,1080 f.). Die leicht abzurichtenden Kanarienvögel waren zeitgenössisch als Haustiere (vgl. BCL I,374), aber auch auf Jahrmärkten beliebt. Vgl. Abb. und Text in dem zeitgenössischen Bilderbuch »Der Jahrmarkt«: »Auch jene Kanarienvöglein droben / Sind wegen ihrer Kunst zu loben; / Sie können rechnen, schreiben, lesen, / Als wären sie vernüft'ge Wesen« (L13: »Der Jahrmarkt« 1843, Nr. 4).
favori: (frz.) »Günstling«, vor allem »eines Königs« (L9: »Nouveau dictionnaire de la langue française et allemande« I,824).

44,13 *mackt:* französisierend für »macht«.

44,14 *commencement:* (frz.) Anfang; vmtl. bezeichnen das gelegentlich gebrochene Deutsch des Marktschreiers und der Wechsel französischer und deutscher Ausdrücke nicht nur den exotischen Charakter des Marktschreiertums, sondern imitieren auch die starke Durchsetzung der Darmstädter Umgangs- und Dialektsprache mit französischen Wendungen, die sich durch die geographische und politische Nähe der Landgrafschaft und Rheinbund-

Hessens herausgebildet hatte (vgl. L6: Mayer, GBJb 8, S. 232).

44,16–19 *Soldat ... hat Hosen:* In einem Brief an die Eltern vom 1. Januar 1836 beschreibt Büchner eine ähnliche Situation auf dem Straßburger »Christkindelsmarkt«: »überall Haufen zerlumpter, frierender Kinder, die mit aufgerissenen Augen und traurigen Gesichtern vor den Herrlichkeiten aus Wasser und Mehl, Dreck und Goldpapier standen« (vgl. Dok. 11, S. 213 f.).

44,17 *schön Dings:* etwas Schönes; so auch in Lenz, »Die Soldaten« III/6: »da wird schön Dings herauskommen«; ähnlich I/5: »ich bin in der Komödie gewesen. Was das für Dings ist.«

44,18 *Quasten:* »Fransen 〈...〉 zur Verzierung der Kleidungsstücke« (Campe III,719).

Szene H 1,2

45,5/12 *Societät / société:* (frz.) »Gesellschaft« (Campe VI,558).

45,7 *gelehrten Societäten:* »Vereine ausgezeichneter Gelehrte〈r〉« (RCL I,262).

45,8 f. *wo die Studenten ... reiten und schlagen lernen:* Büchner dachte mglw. an den »Unterricht in freien Künsten und körperlichen Uebungen«, wie er an der Universität Gießen, an der Büchner 1833/34 eingeschrieben war, von »Universitäts-Stallmeister Frankenfeld« im »Reiten« und von »Universitäts-Tanz- und Fechtmeister Bartholomay« im »Tanzen und Fechten« erteilt wurde (GHRB, Nr. 72, 24. September 1834, S. 470).

45,10 f. *raison / Räson:* (frz.) Vernunft.

45,14 *Viehsionomik:* Verballhornung des Wortes »Physiognomik«, d. i. »die Kunst, aus der äußern Erscheinung des Menschen, besonders aus dem Gesicht« seine »Geistesbeschaffenheit zu erkennen« (Brockhaus 1830,

VIII,517), die besonders durch die »Physiognomischen Fragmente« Johann Kaspar Lavaters (1775–78, [3]1829) populär wurde. Der Wortwitz »Viehsonomien« findet sich in Ludwig Tiecks »Fortunat«, 1. Teil, II/8 (»Schriften« III,118); ähnlich sind die Verballhornungen »Viehsofie« in Tiecks Novelle »Der Aufruhr in den Cevennen« (S. 312) und »viehlosophisch und bestiologisch« in der Spätfassung (1847) von Clemens Brentanos Märchen »Fanferlieschen Schönefüßchen« (vgl. L5: Günter Oesterle, GBJb 3, S. 215, Anm. 87).

45,17 *bête:* (frz.) Tier.

45,18 *beschäme die société!:* Mit der Feststellung, daß das Pferd als *unverdorbene Natur* (45,19) die *Kunst* (44,6 f.) und die *Fortschritte der Civilisation* (67,24) durch sein ›ungebührliches Verhalten‹ *beschäme*, zieht der Marktschreier drastische Konsequenzen aus einem literarischen und kunsttheoretischen Gemeinplatz, der sich z. B. in Schillers Schrift »Über naive und sentimentalische Dichtung« findet: In einem Kind, das einem »armen Mann seines Vaters Geldbörse zuträgt«, handelt »die gesunde Natur«; die Handlung sei »eine Beschämung der wirklichen Welt« (»Sämmtliche Werke« XVIII,234 f.). Insgesamt gelte, daß wir Gegenständen der Natur »eine Art von rührender Achtung« entgegenbringen, wenn »die Natur mit der Kunst im Kontraste stehe und sie beschäme« (ebd., S. 205 f.).

45,18 f. *Sehn sie das Vieh ist noch Natur unverdorbene Natur!:* ähnlich auch in Grabbe, »Napoleon« I/1: »Hier erblicken Sie den langen Orang-Outang, gezähmt und fromm, aber noch immer beißig«; vgl. auch 67,24–27 *Sehn Sie die Fortschritte ⟨...⟩ von menschliche Geschlecht!*

45,21 f. *du bist geschaffen Staub, Sand, Dreck:* in Anlehnung an AT 1. Mose 3,19: »Denn du bist Erde und sollst zur Erde werden«, AT Hiob 10,9: »Bedenke doch, daß du mich aus Leimen ⟨Lehm⟩ gemacht hast«, AT Jesus Sirach

18,31: »aber alle Menschen sind Erde und Staub« oder AT Hiob 20,7: »So wird er doch zuletzt umkommen wie ein Dreck«. Mglw. mitangeregt durch Lenz, »Die Soldaten« II/2: »aber was ist das? Haut, Knochen, Erde« (vgl. Dok. 17, S. 236, und 52,23–53,4 *Was ist der Mensch? 〈...〉 sticht hinein* mit Erl.).

45,23 *was Vernunft:* (südhess.) welch eine Vernunft; vgl. auch 10,13 *Was ein Mann* mit Erl.

45,23–46,2 *es kann rechnen ... hat eine Uhr:* zeitgenössisch übliche Dressurakte. – In der Annonce einer Mainzer, d. h. hessen-darmstädtischen, Schaustellertruppe wurde 1837 von »dressirten Hunden« angekündigt: »sie verstehen die vier ersten Regeln der Arithmetik, indem sie auf Ziffertäfelchen rechnen; sie zeigen die Stunde und Minute auf einer vorgehaltenen Uhr an« (L13: Schultheß 1937, S. 78 f.; vgl. auch 67,13 *sind Liebling* und 67,17 *schießt Pistol los* mit Erl.).

45,25 f. *expliciren:* »erklären«, »verständlich machen« (Campe VI,304).

46,3 *Unterofficier:* Sammelbezeichnung für verschiedene Dienstgrade mit Befehlsfunktion, aber ohne Offiziersrang. Die Anrede »Unteroffizier« war gebräuchlich für Wachtmeister, Fouriere, Sergeanten und Korporäle, nicht aber für die ranghöchsten Unteroffiziere, die Feldwebel und Fähnriche (vgl. MCL IV,332).

Szene H 1,4

47,20 *Unfriede:* »Unruhestifter« (DWb XXIV,590).

Szene H 1,5

48,10–12 *Der Narr ... Karl:* vgl. 32,18 *Der Narr* mit Erl.

48,10–13 *Das riecht ... Ich riech, ich riech Blut:* Die Andeutung von Blut- oder Leichengeruch schon vor dem Todesfall oder der Mordtat ist in der Schauerliteratur belegt,

z. B. bei Zacharias Werner, »Der 24. Februar«: »Die Eulen, sagt man, wittern nahe Leichen; / Auch mir ist's leichenhaft« (S. 28) oder »Ist's nicht, als ob's hier nach Leichen riechen thut?!« (Ebd., S. 161.) Mglw. mitangeregt durch das in verschiedenen Märchen vorkommende Motiv des Witterns und Riechens von Menschenfleisch, z. B. in den Märchen »Prinz Schwan« (KHM I,274) und »Vogel Phönix« (KHM I,350): »ich wittre, wittre Menschenfleisch«, sowie durch Shakespeare, »Macbeth« V/1: »Noch immer riecht es hier nach Blut« (vgl. Dok. 19, S. 244). Vgl. auch 38,24 f. *Und da hat der Riese gesagt: 〈...〉 ich riech Menschenfleisch* sowie 38,25 f. *Der stinkt schon* jeweils mit Erl.

48,11 *Sie hat rothe rothe Backen:* Ebenso charakterisiert in Lenz, »Die Soldaten« I/3, Wesener seine Tochter: »sie hat immer rothe Backen.«

48,14–16 *Blut? Warum wird es mir ... rothes Meer:* vmtl. Überlagerung verschiedener Anregungen. Das Bild des blutigen Meeres findet sich in NT Offenbarung 16,3: »Und der andere Engel goß aus seine Schale ins Meer; und es ward Blut« und NT Offenbarung 8,8: »und das dritte Theil des Meeres ward Blut«; als Teil einer sinnenverwirrenden Vision findet es sich in Goethe, »Götz« V/1: »Und das zwitzert alles so durch einander, als läg's in einem blutigen Meere, und arbeitet durch einander, daß einem die Sinne vergehn!« – Auf den Zug des israelitischen Volkes durch das Rote Meer (vgl. AT 2. Mose 14) spielt auch St. Just in »Danton's Tod« (II/7) an.

Szene H 1,6

Die Szene ist angeregt durch das Clarus-Gutachten; vgl. Erl. zu Szene 12 (H 4,12).

48,20 *Hisch! hasch:* mglw. zugleich lautmalerisch für das Zustechen mit einer Stichwaffe, wie in Goethe, »Götz« V/1: »Hasch! den Spieß ihm zwischen die Rippen«.

48,21 *die Geigen und die Pfeifen:* zeitgenössisch übliche Umschreibung für Tanzmusik, so z. B. bei Heine, »Die Nordsee. Zweyte Abtheilung«: »Und also geziert, eilt sie zum Tanzplatz, / Wo Pfeifen und Geigen lieblich ertönen« (»Reisebilder« I,318). – Vgl. auch Woyzecks Bericht im Clarus-Gutachten, er habe »Tanzmusik, Violinen und Bässe« gehört (Clarus, S. 52; vgl. Dok. 1, S. 145 f.). Vgl. auch 56,12 f. *Die Pfeifer gingen vorn / Die Geiger hinter drein.*

48,22–49,6 *Was spricht da? ... das zischt und wimmert und donnert:* vmtl. angeregt durch Woyzecks Bericht im Clarus-Gutachten, es »habe um ihn geschrieen«, aber auch, »er habe diese Stimme immer nur leise vernommen« (Clarus, S. 51; vgl. Dok. 1, S. 145). Den noch dazwischen stehenden, pathetisch gesteigerten Satz *und immer lauter und jezt brüllt es, als wär der Himmel ein Rachen ⟨...⟩* hat Büchner wieder gestrichen (vgl. Diff. Text, 112,12 f.). Vgl. auch 22,22–24 *Wenn die Sonn im Mittag steht ⟨...⟩ Stimme zu mir geredet*, 30,4 f. *(reckt sich gegen den Boden) He was, was sagt ihr?* sowie 30,14–17 *ich kann nit schlafen ⟨...⟩ hörst du nix?* jeweils mit Erl.

Szene H 1,8

Die Szene ist vmtl. angeregt durch das Clarus-Gutachten: »Am andern Tage habe er gehört, daß die Woostin wirklich mit einem andern in Gohlis gewesen sey, und sich lustig gemacht habe!« (Clarus, S. 52; vgl. Dok. 1, S. 146.)

50,12 *(ganz kalt):* Mit »(kalt)« charakterisiert Lenz in »Die Soldaten« (III/2) den zur Mordtat sich entschließenden Stolzius (vgl. Dok. 17, S. 234). Vgl. auch »Die Soldaten« IV/1: »(sehr kalt)«.

50,17 *Officier:* Soldat mit Dienstgrad, »der die Aufsicht oder den Befehl über Andere bedingt«. Die Offiziersdienstränge beginnen mit dem Leutnant, die nächsthöheren sind Hauptmann und Major. Die allgemeine Bezeichnung »Offizier« umfaßt nicht die Unteroffiziere. »Bei allen europäischen Nationen werden die Officiere zu dem ersten Stande des Landes gerechnet« (MCL VI,238 f.). Vgl. auch 16,18 *Hauptmann* mit Erl.

Szene H 1,9

51,4 f. *es ist noch nicht aller Tag Abend:* sprichwörtlich (vgl. Wander IV,1002). In der Andeutung der baldigen Rache mglw. angeregt durch Lenz, »Die Soldaten« III/2: »Ein Tag ist wie der andere, was nicht heut kommt, kommt Morgen, und was langsam kommt, kommt gut.« (Vgl. Dok. 17, S. 234.)

Szene H 1,10

51,9 *Barbier:* Barbiere waren an einigen Orten »bis ins 19. Jahrhundert« nicht nur als Friseure, sondern auch als Chirurgen tätig, die für »die ganze kleine Chirurgie« und amtliche Untersuchungen zuständig waren (L5: Martens 1960, S. 371; vgl. auch 40,13 *Barbier* mit Erl.). In Hessen-Darmstadt war die ›Baderzunft‹ jedoch bereits seit 1775 aus der Medizin verdrängt (Hinweis von Thomas Michael Mayer; vgl. L10: Rausch 1978, S. 40 f.). Büchners *Barbier* spielt aber mglw. noch auf diese Funktion an (vgl. 52,28 *Amputation, exarticulation* mit Erl.) oder verballhornt hier Fachausdrücke, die er im Zusammenhang mit seiner Tätigkeit als medizinisches Studienobjekt kennengelernt hat (vgl. 52,20 f. *spinosa pericyclyda* mit Erl.). Die Figur steht außerdem in einer längeren Tradition von Barbierdarstellungen, z. B. in Goethes »Die Aufgeregten« und E. T. A. Hoffmanns »Die Elixiere des Teufels«, deren Kennzeichen seit je »Geschwätzigkeit« und »weinerliche Sentimentalität« war (L5: Martens 1960, S. 374 und 380). Vgl. zur Charakteristik von Büchners Figur seine Arbeitsnotiz in H 1,21 (Diff. Text, 125,7–9): *Barbier, dogmatischer Atheist. Lang, hager, feig, possirlich, Wissenschaft*. Büchner hat Teile der Figurenrede des Barbiers in H 2 und H 4 z. T. für den *Tambourmajor*, den *Hauptmann* und den *Handwerksbursch* wiederverwendet.

51,11–14 *Ach Tochter, liebe Tochter … hast gehängt:* Der *Barbier* singt die Strophe eines Fuhrmannsliedes, das in Gießen bekannt war und von Carl Vogt so wiedergegeben wird:

Ach Tochter! Liebe Tochter! Was hast du gedenkt,
Daß du dich an die Landkutscher und die Fuhrleut' hast gehenkt?

Ach Mutter! Liebe Mutter! So sei doch gescheit,
Die Landkutscher und die Fuhrleut' das sind kreuzbrave Leut!

(Vogt, S. 77)

Die Verwendung dieses Liedes ist mglw. angeregt durch Lenz, »Die Soldaten« III/2: »und du auch, daß du dich an solche Menscher hängst« (vgl. Dok. 17, S. 233).

51,15 f. *Was kann der liebe Gott nicht … ungeschehn machen:* nach einem Satz des griechischen Geschichtsschreibers Diodor, über den Büchner in seinen Exzerpten zur griechischen Philosophie notierte: »Die Nothwendigkeit des Geschehenen bewies er daraus, daß was geschehen ist, nicht zum Ungeschehenen gemacht werden kann« (vgl. HA II,344).

51,17 *und es ist gut, daß es so ist:* mglw. in Anlehnung an AT 1. Mose 1,31: »Und Gott sahe an alles, was er gemacht hatte, und siehe da! es war sehr gut.«

52,1–4 *Und ein ordentlicher Mensch … ist ein Hundsfott:* Die Vorliebe für Schlußfolgerungen dieser Art kennzeichnet in Lenz, »Die Soldaten«, den ›philosophierenden‹ Hauptmann Pirzel, der z. B. (II/2) den Satz »eines Menschen Leben ist doch kein Pfifferling« aus dem Obersatz ableitet: »Eines Menschen Leben ist ein Gut, das er sich nicht selber gegeben hat«. Mglw. zusätzlich angeregt durch Lenz, »Der Hofmeister« IV/6: »Mein seliger Vater pflegt' immer zu sagen: ein Musikus muß keine Kourage haben, und ein Musikus, der Herz hat, ist ein Hundsfutt«.

52,3 *Courage:* (frz.) »Muth« oder »Beherztheit« (Campe VI,234).

52,4 *Hundsfott:* »niedriges Schimpfwort« für einen »besonders feigen Menschen« (Campe II,804).

52,7 f. *ohne Beziehungen ... wie die Franzosen sprechen:* vmtl. Anspielung auf die Doppelbedeutung des frz. Ausdrucks »égard«, der sowohl »Beziehung« (»à cet égard«: ›in dieser Beziehung‹) als auch »Rücksicht« heißen kann (L9: »Dictionnaire de l'Academie Française« I,761). Die französische Sprache galt zeitgenössisch als »unverkennbar« in ihren vielen »Zweideutigkeiten« (Brockhaus 1830, IV,350).

52,11 f. *Bartschüssel:* bezeichnet – neben den geläufigeren Ausdrücken »Barbierbecken« (DWb I,1146) oder »Barbierschüssel« (ShWb I,582) – die Schüssel für die Rasierseife.

52,19 *Gulden:* Silbermünze mit unterschiedlichem Wert je nach Prägungsort, u. a. auch Währungseinheit im Großherzogtum Hessen. Zum Wert vgl. Erl. zu 21,10 *Groschen*. Der *Barbier* erhält für seine *Wissenschaftlichkeit*, d. h. seine Tätigkeit als Studienobjekt, 5 Kreuzer täglich (vgl. Kap. III.3, S. 183 ff.).

52,20 f. *spinosa pericyclyda:* vmtl. verballhornter medizinischer Begriff für die starke Rückgratverkrümmung des Barbiers; in Verwechslung mit »spinosa« (lat. für ›stachelig‹) gebildet aus »spina« (lat.) ›Rückgrat‹ und »perikyklos« (griech.) ›kugelrund‹.

52,21 *lateinischen Rücken:* Hinweis auf die lateinischen Begriffe der Mediziner für den verkrümmten Rücken des Barbiers.

52,22 f. *lebendiges Skelett, die ganze Menschheit studirt an mir:* vmtl. eine Anspielung auf Claude-Ambroise Seurat, der im Sommer 1835 in Straßburg seinen bei einer Größe von 170 cm auf 23 kg abgemagerten Körper öffentlich zur Schau stellte. Seurat war ein Studienobjekt bekannter Mediziner; ein Bekannter Büchners, Georg Fein, notierte seine Eindrücke über ein »lebende⟨s⟩ Skelett, eine⟨n⟩ furchtbar abgezehrten und abgemagerten Mann in den Dreißigern« (zit. nach L3: Hauschild 1993, S. 560; vgl. L5: Roth, GBJb 9).

52,23–53,4 *Was ist der Mensch? … sticht hinein:* vmtl. Überlagerung verschiedener Anregungen. Die Frage *Was ist der Mensch?* geht auf AT Jesus Sirach 18,7 f. zurück: »Denn was ist der Mensch? Wozu tauget er? Was kann er frommen, oder Schaden thun? Wenn er lange lebet, so lebet er hundert Jahre. Gleichwie ein Tröpflein Wassers gegen das Meer, und wie ein Körnlein gegen den Sand am Meer: so geringe sind seine Jahre gegen die Ewigkeit.« Auf sie gibt in Lenz, »Die Soldaten« II/2, Hauptmann Pirzel die Antwort: »Denken, denken, was der Mensch ist, ⟨…⟩ Sehen Sie, das ist Ihre Hand, aber was ist das? Haut, Knochen, Erde, (klopft ihm auf den Puls) da, da steckt es, das ist nur die Scheide, da steckt der Degen drein, im Blut, im Blut« (vgl. Dok. 17, S. 236, sowie 45,21 f. *du bist geschaffen Staub, Sand, Dreck* mit Erl.). – Ähnlich ›philosophiert‹ Falstaff in Shakespeare, »Heinrich IV.«, 1. Teil, V/1: »Kann Ehre ein Bein ansetzen? Nein. Oder einen Arm? Nein. Oder den Schmerz einer Wunde stillen? Nein. Ehre versteht sich also nicht auf die Chirurgie? Nein. Was ist Ehre? Ein Wort. Was steckt in dem Wort Ehre? Was ist diese Ehre? Luft. Eine feine Rechnung!«

52,26 *Wir müssen Freunde seyn:* ähnlich in Tieck, »Das alte Buch«: »Du bist, Herzensjunge, das fühle ich lebhaft, ganz so wie ich; wir müssen Freunde sein« (S. 53) und auch schon emphatisch in Lessing, »Nathan der Weise« II/5: »Wir müssen, müssen Freunde sein!«

52,28 *exarticulation:* chirurgische Gelenkauslösung, d. h.

Abtrennung eines Körpergliedes aus dem Gelenk; neben der Amputation zweiter ›Haupt-Typ‹ der »Gliederablösung« (vgl. Hufeland II,248).

53,10 f. *potchambre:* von frz. »pot de chambre«, »Nachttopf« (Campe VI,489).

Szene H 1,11

In dieser Folge flüchtig notierter Szenenentwürfe zeigt Büchner Louis mit dem Gedanken an den Mord beschäftigt und zugleich in einer Stimmung, die auch Clarus wiederholt beschreibt: Woyzeck habe sich »zuweilen in einem Zustande von Gedankenlosigkeit befunden« (Clarus, S. 9), er habe »mit stieren Augen vor sich hingesehen« (ebd., S. 24; vgl. Dok. 1, S. 133), habe »manchmal in Gedanken gesessen« (ebd., S. 25; vgl. Dok. 1, S. 133) oder sei »tiefsinnig gewesen« (ebd., S. 29; vgl. Dok. 1, S. 136).

53,20–23 *übermorgen Abend … Dann wär's vorbey:* Louis hat für den Mord bereits einen Zeitpunkt bestimmt. Mglw. mitangeregt durch die zeitgenössische Schauerliteratur, in der das ›fatale Geschehen‹ häufig an einen bestimmten Zeitpunkt gebunden ist (vgl. I.5: Ingrid Oesterle, GBJb 3, S. 183 ff.). Vgl. auch 35,25 *wir wollen gehn s'ist Zeit* mit Erl.

54,6 *mit den Füßen voran:* vmtl. in Anlehnung an die abergläubische Regel, »daß die Füße des aufgebahrten Toten gegen die Tür gerichtet« sein sollen, um zu verhindern, daß der Tote »bald wieder« kommt oder »jemand aus der Familie« ihm nachfolgt (HWdA V,1052).

*⟨117,7⟩ *Louis du hast Blut am Kopf:* vmtl. wiederum eine Vorausdeutung auf den Mord; entweder als Variante der biblischen Wendung »desselben Blut sey auf seinem Kopf« (AT Hesekiel 33,4, im Sinne von: ›der hat seinen Tod selbst verschuldet‹) oder als Variante der Anrede Macbeths an einen Mörder: »Auf deiner Stirn ist Blut« (Shakespeare, »Macbeth« III/4).

54,14 *Hemd:* hier: Totenhemd.

*⟨117,12 f.⟩ *vom Schreiner ihr Bett machen lassen:* gemeint ist vmtl. der *vom Schreiner* gemachte Sarg.

54,15 *sich die Hobelspän schütteln lassen:* vgl. 9,8 *lag auf den Hobelspänen* mit Erl.

54,17 *Was liegt dann da drüben?:* Die folgende Szene läßt vermuten, daß Louis hier – im Unterschied zu H 1,7 und Szene 13 (vgl. 30,20 f. *Es zieht mir zwischen den Augen wie ein Messer* mit Erl.) – ein reales und nicht nur ein eingebildetes Messer sieht. In dieser Variante mglw. angeregt durch das Horn-Gutachten über Schmolling, der den Mord mit einem zufällig gefundenen Messer ausführte (vgl. L12a: Horn 1820, S. 296; vgl. Dok. 2, S. 158).

Szene H 1,12

Mglw. angeregt durch Woyzecks Mitteilung, er habe einige Zeit vor dem Mord, »um ihn los zu werden, den Degen in den Teich vor dem grimmaischen Thore werfen wollen« (Clarus, S. 54; vgl. Dok. 1, S. 147).

55,3 f. *Du sollst nicht tödten:* wörtlich nach AT 2. Mose 20,13.

Szene H 1,13

55,14 f. *Sie deuten immer drauf hin:* vgl. auch »Danton's Tod« I/6: »Warum kann ich den Gedanken nicht los werden? Er deutet mit blutigem Finger immer da, da hin!« Beides mglw. angeregt durch Tieck, »Die sieben Weiber des Blaubart«: »drei blutige, ganz blutige Hände tauchen sich hervor, und weisen mit dem rothen Zeigefinger nach dem Mädchen hin« (»Schriften« IX,231).

Szene H 1,14 – H 1,21

Vgl. die Erl. zur Lese- und Bühnenfassung, S. 67–80.

Foliohandschrift H 2

Szene H 2,1

63,23 *ich hab' es haus:* vgl. 18,29 f. *ich hab's noch nicht so aus* mit Erl.

64,1 f. *die Erde schwankt unter unsern Sohlen:* mglw. – vor allem mit dem von Büchner gestrichenen Wort *bebt* (vgl. Diff. Text, 127,1) – biblisch angeregt: »und ich hörete hinter mir ein Getöse, wie eines großen Erdbebens« (AT Hesekiel 3,12) oder »Vor seinem ⟨Gottes⟩ Zorn bebet die Erde« (AT Jeremia 10,10). Vgl. auch 9,26–29 *Ein Feuer fährt um den Himmel ⟨...⟩ (reißt ihn in's Gebüsch)* mit Erl.

Szene H 2,2

66,6 *Major:* Stabsoffizier und damit Mitglied der »oberste⟨n⟩ Commandobehörde eines für sich bestehenden Truppentheils« (MCL VII,749), in der Regel, so auch im Großherzogtum Hessen, »zugleich Bataillonscommandant« (MCL V,63; vgl. Wagner IV,323). Der Vorgesetzte, für den Woyzeck Arbeiten verrichtet, ist in H 1,8 noch unspezifisch ein *Officier*, in H 2,7 entscheidet sich Büchner für *Hauptmann*, den Dienstgrad unterhalb des Majors.

66,8 *du siehst so verstört:* im Sinne von ›siehst so verstört aus‹ oder von ›siehst so verstört drein‹. – Der Gebrauch von »sehen« in diesen Bedeutungen war bis ins 18. Jh. verbreitet und wurde erst im 19. Jh. ungewöhnlich (vgl. DWb XVI,133); er wird von Campe getadelt, da der Sinn durch die »Auslassung zu dunkel wird« (Campe I,335).

66,14 *was regt sich dahinter:* vgl. auch »Danton's Tod« I/1: »Aber (er deutet ihr auf Stirn und Augen) da da, was liegt hinter dem?«

66,18 *Messe:* hier »Kirchmesse« (»Kirmse«, »Kirmes«), ein jährliches Fest »zum Andenken der Stiftung und Einweihung einer Kirche« (Kirchweihe, Kirchweihfest). »In weiterer Bedeutung heißt ⟨...⟩ jeder Jahrmarkt eine Kirmse, weil bei Gelegenheit eines Kirchweihfestes gewöhnlich auch ein Jahrmarkt gehalten wird« (Campe II,937). – In der Geschichte von Woyzecks Erkrankung spielte die »Kirmse« in Gohlis eine wichtige Rolle (Clarus, S. 52; vgl. Dok. 1, S. 145 f., sowie Erl. zu den Szenen 10 und 11).

66,20–24 *er hat mir Angst gemacht ... Sonst scheint doch als die Latern herein:* Das Motiv der ansteckenden Furcht und der erloschenen Laterne ist mglw. angeregt durch Tieck, »Der Abschied« II/2: »und doch steckst du mich mit deiner Furcht an ⟨...⟩ es ist wirklich schauerlich. – Das Licht brennt so bleich und matt«. Vgl. auch 12,3 *Sonst scheint doch als die Latern herein* mit Erl.

66,25 *(sie singt:):* vgl. Erl. zu 12,4 *Es schauert mich.*

66,26 f. *und macht die Wiege ... Dicksack:* Variante eines in Südhessen bekannten Wiegenliedes: »Die Wiege gehd nick, nack, schlaf, du kleiner Dicksack« (ShWb V,333); Büchners Wortlaut näher kommen die zwei letzten Verse eines Wiegenliedes, das sein Freund August Stöber im »Elsässischen Volksbüchlein« unter dem Titel »Die ungeduldige Kindswärterin« aufgezeichnet hat:

Aie Bubbaie!
Am Summer geht der Maie.
Wenn andri Maidle danze gehn,
Mueß i bie der Wauje stehn,
Geht die Wauje knick knack,
Schlof, du kleiner Dicksack.

(L2a: Stöber 1842, S. 14)

66,27 *Dicksack:* »dickes Kind, als Schmeichelwort« (L9: »Oberhessisches Wörterbuch« I,267).

Szene H 2,3

67,2 *Oeffentlicher Platz:* Eine annähernd gleiche Szenenangabe findet sich in Shakespeare, »Romeo und Julia« III/1: »Ein öffentlicher Platz.«

67,4 f. *Auf der Welt ist kein Bestand ... wohlbekannt!:* Näheres zu diesem Lied war nicht zu ermitteln.

67,11 f. *Ausrufer ... Meine Herren, ... hier ist zu sehn:* so auch in Grabbe, »Napoleon« I/1: »Ausrufer 〈...〉 Hier, meine Herren, ist zu sehen«.

67,13–15 *sind Liebling ... gelehrten Societäten:* Daß Hinweise auf das internationale Renommé der dressierten Tiere zum Marktschreierrepertoire gehörten, zeigt eine Zürcher Annonce aus dem Jahr 1837 von einem Schausteller, der »mit zwei 〈...〉 dressirten Hunden, welche den höchsten Grad der Dressur erreicht haben, hier angekommen, nachdem er zuvor England, Holland, Preußen, Polen, Italien und Spanien mit denselben bereiste, und sie in allen Hauptstädten Europa's gezeigt hat« (L13: Schultheß 1937, S. 78).

67,14 *Potentaten:* gekrönten Häuptern; nach Adelung (III,806) nur noch umgangssprachlich üblich. Vgl. auch 44,12 *gekrönte Häupter.*

67,17 *schießt Pistol los:* als Dressurakt von Hasen in einer zeitgenössischen Annonce nachweisbar: »Auch wird sich Ein Hase produziren, welcher trommelt, wie ein Tambour, auf das Kommandowort eine Pistole losschießt, und sich in einem Feuerwerk darstellt« (L13: Schultheß 1937, S. 79).

67,22 *räpräsentation:* nach frz. »représentation«, »Aufführung, Darstellung oder Vorstellung« z. B. eines »Bühnenstücks« (Campe VI,530).
commencement: (frz.) Anfang.

67,24–27 *Sehn Sie die Fortschritte ... von menschliche Geschlecht:* vgl. 45,18 f. *Sehn sie das Vieh ist noch Natur unverdorbene Natur* mit Erl.

*⟨131,5–9⟩ *ich hatt' ein Hundelein … und die Mädel:* vgl. auch Büchner, »Danton's Tod« I/5: »Auf der Gasse waren Hunde, eine Dogge und ein Bologneser Schooßhündlein, die quälten sich. ⟨…⟩ Die Mädel guckten aus den Fenstern« und II/2: »es ist als brüte die Sonne Unzucht aus. Möchte man nicht drunter springen, sich die Hosen vom Leibe reißen und sich über den Hintern begatten wie die Hunde auf der Gasse?«

Szene H 2,4

68,15 f. *Wenn ich's eine Aug zu mach … is Alles rosenroth:* Ein ähnlicher Witz über eine Trinkernase findet sich in »Danton's Tod« III/5: »Dillon. Kerl leuchte mir mit deiner Nase nicht so in's Gesicht. Hä, hä, hä! / Laflotte. Halte den Mund zu, deine Mondsichel hat einen Hof. Hä, hä, hä. / Wärter. Hä, hä, hä. Glaubt Ihr, Herr, daß ihr bey ihrem Schein lesen könntet?«

69,1 f. *Wo is mein Schatten hingekommen?:* mglw. Anspielung auf die bekannte Erzählung »Peter Schlemihl's wundersame Geschichte« (1814) von Adelbert von Chamisso, in der Schlemihl gegen ein Glückssäckel, das stets mit Dukaten gefüllt ist, seinen Schatten verkauft.

69,9 f. *Sternschnuppe, ich muß den Sternen die Nas schneuzen:* Sternschnuppen wurden vom »Volk« als »Reinigung des brennenden Gestirns« verstanden und »mit der Säuberung der Nase durch Räuspern« verglichen (DWb XVIII,2461).

69,11 *Handthierung:* »Gewerbe, Handwerk« oder in weiterem Sinn »jede Beschäftigung, die um Gewinnes oder Lebensunterhaltes willen dauernd getrieben wird« (DWb X,470).

Szene H 2,5

70,10 *Kürassieregimentern:* Kürassiere sind »mit Kürassen«, d. h. mit gepanzerter Rüstung, ausgestattete Reiter (MCL IV,444).

70,17 *hinter drein:* Nebenform des südhessischen »hinter-darein« mit der Bedeutung »hinterher« (ShWb III,573).

70,19 f. *eine große schwarze Katze mit feurigen Augen:* in Anlehnung an die südhessische Redewendung »feirige Age (wie e Katz)« (ShWb I,434).

Szene H 2,6

71,21 f. *Hülsenfrüchte, cruciferae:* unklar; *cruciferae* (z. B. Lauch, Rettich, Zwiebeln) sind Kreuzblütler; *Hülsenfrüchte* (wie z. B. Erbsen) sind »legominosae«. Mglw. dachte Büchner hier an den Gießener Professor Wilbrand, der Schwierigkeiten mit den Namen der Kreuzblütler hatte (vgl. Vogt, S. 53).

71,23 f. *Hammelfleisch:* Zu der hier angedeuteten Versuchsreihe mit Hammelfleisch vgl. Kap. III.3, S. 184 ff.

71,24 *secret:* (frz.) »Abtritt«, Toilette (Campe VI,550).

*⟨134,28 f.⟩ *zwei Blattläuse, die sich begatteten:* mglw. dachte Büchner an Wilbrand, der in seinem »Handbuch der Naturgeschichte des Thierreichs«, das vmtl. Grundlage seiner Vorlesungen war, die Begattung der Blattläuse (vgl. L11: Wilbrand 1829, S. 504) und Regenwürmer nach eigenen Beobachtungen beschrieb. In einem handschriftlichen Nachtrag (ebd., S. 563) notierte er: »Am 1sten Mai 1833, Morgens zwischen 6 u⟨nd⟩ 7 Uhr beobachtete ich in meinem Garten zu 5 verschiedenen malen die Begattung des Regenswurms.« Mglw. hatte Büchner auch das in der Zeitschrift »Isis« (6/1836, S. 468) erschienene Referat »Ueber die Zeugungsorgane der Blattläuse, von Dutrochet« (= René-Joachim-Henri Dutrochet, »Observation

sur les organes de la génération chez les Pucerons«, in: »Annales des sciences naturelles« XXX, 1833, S. 204–208) zur Kenntnis genommen. (Hinweise von Thomas Michael Mayer.)

72,3 *Valnessia:* unklar; mglw. meint Büchner »Valvées« (Valvata), eine Gattung der Spaltschnecken. In Georges Cuviers Standardwerk »Le règne animal« (III, S. IX) ist »Valvées« irrtümlich als »Valnées« wiedergegeben (vgl. L5: Roth, GBJb 8, S. 256 f.).

72,4 f. *Süßwasserpolypen:* Ordnung der Zoophyten des Wassers, einer Gattung von Lebewesen auf der Grenze zwischen Pflanze und Tier (vgl. L11: Oken 1835–42 V/1, S. 61; Cuvier 1829/30 III,289 f.; Wilbrand 1829, S. 588 ff.).

72,5 *Hydra:* eine Gattung der Süßwasserpolypen, auch Armpolypen genannt (vgl. L11: Oken 1835–42 V/1, S. 62; Cuvier 1829/30 III,294 f.; Wilbrand 1829, S. 590).

Veretillen: aus der Reihung *Süßwasserpolypen, 〈...〉 Cristatellen* erschlossene Lesung (vgl. Diff. Text, 134,31 f.). Veretillen sind eine erstmals von Georges Cuvier (vgl. L11: Cuvier 1803) und 1818 von August Goldfuß in Okens Zeitschrift »Isis« (2/1818, S. 1673) beschriebene Gattung der Salzwasserpolypen.

Cristatellen: Gattung der Süßwasserpolypen, auch als Kammpolypen bekannt; erstmals von Cuvier 1798 als Gattung erwähnt in seinem »Tableau élémentaire de l'histoire naturelle des animaux« (vgl. L11: Wilbrand 1829, S. 590 f.).

72,7 *Backzahn von einem Infusionsthier:* Daß die Infusorien (Einzeller oder sogenannte »Heuaufgußtierchen«) zahnähnliche Gebilde zum Zerkleinern der Nahrung haben, wurde erstmals 1830 von Christian Gottfried Ehrenberg erwähnt. Er berichtet von einem »muskulösen Schlundkopfe, an dem 2 gezahnte Kiefer befestigt sind 〈...〉. Ich zählte jederseits 6 zweispitzige Zähnchen« (L11: Ehrenberg 1832, S. 29; vgl. auch S. 87 f.).

72,18 f. *wenn die Natur aus ist:* hier vmtl. im Sinn von ›sich offenbaren‹; *aus* variiert vmtl. das südhessische »hauß«; etwas »ist hauß« sagt man im Südhessischen »von Plänen« oder »Geheimnissen«, wenn sie »aufgedeckt« oder »ermittelt« sind (ShWb III,188 f.). Vgl. 18,29 f. *ich hab's noch nicht so aus* mit Erl. und 63,23 *ich hab' es haus.*

72,28 *Esse:* »Feuerherd«, besonders »der Schmiede«, oder allgemein »Schornstein« (Adelung I,1972).

72,29 f. *Kerl er tastet … wie mit Spinnenfüßen:* vgl. 77,7 *es laüft der Schatten von einem Spinnenbein* mit Erl.

72,31–73,1 *die Ringe von den Schwämmen … lange Linien, dann Kreise, Figuren:* vmtl. angeregt durch Tieck, »Leben und Tod der heiligen Genoveva«, der über die ›Figurationen der Gewächse‹ schreibt: »Was sind das für Figuren und für Schnörkel, / Für Linien und wunderbare Zirkel?« (»Schriften« II,177.) Auch Novalis spricht in seinem Romanfragment »Die Lehrlinge zu Sais« von »Figuren, die zu jener großen Chiffernschrift zu gehören scheinen, die man überall, auf Flügeln, Eierschalen, in Wolken, im Schnee, in Krystallen und in Steinbildungen, auf gefrierenden Wassern, im Innern und Äußern der Gebirge, der Pflanzen, der Thiere, der Menschen, in den Lichtern des Himmels ⟨…⟩, in den Feilspänen um den Magnet her, und sonderbaren Conjuncturen des Zufalls, erblickt. In ihnen ahnet man den Schlüssel dieser Wunderschrift, die Sprachlehre derselben« (»Schriften«, S. 63). Vgl. auch 22,28 f. *in was für Figuren die Schwämme auf dem Boden wachsen?* mit Erl. und 72,18 f. *wenn die Natur aus ist* mit Erl.

73,8 *Narrenhaus:* zeitgenössisch für: psychiatrische Anstalt.

73,9 *fixe Idee:* vgl. 23,2 f. *fixe Idee, mit allgemein vernünftigem Zustand* mit Erl.

73,9 f. *alienatio mentis:* geläufige lateinische Bezeichnung für ›Geisteszerrüttung‹ (lat. wörtlich: ›Entfremdung des Geistes‹) in der zeitgenössischen medizinischen Fachliteratur (vgl. L12a: Friedreich 1830, S. 63, 115, 122 f., 238, 244 f.; Carl Jos. Mittermaier, »Disquisitio de alienationibus mentis«, Heidelberg 1825; L12a: Amelung/Bird 1832–36, II,169: »Alienatio mentis« für »allgemeines Irreseyn«); im Französischen gebräuchlich als »aliénation mentale« (vgl. L11: Pinel 1800). Von der ethisch-theologischen Schule der Psychiatrie wurde der Begriff »alienatio« (Entfremdung) im Sinne des christlichen Begriffs der Sünde gedeutet; »Irrseyn« »als Geistes-Zerrüttung (Alienatio mentis)« im Unterschied zur »Seelenstörung (Perturbatio animi)« sei »begründet in der Abwendung des Menschen von seinem göttlichen Ursprunge im Schöpfer, und hervorgehend aus den Blössen und Verirrungen seines sittlich-religiösen Lebens«. »Durchaus stringent und bedeutungsvoll bezeichnet der Terminus Geistes-Zerrüttung (alienatio mentis) die geistige Krankheit dieser Genesis aus der Sünde« (L11: Bischoff 1835, S. 47). In Szene 8 (22,31 f.) wählt Büchner den selteneren Ausdruck der *aberratio mentalis*.

73,14 f. *meine Theorie, meine neue Theorie:* Zu den wissenschaftlichen Erkenntniszielen des Doktors vgl. Kap. III.3, S. 183–188.

Szene H 2,7

Der zweite Teil der Szene, in dem der Hauptmann Woyzecks Eifersucht erregt, ist vmtl. angeregt durch die Szene III/3 in Shakespeare, »Othello« (vgl. Dok. 20, S. 246 ff.). Weitere Anregungen gingen mglw. aus von Berichten im Clarus-Gutachten: daß Woyzeck »nun immer mehr vexirt worden sey«, daß »er auch von den Officiers mancherlei unverdiente Kränkungen habe erfahren müssen« und daß es »ihm gewesen ⟨sey⟩, als ob ihn alle für den Narren halten wollten« (Clarus, S. 41; vgl. Dok. 1, S. 140) und von Lenz, »Die Soldaten« II/2 (vgl. Dok. 17, S. 227–237).

74,13 *Pressirt:* von frz. »être pressé«, »Eile haben« (DWb XIII,2108).

74,15 f. *Reiten Sie doch nicht auf ihrem Stock in die Luft:* »im übertragenen Sinne« heißt ›auf dem Stock reiten‹ »närrisches Zeug treiben« (DWb XIX,25).

74,17 f. *cancer aquaticus:* (lat.) »Wasserkrebs«, im Mundraum oder an Lippen auftretendes Geschwür, daß sich »mit reissender Schnelle sehr zerstörend über das ganze Gesicht« und die Mundhöhle ausbreitet (Hufeland VI,589).

74,26 *Daß dich:* in der elliptischen Form des Fluchs »Daß Dich!« (ergänze: der Teufel hole) überliefert in Niebergall, »Des Burschen Heimkehr« (I/6); vgl. ShWb I,1404, sowie 76,9 *daß dich Spaß, Kerl!* (Hinweis von Thomas Michael Mayer.)

75,14 f. *ein Regiment Kosacken:* zum Militärdienst verpflichtete Volksstämme an den Grenzen im Südosten des russischen Zarenreiches, von denen es hieß, sie seien »geborne Soldaten, kühne Reiter und gute Schützen« (MCL IV,334). Hauptsächlich bildeten sie die »fliegende Reiterei des russischen Heeres« (Brockhaus 1830, VI,266); ein Regiment umfaßte etwa 500 Mann (MCL, ebd.). Die gefürchteten Kosaken waren vor allem während der antinapoleonischen Kriege 1813/15 in Mitteleuropa bekannt geworden. Sie hinterließen auch in Darmstadt einen bleibenden Eindruck, wo 1813/14 »ein Pulk Kosaken ⟨...⟩ vor dem Maintor ein Biwak bezogen« hatte (L13: Ritsert 1920, S. 51). Die erste Abteilung »jener so gefürchteten Reiter« (ebd., S. 42), von denen man glaubte, sie würden »die Stadt plündern« (ebd., S. 51), wurde als Attraktion bestaunt (vgl. ebd., S. 42). Ein Augenzeuge berichtet, trotz aller Befürchtungen habe ihr Anblick doch »nichts Furchterregendes« gehabt, »⟨o⟩bgleich der Kosak einen langen Bart trug« (ebd.; vgl. 75,17 *die langen Bärte*). Das freie Lagerleben der keiner starren Hierarchie unterworfenen

Kosaken beeindruckte offenbar die Bevölkerung: »Der von Wodka taumelnde Krieger konnte ohne Ahndung seinen seligen Rausch im Biwak verschlafen« (ebd., S. 53). Vmtl. spielt Büchner auf diese in Darmstadt sicher anekdotisch weitererzählte »Freiheit« (ebd.) und den entsprechenden Anlaß von größeren Unruhen in der Heimat der Kosaken Mitte des 18. Jh.s an, die u. a. deshalb ausgebrochen waren, weil die Kosaken »anläßlich der Ernennung ⟨...⟩ für die moskauer Legion ⟨...⟩ ihre Bärte verlieren mußten« (L9: »Allgemeine Encyclopädie der Wissenschaften und Künste« II/38, S. 136).

75,17–21 *die langen Bärte ... man muß es den Soldaten abgewöhnen:* vgl. Erl. zu 75,14 f. *Kosacken.* – Die Sorge der großherzoglich-hessischen Regierung um die Länge der Bärte belegt ein 1826 an das 1. Infanterie-Regiment ergangener Befehl: »Der Backenbart darf nicht in die Halsbinde gehen und nicht mit dem Schnurrbart verbunden sein, dieser sowie der Knebelbart sind in mäßiger Stärke zu halten« (zit. nach L10: Röder v. Diersburg 1899, S. 268). – Außerdem spielt Büchner mglw. auf die sog. kurhessische »Schnurrbartdebatte« von 1832 an; eine »landesherrliche Verordnung« verbot »den in der Bürgergarde dienenden Beamten das Tragen« von Schnurrbärten, was die Betroffenen als »Bruch« der Bürgerrechte ansahen (L10: Losch 1922, S. 178).

75,19 f. *schon Plinius spricht davon:* Der Doktor verwechselt mglw. die antiken Schriftsteller Plinius und Plutarch (vgl. Margaret Jacobs, in: Büchner, »›Danton's Tod‹ and ›Woyzeck‹«, ed. with an introd. and notes by M. J., Manchester ³1971, S. 176). Plutarch zufolge hat Alexander der Große seinen Soldaten verboten, Bärte zu tragen, weil sich die Gegner im Nahkampf daran festhalten könnten (vgl. Plutarch, Moralia 180 B; Theseus V,4).

75,26 *Sapeurs:* Pioniere einer Truppe, deren Aufgabe es war, Laufgräben, Schanzen, Brücken u. ä. zu bauen (vgl. MCL IV,40). Zu den Sapeuren wurden im Großherzogtum

Hessen nur »große Leute von starkem Körperbau gewählt« (Wagner IV,325).

76,2 f. *auf Paar Lippen eins finden:* mglw. angeregt durch Shakespeare, »Othello« III/3: »Was ahndet' ich von ihren stillen Lüsten? – / Ich sah's nicht, dacht' es nicht, war ohne Harm; / 〈...〉 / Ich fand nicht Cassio's Küss' auf ihren Lippen« (vgl. Dok. 20, S. 247).

76,3 f. *ein Paar Lippen, Woyzeck, ich habe wieder die Liebe gefühlt:* Über seine voyeuristische Lust berichtet der Hauptmann auch in Szene 5 (18,21–24) *Wenn ich am Fenster lieg, 〈...〉 da kommt mir die Liebe.*

76,8–19 *wenn Sie Spaß machen ... ich mein es gut mit ihm:* vmtl. angeregt durch den Wortwechsel zwischen Othello und Jago in Shakespeare, »Othello« III/3, in dem Othello den Verleumder Jago bedroht: »Wenn du sie frech verläumd'st und folterst mich, / Dann bete nie mehr; schließ die Rechnung ab«. Dieser beteuert dagegen seine gute Absicht: »O! schnöde Welt! merk' auf, merk' auf, o Welt! / Aufrichtig seyn und redlich bringt Gefahr« (vgl. Dok. 20, S. 248).

76,10 f. *Puls, klein, hart, hüpfend, ungleich:* zeitgenössisch übliche Fachtermini zur Bezeichnung eines abnormen Pulsschlages (vgl. L11: Berends 1827, S. 149–189, vor allem S. 163, 165, 175, 184). Diagnostisch mglw. Hinweis entweder (somatisch) auf eine »Darmentzündung« oder (psychisch) auf »Melancholie«. Die Melancholie begleitet ein »meist träger, kleiner, bisweilen aussetzender und harter Puls« (L12a: Heinroth 1825a, S. 299, § 74), wie er auch »bei dem längern Entbehren von Nahrungsmitteln« vorkommt (L11: Albers 1834, S. 685, § 820); »Darmentzündungen veranlassen Härte des Pulses«, die »mit mehr Kleinheit und Ungleichheit verbunden« ist (Hufeland XXXII,80; so auch L11: Ernst Büchner 1823, S. 342).

76,17 f. *er ersticht mich mit seinen Augen:* »mit den Augen erstechen« oder »stechende Blicke werfen« ist eine geläufige Redewendung (DWb III,1005).

76,26–29 *man könnte Lust bekommen … zwischen Ja, und nein:* Wegen des *Gedankenstrichels zwischen Ja, und nein*, der Ungewißheit also, könnte Woyzeck Selbstmord begehen. Büchner variiert Äußerungen des durch Andeutungen in die Eifersucht getriebenen Titelhelden aus Shakespeare, »Othello« III/3. Othello drückt seine Ungewißheit mit den Worten aus: »Ich denk' mein Weib ist treu und ist es nicht; / Ich denke, du bist brav und bist es nicht; / Ich will Beweis«, und er fordert »solche Probe, / An der kein Häkchen sey, den kleinsten Zweifel / Zu hängen d'ran« (vgl. Dok. 20, S. 247). – Dasselbe Bild verwendet Büchner auch in der Cartesius-Vorlesung bezüglich Descartes: »Es blieb ihm also um sich aus dem Abgrund seines Zweifels zu retten nur ein Strick, an den er sein ganzes System hängte und hakte, Gott« (HA II,155).

76,27 *Kloben:* hier: »starker eiserner Haken, an dem man Gegenstände aufhängt« (ShWb III,1426).

77,6 *Schlegel:* hier vmtl. in der übertragenen Bedeutung von südhess. »Schlägel«: »derber, ungehobelter Kerl« (ShWb V,345).

77,7 *es laüft der Schatten von einem Spinnenbein:* mglw. angeregt durch die Vorführungen mit einem Sonnenmikroskop, wie sie 1835 im Straßburger Café Faudel üblich und Büchner sicherlich bekannt waren. Dabei wurden Insekten unter starker Vergrößerung an die Wand projiziert. Was dabei entstand, war »mehr ein Schatten« als eine Abbildung (zit. nach L4: Mayer 1993, S. 143).

77,8 *zuckelt:* hier vmtl. eher in der Bedeutung »wiederholtes und gesteigertes Zucken« (DWb XXXII,282) als »langsam, mit kleinen zuckenden Schritten gleichsam gehen« (Campe V,888).

Szene H 2,8

Vmtl. angeregt durch Shakespeare, »Othello« III/3 (vgl. Dok. 20, S. 246 ff.) sowie durch Stellen im Clarus-Gutachten (vgl. Erl. zu Szene 7).

77,26 *Was siehst du so sonderbar:* vgl. Erl. zu 66,8 *du siehst so verstört.*

78,1 f. *Leichdörn:* »Hühneraugen« (Campe III,85).

78,9–11 *Ich kann ... nicht ... machen, daß sie ihr Maul nicht mitnehmen:* Der Ausdruck ähnelt der südhessischen Wendung: »Der leßd des Maul zu viel 〈...〉 spazere geh« mit der Bedeutung ›er kann nichts für sich behalten‹ (ShWb IV,580 f.). Entweder meint Marie ›ihr Maul dabei haben‹ im Sinne von ›ich kann nicht ändern, daß die Leute mit mir reden, wenn sie auf die Straße kommen‹ (bezogen auf den Tambourmajor; vgl. zuvor die Replik Woyzecks *du kannst reden mit wem du willst*), oder sie meint ›ihr Maul wieder mitnehmen‹ im Sinne von ›ich kann nicht ändern, daß die Leute etwas ausplaudern, was sie gesehen haben‹ (bezogen auf den Hauptmann).

78,15 *Wiesp:* unklar; »Wiespe« ist eine westfälische Variante zu »Wespe« (DWb XXIX,604 f.).

78,24 *Abgrund:* »was sich sehr schwer oder gar nicht ergründen und erforschen läßt« (Campe I,24). In diesem Sinne spricht Büchner in seiner Cartesius-Vorlesung über den »Abgrund zwischen Denken und Erkennen« und den »Abgrund seines 〈Descartes'〉 Zweifels« (HA II,153, 155). – Die Bezeichnung des Menschen als *Abgrund* geht mglw. auf Augustinus zurück: »Wenn Tiefe Abgrund heißt, glauben wir dann, das Menschenherz sei kein Abgrund?« Niemand begreife, was der Mensch »innen treibt, was er innen kann 〈...〉. Ein Abgrund ruft den andern an: Ein Mensch den andern« (»Über die Psalmen«, S. 68; vgl. L5: Martens 1965, S. 385, Anm. 24).

Szene H 2,9

*⟨141,17 f.⟩ *La corruption du siècle est parvenue à ce point, que pour maintenir la moral:* ›Die Verderbtheit des Zeitalters hat den Punkt erreicht, daß, um die Moral zu erhalten …‹ – Die Quelle dieses abgebrochenen Satzes ist nicht ermittelt. Mglw. liegt eine Formulierung von Bernard le Bovier de Fontenelle (1657–1757, »Le czar Pierre«) zugrunde: »La corruption des mœurs, qui peut se maintenir jusqu'à un certain point malgré l'instruction, était infiniment favorisée et accrue par l'ignorance« (vgl. L6: Kanzog, GBJb 4, S. 292 f.).

Quartblatt H 3

Szene H 3,1

80,3 *Hof des Professors:* Zeitgenössisch wurden Vorlesungen häufig in den Wohnungen der Professoren abgehalten. Obwohl die Universität Gießen, an der Büchner 1833/34 studierte, bis 1839 über ein Kolleggebäude verfügte (vgl. L10: »375 Jahre Universität Gießen 1607–1982« 1982, S. 274), dürfte die Erinnerung von Büchners Kommilitonen Carl Vogt zutreffen: »Jeder Professor las in seiner Wohnung und in den Zwischenstunden sah man stets Trupps von den Studenten durch die Straße galoppieren, um sich aus einem Kolleg in das andere zu begeben« (Vogt, S. 65).

80,7 *wie David, als er die Bathseba sah:* Anspielung auf AT 2. Samuel 11,2: »Und es begab sich, daß David um den Abend aufstand von seinem Lager, und ging auf dem Dache des Königes Hauses, und sahe vom Dache ein Weib sich waschen; und das Weib war sehr schöner Gestalt.«

80,8 *culs de Paris:* (frz.) »Kissen oder Polster«, »welche die Frauenzimmer unter den Röcken« trugen (Campe VI,240).

80,11–19 *wenn wir nur eines von den Dingen nehmen … zum centrum gravitationis und dem eigenen Instinct verhalten:* »centrum gravitationis«: eigentlich »centrum gravitatis oder Schwerpunkt« (Brockhaus 1833–37, II,517). Büchner ironisiert hier vmtl. wieder verschiedene Aspekte der Publikationen und Vorlesungen des Gießener Professors J. B. Wilbrand, der die Floskel »wenn wir« stereotyp benutzte, z. B. in Wendungen wie: »Wenn wir den Mittelpunct der Erde zum Standpuncte wählen, um von daraus die organische Natur auf Erden zu betrachten, so erhebt sich vor uns die Welt der organischen Geschöpfe zuerst in Einheit aus dem Elemente des Wassers über den festen Erdkern, in centrifugaler Richtung dem einwirkenden Sonnenlichte entgegen« (L11: Wilbrand 1815, S. 92, § 134) oder: »Wenn wir die organische Natur in ihrer progressiven Entwickelung betrachten, so ist die Menschheit, als Gattung, gleichsam das letzte Resultat« (ebd., S. 24, § 59; vgl. z. B. auch ebd., §§ 37, 40, 49, 50, 52). In seiner Schrift »Ueber den Ursprung und die Bedeutung der Bewegung auf Erden« führt Wilbrand aus, das »Bestreben, sich in eine innere Einheit zu concentriren« gebe sich zu erkennen als »Concentration aller Körperlichkeit zu einem gemeinschaftlichem Centrum. In der Empirie nennt man dieses gemeinschaftliche Centrum den Schwerpunkt. ⟨...⟩ Alle Dinge der Erde äußern wieder ein gemeinschaftliches Streben zum Centrum unsers Planeten« (L11: Wilbrand 1813, S. 16). Ebenso handelte er über den »ewige⟨n⟩ Act der Selbstaffirmation des Absoluten, und die actuell-unendliche Objectivirung desselben als Natur« und sah in »dieser identischen Selbstaffirmation ⟨...⟩ das Absolutideale und das Absolutreale ausgesprochen« (L11: Wilbrand 1809–10, I, S. 1 und 3). Außerdem erkannte er »⟨i⟩m Leben ⟨...⟩ die innere Beseelung alles dessen, was Daseyn hat; das Leben in seiner Ursprünglichkeit betrachtet, ist daher das Absolute in seiner Selbstaffirmation« (L11: Wilbrand 1813, S. 2; Hinweis von Thomas Michael Mayer; vgl. auch L5: Winkler 1925, S. 119 ff.).

80,17 *Wesenheit:* das »Wesen eines Dinges«, »die Grundbestimmungen desselben, oder der Inbegriff dessen, wodurch es eben das ist, was es ist« (L9: »Krug's encyclopädisch-philosophisches Lexicon« IV,447).

80,23–81,25 *ich hab's Zittern ... es wird mir dunkel ... (sie betasten ihm Schläfe, Puls und Busen) ... ja die Erbsen:* vmtl. angeregt durch Clarus' Bericht, daß Woyzeck »am ganzen Körper gezittert habe, daß er den Kopf stille zu halten nicht vermögend und sein Puls und Herzschlag in diesem Zustande sehr beschleunigt und verstärkt« gewesen sei (Clarus, S. 39; vgl. Dok. 1, S. 137 f.). Früher sei

Woyzeck »etwas vollblütig gewesen und habe dabei zuweilen eine Spannung und Auftretung der Adern und ein Stechen im Kopfe gefühlt« (ebd.). »Zuweilen sey ihm auch dunkel vor den Augen geworden« (ebd., S. 40; vgl. Dok. 1, S. 138). – Zu Woyzecks Neigung zum Zittern vgl. auch das Clarus-Gutachten, S. 33 (»Zittern des ganzen Körpers«) und 41 (»am ganzen Körper gezittert«) sowie 46 (»Zittern am Herzen«). Clarus weist darauf hin, daß »diese Zufälle sehr oft von Unordnungen und Störungen des Blutlaufs herrühren« und »daß Visionen, wie sie der Inquisit gehabt zu haben vorgibt, sehr oft mit dergleichen Störungen des Blutlaufs zusammen hängen« (ebd., S. 39; vgl. Dok. 1, S. 138). – In dieser Szene sind dieselben »Zufälle« und »Visionen« offenbar eine *Wirkung* der *seit einem Vierteljahr* andauernden Erbsendiät, womit sich die Ursache nicht wesentlich verändert hat, da Blut- und Verdauungsstörungen in der zeitgenössischen Medizin gleichgesetzt werden. So schreibt Clarus in dem räsonierenden Teil seines Berichts, »Personen«, die »zugleich vollblütig und zu Congestionen geneigt« sind, hätten die Neigung, »zu Erleichterung des erschwerten Blutumlaufs oder zu Fortschaffung der angehäuften Blähungen eine starke Bewegung vorzunehmen, ⟨...⟩ wie sich denn auch Woyzeck, seiner Versicherung nach, durch dergleichen Bewegungen öfters erleichtert gefühlt hat« (ebd., S. 80 f.).

80,26 f. *Species Hühnerlaus:* vgl. Erl. zu 81,1 *Ricinus.*

80,28 *enfoncé:* frz. »enfoncer« heißt »tief in etwas hinein gehen« (vgl. L9: »Nouveau dictionnaire de la langue française et allemande« I,702).

81,1 *Ricinus:* lat. Gattungsname der Geflügel- oder Pelzläuse, »Ricinus gallinae« (L11: Lamarck 1815–22, V,41 ff.). Sie »sind sehr klein und kurz« und »leben auf der Haut der Vögel und Säugethiere« (L11: Oken 1835–42, V/3, S. 1430).

81,8 *ungleicher Puls:* vgl. 76,10 f. *Puls, klein, hart, hüpfend, ungleich* mit Erl.

81,13 *betasten ihm Schläfe, Puls und Busen:* Zeitgenössisch wurde der Puls an der Schläfenschlagader (arteria temporalis), der Halsschlagader (arteria carotis) sowie (weil Puls- und Herzschlag als gleichbedeutend galten) in der Herzgegend gemessen (vgl. L11: Berends 1827, S. 149; Wilbrand 1815, S. 135 f.). Vgl. auch 73,16 *Zeig' er seinen Puls!* und 23,12 f. *Zeig er seinen Puls!*

81,14–20 *beweg den Herren doch einmal die Ohren ... das sind so Uebergänge zum Esel:* Wie Büchners Kommilitone Carl Vogt berichtet, hatte Wilbrand seinen Sohn Julius, der zu Büchners Studienzeit allerdings schon 23 Jahre alt und promoviert war, veranlaßt, während der anatomischen Vorlesungen die Ohren zu bewegen: »Nach der Beschreibung der Ohrmuskeln sagte der Professor: ›Diese Muskeln sind beim Mens-ken obsolet geworden. Der Mens-k kann die Ohren nicht bewegen, das können nur die Äffken. Jolios, mach's mal!‹ Der unglückliche Jolios mußte dann aufstehen und mit den Ohren wedeln!« (Vogt, S. 55.) In seiner »Physiologie« hatte Wilbrand ausgeführt: »Es ist zwar nicht zu läugnen, daß der cultivirte Mensch noch weniger fähig ist, seine äußern Ohren in eine besondere Bewegung zu setzen, als der Wilde« (L11: Wilbrand 1815, S. 295). Auch die Wendung *das sind so* ⟨...⟩ scheint für Wilbrand typisch gewesen zu sein (vgl. Vogt, S. 55, sowie Kap. III.3, S. 179).

81,16 *Allons frisch!:* frz. »allons« ›gehen wir‹, ›auf geht's‹, ist südhessisch in appellativen Redewendungen häufig belegt, z. B. »allo los!«, »allo virron (voran)!« (ShWb I,194.)

81,23–25 *Sie sind dir ja ganz dünn geworden ... ja die Erbsen:* Daß durch einseitige Ernährung die Haare ausdünnen bzw. ausfallen, hatte der französische Forscher François Magendie 1825 in Experimenten mit Hunden festgestellt (vgl. L11: Magendie [4]1836, II,504 f.; vgl. auch Kap. III.3, S. 184).

Szene H 3,2

82,2 *Der Idiot:* vgl. 32,18 *Der Narr* mit Erl.

82,4 f. *Der is ins Wasser gefallen:* erster Vers eines Fingerabzählreimes, der in Hessen in zahlreichen Varianten überliefert ist:

Der is ins Wasser gefalle,
der hat en herausgeholt,
der hat en abgetrocknet,
der hat en hamgetrache,
der is ganz alla zu Haus.

(L2a: Wehrhan 1929, S. 15)

Im »Elsässischen Volksbüchlein«, das Büchners Freund August Stöber herausgegeben hat, ist außerdem folgende Variante überliefert:

Der isch in's Wasser g'falle,
Der het 'ne eruß gezöüie,
Der het 'ne heimgedrauje,
Der het 'ne in's Bedd gelaït,
Unn der klein Spitzbue het Alles der Mamme g'saït.

(L2a: Stöber 1842, S. 28)

82,7 *Christian:* einer der beiden Vornamen des historischen Woyzeck (vgl. Clarus, S. 1; vgl. auch Dok. 1, S. 125).

82,8 *Karl (Sieht ihn starr an):* vmtl. angeregt durch Goethe, »Götz« I/3: »Karl (sieht ihn starr an).«

82,12 *Reuter:* Nebenform von »Reiter« (vgl. DWb XIV,777 f.), südhessisch »Gebäck aus Kuchenteig« oder »Lebkuchen«, das Jungen zu Weihnachten oder Ostern meist von ihren Paten geschenkt bekamen (ShWb IV,1357).

82,13 *sa sa:* vgl. 11,4 *Sa! Sa!* mit Erl.

82,16 *Hop! hop! Roß:* vmtl. der Anfang eines »Kniereiter«-Liedes, wie sie in zahlreichen Varianten überliefert sind:

Hopp, hopp, Reiter,
wenn er fällt, dann schreit er;
fällt er in den Graben,
fressen ihn die Raben;
fällt er in den Dreck,
dann ißt er allen Speck.

(L2a: Wehrhan 1929, S. 8; vgl. auch L2a: Stöber 1859, S. 27)

Quarthandschrift H 4

Szene H 4,1 – H 4,17

Vgl. die Erl. zur Lese- und Bühnenfassung, S. 11–67.

II. Die historischen Quellen

1. Das zweite Woyzeck-Gutachten als Strukturquelle

Am 2. Juni 1821 erstach in Leipzig der entlassene Soldat und arbeitslose Perückenmachergeselle Johann Christian Woyzeck seine zeitweilige Geliebte Johanna Christiane Woost. Das für den Fall zuständige Leipziger Gericht beauftragte am 24. August 1821 den Stadtphysikus Hof- und Medizinalrat Johann Christian August Clarus, in einem Gutachten über die Zurechnungsfähigkeit Woyzecks zum Zeitpunkt der Tat zu urteilen. In einem ersten Gutachten vom 20. September 1821 kam Clarus zu dem Ergebnis, daß der Täter uneingeschränkt zurechnungsfähig gewesen sei, weil er die Krankheitserscheinungen Woyzecks nicht als Symptome einer psychischen Erkrankung, sondern als bloße »Sinnestäuschungen« interpretierte (Clarus, S. 75; vgl. Dok. 1, S. 153 ff.), die zudem nicht dauerhaft, sondern nur sporadisch aufgetreten seien und somit nicht als strafmildernd gelten könnten. Nachdem von Sachverständigen Bedenken gegen das Todesurteil erhoben wurden, verlangte die Regierung mit Schreiben vom 9. November 1822 die Wiedereröffnung des Verfahrens und beauftragte Clarus mit der Erstellung eines zweiten Gutachtens, in dem dieser am 28. Februar 1823 die Zurechnungsfähigkeit des Angeklagten bestätigte. Dieses zweite Gutachten war die Grundlage für die Vollstreckung des Todesurteils am 27. August 1824 und wurde zum Ausgangstext einer publizistischen Debatte, die sich in den folgenden Jahren über den Fall Woyzeck entwickelte (vgl. Kap. III.2). Clarus veröffentlichte das Gutachten anläßlich der Hinrichtung Woyzecks als Buch und ein Jahr später in kaum veränderter Form in der wissenschaftlich bedeutenden »Zeitschrift für die Staatsarzneikunde«, in der im selben Jahr auch Büchners Vater ein »Gutachten über den Gemüthszustand eines Soldaten im

Augenblick seines Vergehens im Dienste, durch thätliches Vergreifen am Vorgesetzten« publiziert hatte. Es ist möglich, daß Büchner das zweite Woyzeck-Gutachten schon in seinem Elternhaus in dieser Zeitschriftenfassung kennenlernte.

Das Gutachten zeichnet nicht nur die Geschichte einer psychischen Erkrankung nach, es schildert auch die sozialen Umstände und die Armut, von der Woyzecks Leben vor allem in den letzten Wochen vor der Tat bestimmt waren.

Die Entwurfshandschriften des Dramas zeigen, daß Büchner das Woyzeck-Gutachten kontinuierlich zu Rate gezogen hat, um die gutachtlichen Realinformationen zu nutzen, aber auch um Anregungen für szenische Gestaltungen zu gewinnen. Dabei griff er auf den unterschiedlichen Entwurfsstufen auf jeweils verschiedene Passagen des Gutachtens zurück. Bei der Niederschrift des ersten Entwurfs (H 1) orientierte er sich an Ereignissen aus Woyzecks Leben aus den Jahren 1820/21, für den zweiten Entwurf (H 2) an Ereignissen und Lebensumständen aus der Zeit um 1810. Auf der letzten Stufe (H 4) fügte Büchner Ereignisse aus beiden Lebensphasen in einer einheitlichen Dramenhandlung zusammen.

Der erste zusammenhängende Entwurf zu dem Drama (H 1) besteht aus den drei Handlungsteilen Jahrmarktskomplex (H 1,1–H 1,3), Eifersuchtskomplex (H 1,4–H 1,13) und Mordkomplex (H 1,14–H 1,21). Auf das Woyzeck-Gutachten griff Büchner hauptsächlich bei der Niederschrift des zweiten Handlungsteils (Eifersuchtskomplex) zurück, während für den dritten Handlungsteil (Mordkomplex) möglicherweise ein weiterer Mordfall, der Fall Schmolling, der 1817 bereits öffentliches Aufsehen erregt hatte (s. unten S. 117), einige Motive und Wendungen angeregt haben mag und der erste Teil (Jahrmarktskomplex) keine Anregungen aus dem Woyzeck-Gutachten aufweist. Im einzelnen gibt das Gutachten folgende Informationen, die Büchner im Eifersuchtskomplex verarbeitet hat: Ende 1820 sei Woyzecks

»Eifersucht gegen die Woostin« erwacht, als er während der »Kirmse« in Gohlis »Abends im Bette gelegen« (Clarus, S. 52; vgl. Dok. 1, S. 145), eine Konstellation, die im Drama in den Szenen H 1,7 und H 1,13 wiederkehrt. Woyzeck habe gedacht, daß seine Geliebte sich vergnüge, habe »Violinen und Bässe durcheinander« gehört (vgl. H 1,6 *Geigen und Pfeifen*) und »dazu im Takte die Worte: Immer drauf, immer drauf!« (Vgl. H 1,6 *Immer zu! immer zu!*; ähnlich auch in H 1,5, H 1,7 und H 1,13.) »Am andern Tage habe er gehört, daß die Woostin wirklich mit einem andern in Gohlis gewesen sey, und sich lustig gemacht habe« (Clarus, ebd.), dies offenbar eine Anregung für die Szene H 1,8, wo Louis auf die Frage *Hast nix gehört* Auskunft über die Prahlereien des »Nebenbuhlers« erhielt. Außer an diesem Geschehen von Ende 1820 orientierte sich Büchner an Ereignissen vom Januar 1821: Aus dieser Zeit berichtet Woyzeck, daß ihm, als er »einen zerbrochenen Degen gekauft«, eine Stimme zugerufen habe: »Stich die Frau Woostin todt!« (ebd., S. 28 f.; vgl. Dok. 1, S. 135), was Büchner in den Szenen H 1,6 und H 1,13 mit Woyzecks Worten *stich die Woyzecke todt* aufgreift (vgl. auch die Messervision in H 1,7). »Um dieselbe Zeit«, so das Gutachten, habe Woyzeck die Woostin »mit seinem Nebenbuhler auf dem Tanzboden getroffen« (ebd., S. 29; vgl. Dok. 1, S. 135), was Büchner in der Szene H 1,5 verarbeitet, in der Woyzeck seine Geliebte mit einem andern im *Wirthshaus* tanzen sieht. Anregungen boten außerdem die Berichte über Woyzecks Halluzinationen bei dem Zeitungsträger Haase, dessen Erzählung über Woyzecks Phantasien die Zweifel über Woyzecks Zurechnungsfähigkeit zuerst hatten aufkommen lassen, und die im Gutachten betonte Unruhe Woyzecks (»daß es ihm keine Ruhe lasse« und »keine Ruhe gelassen«; ebd., S. 24 f.; vgl. Dok. 1, S. 133), die im Drama in dem mehrmals wiederholten Motiv *ich hab keine Ruh* (H 1,4; ähnlich auch in H 1,7 und H 1,13) wiederkehrt, sowie die damit zusammenhängende Unfähigkeit in einem Zimmer zu bleiben (»nicht zu Hause geblieben«; ebd., S. 24) und der Bericht über weitere Halluzinationen. Zu weiteren Anregungen gehört möglicherweise auch, daß Woyzeck »mit dem Tambour Vitzthum einige Wochen lang in einem Bette geschlafen« habe (ebd., S. 26; vgl. Dok. 1, S. 134), ein Motiv, das in der Szenenanweisung zu H 1,13 wiederkehrt (*Andres und Louis in einem Bett*), und die Mitteilung über Woyzecks »Gewohnheit ⟨...⟩, wenn er allein gewesen, laut mit sich selbst zu sprechen und dazu Gesticulationen zu machen, oder wie er sich ausdrückte, allerhand bei sich auszufechten« (ebd., S. 44; vgl. Dok. 1, S. 142), was an Woyzecks Rede in H 1,6 und H 1,12 erinnert. Wahrscheinlich hat noch die Mitteilung, Woyzeck habe »den Degen in den Teich vor dem grimmaischen Thore werfen wollen« (ebd., S. 54; vgl. Dok. 1, S. 147), als Anregung für den Szenenentwurf H 1,12: *er legt das Messer in eine Höhle* gedient. Für den Mordkomplex (H 1,14–H 1,21) scheinen sich Einflüsse aus dem Woyzeck-Gutachten mit Anregungen aus dem Hauptdokument zu einem anderen Mordprozeß zu überlagern. Am 25. September 1817 hatte der »Tobacksspinnergeselle« Daniel Schmolling am Rande Berlins seine Geliebte ermordet und wurde daraufhin zum Tode verurteilt. Da Zweifel an Schmollings Zurechnungsfähigkeit aufkamen, wurde ein Revisionsprozeß durchgeführt, in dem der Gutachter Horn davon ausging, daß Schmolling die Tat im Anfall »eines bisher versteckten, jetzt zur Reife gediehenen Wahnsinns« begangen habe (L12a: Horn 1820, S. 365). Für einen Einfluß dieses Gutachtens sprechen vor allem Woyzecks spätere Suche nach dem verlorenen Messer (H 1,19), die nicht auf das Woyzeck-Gutachten zurückgeht, und die Aufforderung *Komm setz dich* in Szene H 1,15 mit ihrem Vorbild in Schmollings Aussage: »Ich bat die L. sich noch ein wenig bei mir zu setzen, weil ich sie im Sitzen besser als im Stehen ermorden konnte« (L12a: Horn 1820, S. 307; vgl. Erl. zu H 1,15 sowie Dok. 2, S. 159). Zudem könnte die Tatsache, daß Schmolling seine Geliebte vor der Stadt ermordete (vgl.

H 1,15 *Also dort hinaus ist die Stadt*), während der historische Woyzeck den Mord im Hausflur des Wohnhauses der Woostin verübte, durch das Horn-Gutachten angeregt worden sein (L12a: Horn 1820, S. 293; vgl. Dok. 2, S. 158, sowie Clarus, S. 8; Dok. 1, S. 125).

Auf der zweiten Entwurfsstufe (H 2) übernahm Büchner Ereignisse aus Woyzecks Militärzeit um 1810 in Mecklenburg, die während des Prozesses die Vermutung stärkten, daß Woyzecks Tat nicht eine Affekthandlung aus Eifersucht, sondern die Folge einer längeren Erkrankung war. Eine ähnliche Funktion haben im Drama die Szenen H 2,1, H 2,2 und H 2,6, die Woyzeck vor jedem Anlaß zur Eifersucht als einen von *fixen Ideen* (H 2,6) und Phantasmen getriebenen Menschen zeigen. Woyzecks Verhalten in den Szenen H 2,1 und H 2,2 entspricht den Informationen des Gutachtens, jedoch konzentriert Büchner biographisch um mehr als zehn Jahre auseinanderliegende Ereignisse im Drama auf wenige Tage. Ebenfalls aus der Zeit um 1810 stammen die somatischen Symptome, die im Drama vor allem in H 3,1 genannt werden, wie Zittern, erhöhter Puls- und Herzschlag, Dunkelheit vor den Augen. Das »Stechen im Kopfe«, von dem das Gutachten berichtet (Clarus, S. 39; vgl. Dok. 1, S. 138), könnte möglicherweise das Motiv *Es zieht mir zwischen den Augen wie ein Messer* (H 4,13), das Büchner mehrfach variiert (vgl. H 1,7 und H 1,11), angeregt haben. Eine weitere wichtige Anregung, die Büchner auf der zweiten Entwurfsstufe aus der Lebensphase Woyzecks um 1810 bezog, ist die Gestalt der *Marie*, die hier noch *Louise* heißt. Woyzeck hatte berichtet, er habe »im Jahre 1810, Umgang mit einer ledigen Weibsperson, der Wienbergin, gehabt, mit dieser ein Kind gezeugt, während der Zeit, als er bei den Meklenburgischen Truppen gestanden, auf die Nachricht, daß sich diese Person unterdessen mit andern abgebe, zuerst eine Veränderung in seinem Gemüthszustande bemerkt, dieserhalb sich wieder zu den Schweden begeben, und den frühern Umgang mit ihr fortgesetzt«

(ebd., S. 17 f.; vgl. Dok. 1, S. 128). Die *Margreth* der ersten Entwurfsstufe trägt noch so wenig individuelle Züge, daß sie ebenso gut nach dem Muster der Johanna Woost wie nach dem einer anderen Frau gestaltet sein kann. Für die *Louise* der zweiten Entwurfsstufe mit ihrem kleinen Kind (H 2,2), ihrer Lebenslust (H 2,2 *Ihr Auge glänze ja*), ihrer jugendlichen sexuellen Attraktivität (H 2,5 *zum Fortpflanzen von Kürassierregimentern*), ihrer Schönheit (H 2,8 *Louisel du bist schön!*) kommt die 46 Jahre alte, auch mit anderen Männern verbundene Johanna Woost als etwaiges Vorbild weniger in Frage. In dem Maße, wie sich die Figuren in seiner Vorstellung konkretisierten, begann Büchner, sich an dem historischen Woyzeck aus der Zeit um 1810, dessen damaliger Geliebten Wienberg und ihrem gemeinsamen Kind zu orientieren und näherte das Drama damit zugleich dem Schema des bürgerlichen Trauerspiels an, für das junge Heldinnen charakteristisch sind (vgl. Kap. V.1, S. 225 f.).

Nicht quellenabhängig sind auf der zweiten Entwurfsstufe Woyzecks vertragliches Verhältnis zu einem Arzt und das Ernährungsexperiment, zwei Handlungsteile, mit denen Büchner aber gleichwohl auf das Gutachten Bezug nimmt (vgl. hierzu ausführlich Kap. III.3). Anregungen hierzu erhielt Büchner vielleicht während seines Studiums in Gießen 1833/34, wo er möglicherweise erneut auf den Fall Woyzeck aufmerksam wurde. Der Mediziner Ernst Ludwig Nebel hielt in diesem Jahr eine Vorlesung über »Gerichtliche Heilkunde«, der Henkes »Lehrbuch der gerichtlichen Medizin« zugrunde lag. Dessen Autor war Büchner bereits als Herausgeber des Woyzeck-Gutachtens bekannt. Sicher ist, daß ihm in Gießen mit Johann Bernhard Wilbrand, dem Gießener Professor für Vergleichende Anatomie, Physiologie und Naturgeschichte, ein Wissenschaftler begegnete, der einen ähnlich rigiden Begriff von menschlicher Willensfreiheit vertrat wie der am Streit um Woyzeck prominent beteiligte Heinroth (vgl. Kap. III.2, S. 168 f.) und der in manchen Zügen das Vorbild für den Doktor in »Woyzeck« abgab.

Das Ernährungsexperiment selbst wäre nach zeitgenössischem Wissen geeignet gewesen, Woyzecks psychische Störungen – wie etwa die Halluzinationen – somatisch, z. B. als Folge einer schweren Magen-Darm-Affektion, zu erklären. Die Präsenz einer somatischen Krankheit, die Clarus im Fall Woyzeck abgestritten (vgl. Clarus, S. 58, 69 u. ö.; Dok. 1, S. 148), der Arzt Carl Moritz Marc dagegen vermutet (vgl. L12a: Marc 1825, S. 38 ff.) und Johann Christian August Grohmann aus seinen »Beobachtungen« und »Studien der Psychologie und Physiologie« erschlossen hatte (L12a: Grohmann 1830, S. 124), wird im Drama durch das Experiment des Doktors eindeutig ableitbar. Außerdem konnte Büchner mit der Figur des Doktors die psychiatrische Debatte in Ansätzen andeuten. Hatte Clarus eine nur partiale Geistesverwirrung prinzipiell ausgeschlossen, da die Krankheitssymptome »niemals isolirt« erscheinen und Woyzeck trotz aller »Sinnestäuschungen« seine »Geschäfte ordentlich besorgt« habe, so läßt Büchner den Doktor aufgrund der Feststellung, Woyzeck verrichte seine Arbeiten *⟨i⟩mmer ordentlich* (H 4,8), mit *aberratio mentalis partialis* genau die Diagnose stellen, die Clarus negiert hatte (Clarus, S. 75 f.; vgl. Dok. 1, S. 153 f., sowie die von Marc daran vorgebrachte Kritik: L12a: Marc 1825, S. 59 f.).

Auf der letzten Arbeitsstufe H 4 schwächte Büchner einerseits bestimmte Übernahmen, z. B. das Motiv von Woyzecks Jähzorn, ab, verstärkte aber andererseits nochmals die Anlehnungen an beide Lebensabschnitte. Die Dramenfigur wird in H 4,17 ausdrücklich wie der in Stralsund 1810 Dienst tuende Woyzeck als Dreißigjähriger bezeichnet. Seine feste Beziehung zu Frau und Kind wird durch die in H 4,8 neu eingeschobene Wendung *Das Geld für die menage kriegt die Frau* noch deutlicher. Detaillierter dargestellt wird nun auch Woyzecks Verhältnis zu seinem Vorgesetzten, der biographisch offenbar denjenigen entspricht, die »ihn alle für den Narren halten wollten« (Clarus, S. 41; vgl. Dok. 1, S. 140, und in H 4,5 das Lachen des Hauptmanns,

weil Woyzeck so *abscheulich dumm* ist). Auch den zweiten Handlungsteil der letzten Entwurfsstufe, die Eifersuchts- und Mordhandlung (H 4,10–H 4,17), reicherte Büchner mit weiteren Einzelheiten aus Clarus' Bericht aus dem letzten Jahr vor dem Mord an. In die neue Szene H 4,14 (Streit mit dem Tambourmajor) übernahm Büchner wörtliche und szenische Elemente aus Woyzecks Streit mit dem Gelbsieder Warnecke (Clarus, S. 20 f. und 48 f.; vgl. Dok. 1, S. 131 und 143 f.), der für seinen Abstieg in die Obdachlosigkeit von entscheidender Bedeutung war. Auch der Messerkauf in H 4,15 dürfte sich der gutachtlichen Information verdanken, daß Woyzeck einen früher gekauften Degen erst am Tag des Mordes zur Mordwaffe umgearbeitet hat (Clarus, S. 54; vgl. Dok. 1, S. 147). Bezüglich der Krankheitserscheinungen Woyzecks ist festzuhalten, daß Büchner alle wesentlichen im Gutachten genannten Symptome übernimmt, wobei er solche, unter denen Woyzeck um 1810 litt, in den Szenen H 4,1, H 4,2 und H 4,8 darstellt, während er sich in den Szenen H 4,10–H 4,14 auf Symptome der Jahre 1820 und 1821 stützt.
Der im folgenden gebotene Text des Clarus-Gutachtens folgt dem Wiederabdruck in der »Zeitschrift für die Staatsarzneikunde« von 1825, aus dem Büchner das Gutachten vermutlich kennengelernt hat. Die Szenenbezeichnungen in spitzen Klammern, die in den Quellentext eingefügt sind, weisen auf die quellenabhängigen Stellen des Dramentextes hin.

2. Dokumente

Dokument 1

Johann Christian August Clarus: Die Zurechnungsfähigkeit des Mörders Johann Christian Woyzeck, nach Grundsätzen der Staatsarzneikunde aktenmäßig erwiesen. In: Zeitschrift für die Staatsarzneikunde. Herausgegeben von Adolph Henke ⟨...⟩. Viertes Ergänzungsheft. Erlangen: J. J. Palm und Ernst Enke 1825. S. 1–97.

Hofrat Dr. med. Johann Christian August Clarus, um 1830

Vorwort.

Eine Handlung der strafenden Gerechtigkeit, wie sie der größere Theil der gegenwärtigen Generation hier noch nicht erlebt hat* bereitet sich vor. Der Mörder Woyzeck erwartet in diesen Tagen, nach dreijähriger Untersuchung, den Lohn seiner That durch die Hand des Nachrichters. Kalt und gedankenlos kann wohl nur der stumpfsinnige Egoist, und mit roher Schaulust nur der entartete Halbmensch diesem Tage des Gerichtes entgegen sehen. Den Gebildeten und Fühlenden ergreift tiefes, banges Mitleid, da er in dem Verbrecher noch immer den Menschen, den ehemaligen Mitbürger und Mitgenossen der Wohlthaten einer gemeinschaftlichen Religion, einer seegensvollen und milden Regierung, und so mancher lokalen Vorzüge und Annehmlichkeiten des hiesigen Aufenthalts erblickt, der, durch ein unstätes, wüstes, gedankenloses und unthätiges Leben von einer Stufe der moralischen Verwilderung zur andern herabgesunken, endlich im finstern Aufruhr roher Leidenschaften, ein Menschenleben zerstörte, und der nun, ausgestoßen von der Gesellschaft, das seine auf dem Blutgerüste durch Menschenhand verlieren soll; ⟨sic⟩

Aber neben dem Mitleiden und neben dem Gefühl alles dessen, was die Todesstrafe Schreckliches und Widerstrebendes hat, muß sich, wenn es nicht zur kränkelnden Empfindelei, oder gar zur Grimasse werden soll**, der Gedanke an die unverletzliche Heiligkeit des Gesetzes erheben, das zwar, so wie die Menschheit selbst, einer fortschreitenden Milderung und Verbesserung fähig ist, das aber, so lange es besteht, zum Schutz der Throne und der

* Am 20. August 1790 wurde an dem Mörder Jonas die letzte Execution an hiesigem Orte vollzogen.

** Man erinnere sich an die Vorgänge nach der Hinrichtung des eben erwähnten Jonas, wo zarte Frauen Blumen streuend zum Hochgericht walleten, und am Schafte des Rades die Inschrift gefunden wurde: ruhe sanft guter Jonas!

Hütten auf strenger Waage wägen muß, wo es schonen und wo es strafen soll, und das von denen, die ihm dienen, und die es als Zeugen, oder als Kunstverständige, um Aufklärung befragt, Wahrheit und nicht Gefühle verlangt.
Eine solche Aufklärung ist in Woyzecks Kriminalprozeß, als es zweifelhaft geworden war, ob er seines Verstandes mächtig, und mithin zurechnungsfähig sey, oder nicht, von mir, als Physikus hiesiger Stadt, erfordert worden, und es ist wohl keinem Zweifel unterworfen, daß die hierdurch veranlaßte Untersuchung seines Seelenzustandes und die Begutachtung desselben einen entscheidenden Einfluß auf sein Schicksal gehabt hat.
⟨...⟩
Und so hoffe ich denn, daß durch Lesung dieser Schrift das Publikum sich in der Ueberzeugung bestärken werde, daß alle Diejenigen, denen auf die Entscheidung dieses wichtigen Rechtsfalles einiger Einfluß zu Theil geworden ist, ihre Pflicht, so weit nur immer menschliche Kräfte reichen, redlich erfüllt haben, und daß es ⟨...⟩ mit mir das Glück erkennen müsse, in einem Lande zu leben, wo nicht unwissende Geschworne, bei unvollständigen Beweisen, nach einem dunkeln moralischen Gefühl über Leben und Tod richten, sondern wo Thatsachen und Urtheile, von denen Menschenleben abhängt, der strengsten und vielseitigsten Prüfung unterworfen, und selbst dem überwiesenen Verbrecher, beim mindesten Anscheine einer Verminderung seiner Schuld, eine neue Frist, und eine neue Untersuchung verstattet, der Publicität solcher Verhandlungen aber kein Hinderniß in den Weg gelegt wird.
Mögen daher alle, welche den Unglücklichen zum Tode begleiten, oder Zeugen desselben seyn werden, das Mitgefühl, welches der Verbrecher als Mensch verdient, mit der Ueberzeugung verbinden, daß das Gesetz, zur Ordnung des Ganzen, auch gehandhabt werden müsse, und daß die Gerechtigkeit, die das Schwerdt nicht umsonst trägt, Gottes Dienerin ist. – ⟨...⟩ Möge die heranwachsende Jugend bei dem

Anblicke des blutenden Verbrechers, oder bei dem Gedanken an ihn, sich tief die Wahrheit einprägen, daß Arbeitsscheu, Spiel, Trunkenheit, ungesetzmäßige Befriedigung der Geschlechtslust, und schlechte Gesellschaft, ungeahnet und allmählich zu Verbrechen und zum Blutgerüste führen können. – Mögen endlich alle, mit dem festen Entschlusse, von dieser schauerlichen Handlung, zurückkehren: Besser zu seyn, damit es besser werde.

Leipzig den 16. August 1824. Clarus.

Am 21. ⟨recte: 2.⟩ Juni des Jahres 1821, Abends um halbzehn Uhr, brachte der Friseur Johann Christian Woyzeck, ein und vierzig Jahr alt, der sechs und vierzig jährigen Wittwe des verstorbenen Chirurgus Woost, Johannen, Christianen, gebornen Otto'in in dem Hausgange ihrer Wohnung auf der Sandgasse, mit einer abgebrochnen De-

Der Tatort: die Sandgasse in Leipzig (Postkarte von 1904)

genklinge, an welche er desselben Nachmittags einen Griff hatte befestigen lassen, sieben Wunden bei, an denen sie nach wenigen Minuten ihren Geist aufgab ⟨...⟩.

I. Bei Durchsicht der Akten.

Der Inquisit Woyzeck stammt von durchaus rechtschaffenen Eltern, die ihren gesunden Verstand bis an ihr Ende behalten, und nie eine Spur von Tiefsinn oder Verstandeszerrüttung gezeigt haben. ⟨...⟩ Nachdem er in seinem achten Jahre seiner Mutter, und im dreizehnten Jahre seines Vaters, der sich zwar um seine Erziehung wenig bekümmert, ihn aber nicht hart behandelt, und für seinen Unterricht in der Freischule auf eine, seinem Stande und seinem Vermögen angemessene, Weise gesorgt hatte, durch den Tod beraubt worden, hat er die Perückenmacherprofession erlernt, und hierbei zwar seinen ersten Lehrherrn aus eigenem Antriebe verlassen, sich aber nach dem Zeugnisse von Personen, welche ihn damals gekannt haben, bis zu seinem achtzehnten Jahre, wo er sich auf die Wanderschaft begeben, jederzeit sehr gut, ruhig und verständig betragen, und niemals eine Spur von Verstandesverwirrung oder Tiefsinn an sich blikken lassen. Nach sechsjährigen Reisen, auf denen er in Wurzen, Berlin, Breslau, Teplitz und Wittenberg, bald als Friseur ⟨vgl. H 4,5⟩, bald als Bedienter, conditionirt hat, von welchem Zeitraume aber über seine Aufführung und Gemüthsverfassung keine Nachrichten bei den Akten befindlich sind, ist er nach Leipzig zurückgekehrt und hat hier, in Ermanglung anderer Beschäftigung, eine Zeitlang Kupferstiche illuminirt, hierauf im Magazine gearbeitet, und zuletzt wieder eine Bedientenstelle bei dem Kamme⟨r⟩rath Honig in Barneck angenommen. Während dieser Zeit hat er sich, nach dem Zeugnisse des damaligen Kutschers Heuß, der mit ihm täglich zusammen gewesen ist, sehr gut, gesetzt und fleißig betragen, keine Veranlassung zu Klagen gegeben, und keine Spur von Tiefsinn oder Verstandesverrückung an sich bemerken lassen. Ebenso bezeugt die Traugottin, damals Schindelin, mit der er bei dem Wattenmacher Richter zusammengewohnt, und Umgang gehabt hat, daß er heitern Gemüths, nicht zänkisch und streitsüchtig, sondern vielmehr recht ruhig, bescheiden und verständig gewesen sey. Da aber diese Person späterhin, als sie bei dem M. Buschendorf in Diensten gewesen, seine Bewerbungen, um derentwillen er fast täglich von Barneck hereingekommen ist, und ihr theils in der Allee, theils im Hause aufgelauert hat, nicht mehr annehmen wollen, hat er ihr nicht nur (nach der von ihr beschwornen Aussage) einstmals in der Feuerkugel mit den Worten: Höre, Canaille, du willst mir untreu werden, mehrere Schläge an den Kopf gegeben, weshalb sie ihn auf dem Rathhause denuncirt hat, sondern auch bald darauf Abends zwischen zehn und eilf Uhr an die Thür ihrer Wohnung in Englers Hause geklopft, und als sie geöffnet, ihr, da sie blos mit einem Mantel bekleidet gewesen, an die Brust gegriffen, sie auf den Hof zu ziehen gesucht, und ihr dabei (nach ihrer Aussage) mit einem großen Mauersteine, nach seinem Eingeständnisse aber mit der Faust, in der er einen Schlüssel gehabt und in der Absicht ihr eins zu versetzen, oder ihr ein Andenken zu hinterlassen und mit den Worten: Luder, du mußt sterben, zwei Schläge auf den Kopf gegeben und ihr eine Wunde von der Größe eines Kupferdreiers beigebracht, hierauf aber sich entfernt und am folgenden Tage in Gesellschaft seines Stiefbruders Richter, jedoch ohne diesem zu sagen, daß es der Schindelin wegen geschehe, auch ohne daß dieser die geringste Spur von Verstandesverrükkung an ihm wahrgenommen hat, Leipzig verlassen. Nach einer mit Richtern über Berlin bis Posen gemachten zehnwöchentlichen Reise, ist er im Jahr 1806 nach der Schlacht bei Jena zu Grabow im Meklenburgischen in Holländische, sodann, nachdem er am 7. April 1807 vor Stralsund von den Schweden gefangen und nach Stockholm transportirt worden, in Schwedische, hierauf als nach dem Feldzuge in Finnland und der Entthronung Gustavs IV. sein Regiment nach Stralsund versetzt und allda von den Franzosen entwaffnet worden, in Mecklenburgische, nach dem Feldzuge in Rußland durch Desertion wieder in Schwedische und zuletzt nach der Abtretung von Schwedisch-Pommern, in Preußische Kriegsdienste getreten, aus denen er im Jahr 1818 seinen Abschied erhalten hat. Ueber seine Aufführung und seinen Gemüthszustand während dieses Zeitraums von 12 Jahren sind keine Zeugnisse bei den Akten vorhanden, er selbst aber versicherte bei den Unterredungen, welche ich im Monat August 1821 mit ihm gehabt und in denen ich ihn aufs genaueste nach allen seinen Lebensumständen gefragt habe, daß er es überall sehr gut gehabt, sich zur Zufriedenheit seiner Obern aufgeführt ⟨vgl. H 4,5⟩, sich nicht in Duelle und Schlägereien eingelassen, noch weniger aber heimlichen Groll genährt, Vergnügungen und Zerstreuungen nicht sonderlich geliebt, sich am liebsten in seinen Nebenstunden mit Versuchen in allerlei mechanischen Arbeiten, z. B. mit Erlernung der Papp- und Schneiderarbeit beschäftiget, und den Umgang mit dem weiblichen Geschlecht zwar nicht gesucht, aber auch die Gelegenheit dazu nicht verschmäht, sich aber immer mehr zu einer Person gehalten habe, wobei es ihm ziemlich gleichgültig gewesen sey, ob diese mit mehreren zu thun gehabt, oder nicht. Ausführlicher, und diesen frühern Aussagen zum Theil widersprechend, gibt er bei seinen neuen Vernehmungen an, daß er im Jahre 1810 Umgang mit einer ledigen Weibsperson, der Wienbergin, gehabt, mit dieser ein Kind gezeugt ⟨vgl. H 4,2⟩, während der Zeit, als er bei den Mecklenburgischen Truppen gestanden, auf die Nachricht, daß sich diese Person unterdessen mit andern abgebe ⟨vgl. H 4,11⟩, zuerst eine Veränderung in seinem Gemüthszustande bemerkt, dieserhalb sich wieder zu den Schweden begeben, und den frühern Umgang mit ihr fortgesetzt habe. Diese Veränderung habe sich dadurch geäussert, daß er ganz still geworden und von seinen Kameraden deßhalb oft vexirt worden sey, ohne sich ändern zu können, so daß er, ob er gleich seine Gedanken möglichst auf das zu richten gesucht, was er gerade vorgehabt, es nichts destoweniger verkehrt gemacht habe, weil ihm zuweilen auf halbe Stunden lang, oft auch nur kürzere Zeit, die Gedanken vergangen seyen. Mit dieser Gedankenlosigkeit ⟨vgl. H 4,8⟩ habe sich späterhin, in Stettin, ein Groll gegen einzelne Personen verbunden, so daß er, gegen alle Menschen überhaupt erbittert, sich von ihnen zurückgezogen habe und deßwegen oft ins Freie gelaufen sey ⟨vgl. H 4,10⟩. Ueberdieß habe er beunruhigende Träume von Freimaurern ⟨vgl. H 4,1⟩ gehabt und sie mit seinen Begegnissen in Beziehung gebracht. Als er eines Nachmittags mit seinen Kameraden in einer Stube gewesen, habe er Fußtritte vor derselben gehört, ohne diesfalls etwas entdecken zu können, und es für einen Geist gehalten, weil ihm einige Tage vorher von einem solchen geträumt habe. Seine Unruhe habe fortgedauert, als er von Stettin nach Schweidnitz und Graudenz in Garnison gekommen sey, und er habe, als ihm ein Traum die Erkennungszeichen der Freimaurer offenbart, geglaubt, daß ihm diese Wissenschaft gefährlich werden könne, und daß er von den Freimaurern verfolgt werde. Auch habe er am letztern Orte einmal des Abends am Schloßberge eine Erscheinung gehabt und Glockengeläute gehört, ein andermal aber habe ihm des Nachts auf dem Kirchhofe jemand, den er nicht gewahren können, mit barscher Stimme einen guten Morgen geboten.

Nach seiner Zurückkunft hieher im December 1818 hat er bis zur Ausführung der Mordthat, nach und nach folgende Wohnungen und Beschäftigungen gehabt und dabei, seinem Anführen nach, folgende Begegnisse erlebt:

1) bei Steinbrücken, wohin ihn die Woostin gebracht, ihn dort für ihren Liebsten ausgegeben und den Miethzins für ihn bezahlt, und wo er, weil er kein Verdienst und Beschäftigung gehabt, von Unterstützungen gelebt hat. Er selbst sagt im Allgemeinen, daß sein Zustand und seine Idee von Verfolgung durch Freimaurer hier fortgedauert und

daß ihm das Herz manchmal sehr stark geschlagen habe. Aus dem Zeugnisse der Steinbrückin ist zu ersehen, daß er sich damals gut betragen und zuweilen in Büchern geles⟨e⟩n, jedoch (mit Unwahrheit) behauptet habe, daß er Papparbeit verfertige und seinem Stiefvater Richter helfe.
Nach einem Aufenthalt von 6 Wochen ist er
2) zu dem Juden Samson Schwabe in Dessau gekommen, den er in einer Krankheit gewartet hat und bei dem er wiederum 6–7 Wochen geblieben ist. Dieser versichert, daß er, wenn er nicht betrunken gewesen, sich gut und sehr vernünftig betragen und nie Ursache gegeben habe, an seinen gesunden Verstandeskräften zu zweifeln, daß er aber den Trunk in hohem Grade geliebt habe, und daß die gegen ihn, als er ihm in einer solchen Periode hoher Trunkenheit alles verkehrt gemacht habe, gebrauchte Aeusserung: Kerl, du bist verrückt und weißt es nicht ⟨vgl. H 2,8 *Du siehst so verrückt*⟩; sich blos auf seinen trunkenen Zustand, keineswegs auf eigentliche Verstandeszerrüttung beziehe.
3) Vom Februar 1819 bis zu Johannis 1820 bei der Stiefmutter der Woostin, der Wittwe Knoblochin in dem Hause des Gelbgießers Warnecke, in welchem dessen Pachter Jordan eine Schenkwirthschaft treibt; wo er bald auf den Wollboden des Herrn Knobloch gearbeitet ⟨...⟩, bald auf Empfehlung der Knoblochin bei dem Buchbinder Wehner in Volkmarsdorf Papparbeit gemacht, bald für den Buchhändler Klein illuminirt, auch während dieser Zeit dem Buchhalter Herrn Lang und dem Hrn. M. Gebhard, ingleichen während der Messe den Fremden Benedix bedient hat. Nach dem Zeugnisse dieser Person und namentlich Warnecke's, Jordans, Wehners, Hrn. Langs und Hrn. M. Gebhards, hat er sich auch in dieser Zeit sehr verständig, still und bescheiden betragen, die ihm ertheilten Aufträge zu ihrer Zufriedenheit besorgt, auch keine Merkmale von Tiefsinn oder Verstandesverrückung, und überhaupt nichts auffallendes in seinem Benehmen blicken las-

sen. Mehrere derselben, nämlich Warnecke und Wehner, haben bemerkt, daß er den Branntwein geliebt und manchmal zu viel getrunken habe, auch hat die Knoblochin darüber gegen Jordan geklagt.
Letztere sagt übrigens, daß Woyzeck mit ihrer Tochter Umgang gehabt, aber wegen ihres häufigen Umganges mit Soldaten Eifersucht gefaßt ⟨vgl. H 4,7⟩, die Woostin mehreremale gemißhandelt und so viel Lärm und Unruhe gemacht habe, daß sie ihm auf Warneckes Verlangen das Logis aufsagen müssen. Den Vorfall, der hierzu Veranlaßung gegeben hat, erzählt Warnecke folgendermaßen: Er, Warnecke, habe einstmals zu Woyzecken in der Jordanschen Schenkwirthschaft ⟨vgl. H 4,14⟩ gesagt: Hier, Woyzeck, Mordhahn, willst du ein Glas Schnaps trinken? ⟨vgl. ebd.⟩ Woyzeck aber ihm hierauf eine pöbelhafte Antwort gegeben, und als er selbst sich hierauf bestürzt gegen Jordan gewendet, mit den Worten: der Kerl pfeift dunkelblau ⟨vgl. ebd.⟩, sich entfernt. Als nun hierauf Warnecke der Knoblochin habe sagen lassen, sie müsse ausziehen, wenn sie Woyzeck nicht fortschaffe, habe ihm dieser, ehe noch solches geschehen, mehrere Briefe und in einem derselben die (gereimten) Worte geschrieben: Der Sachse bietet Frieden dem türkischen Sultan an, er ist doch nicht zufrieden, wenn er nicht prügeln kann. – Als nun Warnecke, bei Lesung dieses Briefes, gesagt; Nun kriegt der Kerl Prügel, wenn er wieder kommt, habe Woyzeck, der den Brief selbst gebracht und, und in der Küche stehend, diese Worte gehört habe, erwiedert: da lauert er eben drauf, worauf Warnecke ihm einige Hiebe gegeben, und jener nach deren Empfang gesagt habe: das ist rechtschaffen gedacht, nun sind wir quitt, Wurst wieder Wurst! Ueber diesen Auftritt, bei dem nach Warneckes Vermuthung, Woyzeck etwas betrunken gewesen seyn soll, was jedoch Jordan unwahrscheinlich findet, äußert sich Woyzeck, er habe geglaubt, Warnecke wolle ihn für den Narren halten ⟨vgl. H 2,2 *Narr*⟩. Da nun dessenungeachtet Woyzeck von der Knoblochin ausziehen müssen, hat er sich abermals

4) bei der Steinbrückin 14 Tage lang aufgehalten, und dabei verwogen und weil er keine Arbeit gehabt, tiefsinnig und betrübt ausgesehen, die Mütze tief ins Ge⟨s⟩icht gerückt, als ob er sich schäme, und als er, auf Erinnern den Miethzins nicht bezahlen können, sogleich seine Effekten zusammen gepackt und sich

5) zu dem Zeitungsträger Haase begeben, wo er von Johannis bis einige Wochen vor Michaelis 1820 in einer Dachkammer am Tage bei einer Lampe gearbeitet und des Nachts geschlafen, sich mit Papparbeiten beschäftiget und nebenbei den Hrn. Lang und Herrn M. Gebhard zu bedienen gehabt hat, welches jedoch, wenigstens was den letztern betrifft, schwerlich richtig seyn kann, da dieser angibt, daß er ihn schon zu Pfingsten dieses Jahres verabschiedet habe. In dieser Kammer, behauptet er, bei Tage und in der Nacht, vielfältig gestört worden zu seyn. Er habe es hören sprechen, obgleich niemand in der Nähe geschlafen. Manchmal habe es auf dem Deckbette getappt, und wenn er darnach gegriffen, weil er es für Ratten oder Mäuse gehalten, habe er nichts gefunden. Einmal als er Abends nach 10 Uhr nach seiner Kammer habe gehen wollen, habe er es in seiner Nähe stark knistern und deutlich eine Stimme ⟨vgl. H 4,13⟩ sprechen hören: o, komm doch! Er sey darübe⟨r⟩ sehr heftig erschrocken und deßwegen herunter zum Wirth, dieser aber mit einer Laterne in die Kammer gegangen, ohne etwas zu bemerken. Weil er sich sehr gefürchtet daselbst zu schlafen, habe er auf seinen Betten drei Nächte in des Wirthes Stube zugebracht, und als er nachher wieder bis zu seinem Wegzuge in derselben Kammer geschlafen, es zwar nicht wieder laut, aber wohl leise immer allerhand sprechen hören. Zu derselben Zeit sey es ihm gewesen, als ob sein Herz mit einer Nadel berührt würde und er habe die dabei empfundenen Beunruhigungen dem Teufel zugeschrieben, und von ihm geglaubt, daß er ihm, als er gebetet, die Worte zugerufen habe: Da hast du den lieben Gott. ⟨...⟩ Haase und seine Frau modifiziren diese Erzählung dahin, daß sie,

außer den bereits erwähnten Vorfällen, in seinen Reden und Handlungen nichts Ungereimtes bemerkt haben, und auch davon, daß er sich auf den Dielen herum gewälzt und gerufen habe: ich bin verloren, nichts wissen wollen, jedoch angeben, daß er in den heißen Monaten Juni und Juli 1820 mehrmals des Nachts von seiner Kammer herunter in ihre Stube gekommen sey, unter dem Vorgeben, es leide ihn nicht oben, es spucke in seiner Kammer ⟨vgl. H 4,13⟩, es zupfe am Deckbette und rufe ihn, weßhalb er mehrere Nächte hintereinander in ihrer Stube zugebracht, nachher aber unausgesetzt, bis zu seinem Wegziehen, wieder in der Kammer geschlafen habe, aber in diesem Zeitraume von ohngefähr drei Wochen auch am Tage, unter dem Vorgeben, daß es ihm keine Ruhe ⟨vgl. H 4,10 *keine Ruh*⟩ lasse, nicht zu Hause geblieben sey. An einem der oben gedachten Abende hat er, nach der Haasin Aussage, mit stieren Augen vor sich hingesehen ⟨vgl. H 4,1 *starrt in die Gegend*; H 4,7 *sieht sie starr an*⟩, aber keine besondere Gemüthsunruhe verrathen. ⟨...⟩ Nach seinem Wegziehen von Haasen ist er, seiner eigenen Aussage nach, vierzehn Tage herberglos gewesen und hat nachher

6) bei dem Buchbinder Wehner in Volkmarsdorf vor der Michaelismesse 1820 drei bis vier Wochen, und späterhin noch zu zwei verschiedenen Malen, in der Neujahr- und Ostermesse 1821, jedesmal ungefähr eben so lange gearbeitet, auch mit Wehnern und den Seinigen im Ganzen ohngefähr vier Wochen in einer Stube geschlafen. Auch hier hat es ihm, wie er behauptet, keine Ruhe ⟨vgl. H 4,10⟩ gelassen; Wehner aber bemerkt, daß er manchmal in Gedanken gesessen ⟨vgl. H 1,11⟩ und dann zusammengefahren sey, weßhalb jener ihn ermahnt Gott vor Augen zu haben, dieser aber versprochen habe, in der nächsten Nacht recht fleißig beten zu wollen. Uebrigens will Wehner nichts Auffallendes an ihm bemerkt haben, sondern gibt ihm das Zeugniß, daß er fleißig und gelassen, und sein Schlaf gut gewesen sey, daß er sich Mühe gegeben, etwas zu lernen, aber zuweilen (wie

schon oben sub 2 bemerkt worden) ein Glas Schnaps zu viel getrunken und dann weniger gearbeitet habe. Sein Ganzes sey gewesen, daß er sich nicht habe in ein ordentliches Brod finden können.
Aus Mangel an hinreichender Beschäftigung scheint Woyzeck zu Anfang des Winters 1820 den Entschluß gefaßt zu haben, Stadtsoldat zu werden, daher ihn der Feldwebel von gedachter Garnison
7) bei dem Unterofficier Pfeiffer untergebracht hat, wo er bis Weihnachten dieses Jahres geblieben, aber, weil sein Abschied nicht richtig gewesen, bei der Garnison nicht angenommen worden ist. Hier hat er mit dem Tambour Vitzthum einige Wochen lang in einem Bette geschlafen ⟨vgl. H 4,13⟩ und sich mit Illuminiren für Herrn Klein beschäftiget, aber auch Vitzthumen mehrere Kleinigkeiten, und darunter einen Degen mit Scheide, entwendet, solche aber, sobald sie dieser wieder verlangt, zurückerstattet. Beide versichern, daß sein Betragen gut und verständig und nicht zänkisch gewesen sey; auch hat sein Schlafgeselle Vitzthum nie eine Unruhe, oder sonst etwas Auffallendes an ihm wahrgenommen, obgleich Woyzeck behauptet, daß er auch hier Stimmen gehört ⟨vgl. H 4,13⟩, und sonderbare Träume ⟨vgl. H 1,8⟩ gehabt habe, ohne sich etwas merken zu lassen.
Nachdem Woyzeck Vitzthumen obgedachte Sachen entwendet, ist er, seiner Angabe nach, abermals einige Nächte herberglos und einige Tage im Arrest gewesen, sodann aber
8) Zu der Naumannin gezogen, wo er in der Neujahrmesse 1821 drei Wochen lang gewohnt und vorgegeben hat, Friseur, Schneider, Papparbeiter und Illuminirer zu seyn, ohne Kamm, Scheere, Fingerhut, Papier und Pinsel zu haben, auch zu Hause nichts gearbeitet, sich aber übrigens verständig betragen und alle Morgen aus einem, der Tochter der Naumannin gehörigen Buche gebetet hat. Er selbst sagt blos, daß es ihn auch hier verfolgt habe.

Um diese Zeit ist er auch noch in Warnekes Hause aus- und eingegangen, hat der dort wohnenden Woostin hinter der Thüre aufgelauert, und dabei öfters, meinend, es sey diese, eine andere Weibsperson, unter andern eines Abends die Frau des Lohnbedienten Marschall an der Hausthüre angehalten, als er aber seinen Irrthum bemerkt, gesagt: Ach verzeihen Sie, ich habe sie verkannt, und sie nachher ruhig gehen lassen. An demselben Abend hat er der Woostin auf der Treppe aufgelauert, und auf ihre Weigerung, mit ihm spazieren zu gehen, sie mit der Hand, in der er die Scherben eines zerbrochnen Topfes gehabt, blutrünstig geschlagen, ist aber deßhalb von den dazu gekommenen Personen festgenommen und hierauf mit 8 tägigem Arrest bestraft worden, bei welcher Gelegenheit an ihm keine Spur einer besondern Unruhe, Zerstreuung oder Gedankenlosigkeit wahrgenommen worden ist. Nach seiner Entlassung hat er sich bis vor Ostern 1821,

9) bei dem Bierschenken Haase aufgehalten. Woyzeck sagt, sein Zustand habe hier fortgedauert 〈...〉.

Endlich hat er bis ungefähr zum 20. Mai 1821

10) bei der um diese Zeit verstorbenen Wittigin im schwarzen Brete eine Bettstelle gehabt. Er selbst versichert, daß er auch hier Stimmen vernommen habe. Dahin gehört seine Erzählung, daß es ihm, als er einen zerbrochenen Degen gekauft 〈vgl. H 4,15〉, zugerufen habe:

Stich die Frau Woostin todt! 〈vgl. H 4,12 und 13〉

wobei er gedacht: das thust du nicht, die Stimme aber erwiedert habe:

Du thust es doch.

Um dieselbe Zeit hat er die Woostin in der Allee von Bosens Garten, auf ihre Weigerung, mit ihm zu gehen, mit der Faust ins Gesicht geschlagen, wovon ihr dasselbe aufgeschwollen, und mit Blut unterlaufen ist, und kurz nachher, als er sie mit seinem Nebenbuhler auf dem Tanzboden getroffen 〈vgl. H 4,11〉, sie die Treppe hinunter geworfen, und auf der Straße einen Stein aufgehoben, um damit nach ihr

zu werfen, diesen aber wieder fallen lassen. Die Benadtin, Enkelin der Wittigin, welche mit ihm zugleich bei der Wittigin gewohnt hat, bezeugt, er habe sich für einen dienstlosen Markthelfer ausgegeben, nur sehr wenig, und in der letzten Zeit, wo er tiefsinnig gewesen, gar nicht gesprochen, sey aber in seinem Betragen höflich, bescheiden und ganz verständig, auch nur ein einziges Mal betrunken gewesen, wo er sehr viel gesprochen und erzählt habe, er habe selbigen Tages seine Geliebte geprügelt.
Von derselben Zeit sagt Warnecke, daß er damals Meßfremde in seinem Hause bedient, sich ganz still und vernünftig betragen, auch ihm und andern keine Vermuthung, daß er geisteskrank sey, gegeben habe, ausserdem aber gutes Muthes gewesen sey.
Von dem Tode der Wittigin an, hat er sich bis zur Ausführung seiner That, acht bis vierzehn Tage lang im Freien herumgetrieben und von Unterstützungen guter Menschen gelebt, die er aber schriftlich gebeten zu haben vorgiebt, weil er seine Bitten mündlich vorzutragen unvermögend gewesen und dabei zuweilen in Verlegenheit gekommen sey.
Uebrigens erhellet aus den Akten, daß die Woostin, ungeachtet ihres offnen Umgangs mit einem Andern, dennoch auch den Umgang mit Woyzeck keineswegs gänzlich abgebrochen, ihm sogar noch in der Ostermesse d. J. den vertrautesten Umgang gestattet; ein andermal, als er ihr in Begleitung der Böttnerin begegnet, ihn etwas zurückweisend behandelt, dennoch ihm auf den Tag, wo die Mordthat vorgefallen, auf der Funkenburg eine Zusammenkunft versprochen, ihm aber nicht Wort gehalten, sondern mit dem Soldaten Böttcher einen Spaziergang gemacht hat: daß Woyzecks Gedanken indessen immer mit der Woostin und ihrer Untreue beschäftigt gewesen, daß er, nachdem er sie am Morgen desselben Tags unter einem erdichteten Vorwande zu sprechen gesucht, den übrigen Theil des Tages unbeschäftigt herumgelaufen, auch auf der Funkenburg gewesen, aber, weil er geglaubt, sie komme doch nicht, nur ein paar-

mal hin und her gegangen ⟨...⟩, daß er ferner gegen Abend, in der Absicht, die Woostin damit zu erstechen, die Degenklinge in ein Heft stoßen lassen ⟨vgl. H 4,15⟩, und als er hierauf der Woostin zufällig begegnet und von ihr erfahren, daß sie nicht auf der Funkenburg gewesen, sie nach Hause begleitet, auf diesem Wege an seinen Vorsatz nicht wieder gedacht, in der Hausflur des Hauses aber, wo die Woostin gewohnt, und als ihm diese etwas gesagt, wodurch er in Zorn gerathen, die That vollzogen, nach vollbrachter That sich im Geschwindschritt entfernt ⟨vgl. H 1,15⟩, bei seiner Verhaftung den Dolch wegzuwerfen gesucht ⟨vgl. H 1,20⟩, und gleich nachher, als ihm auf seine Frage, ob die Woostin todt sey, niemand geantwortet, gesagt hat: Gott gebe nur, daß sie todt ist, sie hat es um mich verdient! ⟨Vgl. H 1,20.⟩

II. Bei der Untersuchung des Inquisiten.

⟨...⟩

Es ist hierbei zu bemerken, daß der Inquisit schon bei seinen frühern Unterredungen mit mir angegeben hat, wie er schon seit seinem 30sten Jahre manchmal sehr ärgerlich und desperat gewesen, und öfters, wenn er über irgend einer Arbeit lange nachgedacht, in einen Zustand gerathen sey, in dem er gar nichts mehr gedacht habe. Da die, auf meinen Antrag, hierüber abgehörten Zeugen, auf die sich Woyzeck berufen hatte, diese Angaben nicht bestätigten, so ist von mir ausdrücklich erinnert worden; »daß diese Umstände bei der gegenwärtigen Begutachtung dieses Falles um deßwillen nicht zu berücksichtigen seyen, weil sie blos auf dem Zeugnisse des Inquisiten beruheten, und daß dieserhalb die weitere Bestätigung abzuwarten sey.« Zu gleicher Zeit ist bei gedachter Untersuchung bemerkt worden, daß der Inquisit gemeiniglich während der ersten Minuten der Unterredung am ganzen Körper gezittert ⟨vgl. H 3,1⟩ habe, daß er den Kopf stille zu halten nicht vermögend und

sein Puls und Herzschlag ⟨vgl. H 3,1; H 2,7⟩ in diesem Zustande sehr beschleunigt und verstärkt, ingleichen daß er seiner eignen Angabe nach, etwas vollblütig und mit Nasenbluten behaftet gewesen sey. Da nun alle diese Zufälle sehr oft von Unordnungen und Störungen des Blutlaufs herrühren, da sich einige derselben, dem obigen zufolge, jetzt in etwas verstärktem Grade zeigen, und da es bekannt ist, daß Visionen, wie sie der Inquisit gehabt zu haben vorgibt, sehr oft mit dergleichen Störungen des Blutlaufs zusammen hängen; so schien es mir nothwendig an jene schon früher beobachteten Thatsachen die gegenwärtige Untersuchung anzuknüpfen. Aus den hierüber an ihn gerichteten Fragen ergab sich Folgendes:
Er sey allerdings in seinen frühern Jahren, besonders unmittelbar vor und nach dem 30sten, etwas vollblütig gewesen und habe dabei zuweilen eine Spannung und Auftretung der Adern ⟨vgl. H 3,1⟩ und ein Stechen im Kopfe gefühlt. Dieser Zustand sey öfters durch Nasenbluten erleichtert worden. ⟨...⟩ Um sich seinen Zustand nicht merken zu lassen, habe er meistens wenig gesprochen, auch zuweilen das, was andere mit ihm gesprochen hätten, nicht recht gehört, weil es ihm immer vor dem rechten Ohre gesaust und gebraust habe. Zuweilen sey ihm auch dunkel ⟨vgl. H 3,1⟩ vor den Augen geworden und ihm gewesen, als ob er seinen Kopf nicht fühle. Zuweilen habe ihm dabei das Herz, unter einem Gefühl von krampfhafter Zusammenziehung, wie still gestanden, sich nachher gleichsam aufgeblasen und dabei sey ihm wohler geworden. Bei dergleichen Zufälle⟨n⟩ sey er manchmal sehr ärgerlich gewesen; auch könne er nicht läugnen, daß er überhaupt und besonders während seiner Dienstzeit oft zu viel Branntwein getrunken habe. Der Anfang dieser Zufälle habe sich gerade zu der Zeit ereignet, wo er zu Stralsund mit der Wienbergin Umgang gehabt ⟨vgl. H 4,2⟩, und seine Gedanken immer auf die Vollziehung seiner Verbindung mit ihr gerichtet habe. Da er nun deßhalb häufig zerstreut ⟨vgl. H 4,5⟩ gewesen, so habe ihm dieses allerhand

Johann Christian Woyzeck, 1824

Neckereien von seinen Kameraden zugezogen, weßhalb er sich von ihnen entfernt habe, und gleichgültig gegen alles und Menschenscheu geworden sey. Bei dieser Verstimmung hätten sich die vorhin gedachten Beängstigungen am Herzen und die Benommenheit des Kopfes vermehrt, so daß er zuweilen, wenn er lange die Gedanken auf etwas gerichtet, zuletzt gar nichts mehr gedacht habe.

Da er nun immer mehr vexirt worden sey, da er auch von den Officiers mancherlei unverdiente Kränkungen ⟨vgl. H 4,5; H 2,7⟩ habe erfahren müssen, und sich zugleich seiner beabsichtigten Heirath immer mehr Schwierigkeiten in den Weg gestellt hätten; so habe sich Groll, Bitterkeit und Mißtrauen gegen die Menschen überhaupt eingefunden. Er habe sich immer zwingen müssen, freundlich gegen die Menschen zu seyn, und es sey ihm gewesen, als ob ihn alle für den Narren halten wollten ⟨vgl. H 4,5⟩. Daher sey er sehr empfindlich geworden, so daß ihn das Geringste habe aufbringen können. Bei geringeren Veranlaßungen zum Unwillen habe er am ganzen Körper gezittert ⟨vgl. H 3,1⟩, aber dabei noch immer an sich halten können; bei stärkern Anreizungen aber sey ihm der Zorn in den Kopf und vor die Stirne gefahren, und habe ihn dergestalt überwältigt, daß er seiner nicht mehr mächtig gewesen. Namentlich habe er diese Abstufungen des Zornes bei seinen Zänkereien mit der Woostin wahrgenommen, und sich bei Verübung der Mordthat in einem solchen Zustande von Ueberwältigung befunden, daß er darauf losgestochen ⟨vgl. H 1,15⟩ habe, ohne zu wissen, was er thue. – Zuweilen sey es ihm dabei gewesen, als ob er eine Force habe, um alles zerreißen zu können, und als ob er die Leute auf der Gasse mit dem Kopfe zusammenstoßen müsse, ob sie ihm gleich nichts zu Leide gethan. Uebrigens habe er einen Gedanken, den er einmal gefaßt habe, nicht leicht wieder los werden können, besonders unangenehme Vorstellungen, und dabei öfters lange hinter einander immer auf einen einzigen Gegenstand hingedacht, bis ihm zuletzt ganz die Gedanken vergangen

seyen und er gar nicht mehr habe denken können. Dieses sey der Zustand der Gedankenlosigkeit gewesen, den er einigemal erwähnt habe, und der von ihm gewichen sey, wenn er die Gedanken auf einen andern Gegenstand gerichtet habe. Inzwischen ⟨h⟩abe ihn alles dieses nicht gehindert, alle seine Geschäfte ordentlich ⟨vgl. H 4,8 *Immer ordentlich*⟩ zu verrichten, und so habe er z. B. in diesem Zustand beim Regiment den Dienst eines Gefreiten, der ihm eigentlich nicht zugekommen, und wobei öfters zu schreiben gewesen, ohne Anstoß versehen. Sein ganzes Unglück aber sey eigentlich gewesen, daß er die Wienbergin habe sitzen lassen, da ihm doch seine Officiers späterhin zu dem Trauschein hätten behülflich seyn wollen. Blos dadurch, daß er hierzu keine Anstalten gemacht, sey sein vorher guter Charakter verbittert worden, weil es nun einmal vorbei gewesen sey, und er es nicht wieder habe gut machen können. Der Gedanke an sein Kind ⟨vgl. H 2,2 *Dein Kind?*⟩ und an diese von ihm verlassene Person sey ganz allein die Ursache seiner beständigen Unruhe geworden, und daß er nie habe einig mit sich selbst werden können. Späterhin habe er sich auch Vorwürfe wegen seines Umgangs mit der Woostin gemacht, da er doch eigentlich die Wienbergin habe heirathen sollen. Er habe sich daher auch geärgert, wenn die Leute von ihm gesagt hätten, daß er ein guter Mensch ⟨vgl. H 4,5 *ein guter Mensch*⟩ sey, weil er gefühlt habe, daß er es nicht sey.
Ueber seine Erscheinungen und die übrigen dahin einschlagenden Begebenheiten eröffnete er mir Folgendes:

I. Im Allgemeinen:

Er habe von jeher an die Bedeutung der Träume geglaubt und sie nach seiner Art auszulegen gesucht, wobei vieles zugetroffen habe. Vor Gespenstern habe er sich zwar eigentlich nie gefurchtet; allein da es doch Geister gäbe, so glaube er, daß diese durch Gottes Schickung auf den Menschen wirken und in ihnen allerhand Veränderungen hervor bringen könnten. Da ihm nun verschiedene Male in seinem Leben Dinge begegnet seyen, die er sich aus dem gewöhnlichen Laufe der Natur nicht habe erklären ⟨k⟩önnen ⟨vgl. H 2,6 *Wenn die Natur aus ist*⟩; so sey er auf den Gedanken gekommen, daß Gott sich auch ihm auf diese Weise habe offenbaren wollen, und sollte dieß auch nicht der Fall gewesen seyn, so könne er sich doch nicht überzeugen, daß diese Dinge blos in seiner Einbildung beruht haben sollten. – Zugleich gestand er auf Befragen, er habe die Gewohnheit gehabt, bald heimlich, bald, wenn er allein gewesen, laut mit sich selbst zu sprechen und dazu Gesticulationen zu machen ⟨vgl. H 4,12⟩, oder wie er sich ausdrückte, allerhand bei sich auszufechten.

II. Im Besonderen:

Schon auf seinen Wanderungen habe er von reisenden Handwerksburschen ⟨vgl. H 2,4; H 4,11⟩ allerhand nachtheilige Gerüchte über die Freimaurer ⟨vgl. H 4,1⟩ gehört, unter anderm, daß sie durch heimliche Künste, zu denen sie nichts als eine Nadel brauchten, einen Menschen ums Leben bringen könnten. Er habe dieses damals nicht geglaubt, glaube es auch jetzt nicht mehr, allein er habe sich doch immer mit diesem Gedanken beschäftiget und sich allerhand Vorstellungen gemacht, woran sich wohl die Freimaurer unter einander erkennen möchten. Da habe ihm einmal geträumt: er sehe drei feurige Gesichter am Himmel, von denen das mittlere das größte gewesen ⟨vgl. H 4,1⟩. Er habe diese drei Gesichter auf die Dreieinigkeit bezogen und das mittlere auf Christus, weil diese die größte Person in der Gottheit sey. Zugleich habe er gedacht, daß in dieser Zahl auch das Geheimniß der Freimaurer liegen ⟨k⟩önne, das ihm auf diese Art offenbart werden solle, und habe sich eingebildet, daß das Aufheben dreier Finger das Freimaurerzeichen sey. ⟨...⟩

Was nun seine einzelnen Visionen, besonders diejenigen, von denen in den Akten Erwähnung geschieht, anlangt, so erzählte er mir mit vieler Umständlichkeit folgendes:
⟨...⟩

2) Ueber den Vorfall am Schloßberge in Graudenz.

Er sey einst im October Abends, ungefähr um sieben Uhr, aus der Festung Graudenz nach der eine halbe Stunde davon entlegenen Stadt gegangen, und habe da am Himmel drei feurige Streifen gesehen, die nachher wieder verschwunden seyen. Als er sich umgesehen ⟨vgl. H 4,1 *Ein Feuer fährt um den Himmel*⟩, habe er an der entgegengesetzten Seite des Himmels einen einzelnen ähnlichen Streifen gesehen, und dabei Glockengeläute gehört, was ihm unterirdisch geschienen hätte ⟨vgl. H 4,1 *Alles hohl!*⟩. Weil er sich nun damals immer noch mit dem Gedanken an die Freimaurer beschäftiget und geglaubt habe, daß ihm schon einmal durch die drei feurigen Gesichter hierüber eine Offenbarung zu Theil geworden sey, so habe er sich eingebildet, daß dieses wohl ähnliche Beziehung haben könne, und daß wohl die Freimaurer ihr Zeichen verändert, und ein anderes gewählt haben möchten, worauf das Verschwinden der drei Streifen und das Erscheinen des Einzelnen hindeute. ⟨...⟩

4) Zu Erläuterung des Auftritts mit Warnecke.

Er sey grob gegen Warnecke gewesen, weil er geglaubt habe, daß ihn dieser für den Narren haben wolle. – Den Ausdruck: der Kerl pfeift dunkelblau* ⟨vgl. H 4,14⟩,

* Hierbei ist zu bemerken, daß der Ausdruck: der Kerl pfeift dunkelblau, unter dem niedrigen Pöbel in hiesiger Stadt ein sehr gewöhnlicher Provinzialismus ist, und ungefähr so viel bedeutet, als: er macht sich gewaltig breit.

habe er mehrmals gehört, könne aber nicht mehr sagen, was er damals eigentlich damit gemeint habe. Die Reime an Warnecke hätten sich darauf bezogen, daß dieser einmal auf der Redoute den türkischen Kaiser vorgestellt habe. Seine Absicht sey gewesen, daß er ihm seine Grobheit nicht nachtragen solle.

5) Ueber die Vorfälle beim Zeitungsträger Haase.

⟨...⟩ Zu dieser Zeit sey das Brausen in seinen Ohren sehr heftig gewesen, es habe ihm gedäucht, als ob ihm von oben her Hitze auf den Kopf ginge, und als ob ihm der Kopf zerspringen solle. Dabei habe er Schmerz in den Schläfen, Herzklopfen, allgemeine Hitze im ganzen Körper, und Schweiß vor der Stirne gehabt ⟨vgl. H 3,1⟩. Auf dem gedachten Verschlage habe er es in der Nacht, und nachher auch bei Tage, öfters knistern und rumoren hören, und sich dabei des Gedankens nicht erwehren können, daß es Geister wären ⟨vgl. H 4,13⟩. Um diese Zeit habe ihm einmal von einem Geiste geträumt, der zu ihm gesagt hätte: ich werde dir einen andern schicken! worauf er selbst im Traume geantwortet habe: ich fürchte mich nicht! –
Sechs Tage nachher, also gerade so lange, als nach einem ähnlichen Traume in Stettin, sey er Abends nach zehn Uhr in seine Kammer gekommen, und habe die Thüre schon zugemacht gehabt. Da habe auf dem Verschlage eine ganz feine Stimme, wie die eines jungen Frauenzimmers, die Worte gesagt: o komm doch! Es hätten sich ihm die Haare in die Höhe gesträubt, und er sey sogleich herunter zu Haasens gelaufen, wo er drei Nächte zugebracht habe. – Ein andermal, als er am Tage in dieser Kammer gesessen, und eben eine Arbeit beendiget, habe er in der Nebenkammer eine Stimme gehört, welche gesagt: was macht er nun? Als er nachgesehen, sey niemand in der Kammer gewesen. – Darauf habe es ihm einmal die Worte: aufs

Deckbette, aufs Deckbette, und ein anderes Mal: auf dem Teller, auf dem Teller, zugeflüstert, wovon er auch der Haasin erzählt habe. Weil er aber von Haasens darüber ausgelacht worden, habe er ihnen nachher nicht mehr alles gesagt. – Einmal sey ihm gewesen, als ob eine Stimme mit ihm spräche und eine dritte dazwischen sage: die erzählen sich einander etwas. Meistens habe es ihm geschienen, als ob sich zwei miteinander stritten, gleichsam eine warnende Stimme, und eine andere, die ihn wolle auf Abwege führen. Er habe sich wohl zuweilen die Vorstellung gemacht, dieß sey die Stimme des Gewissens, aber das könne doch nicht laut sprechen. Mehrmals bediente er sich bei diesen Erzählungen des Ausdrucks: Es habe um ihn geschrieen ⟨vgl. H 1,6 *jezt brüllt es*⟩. Als ich ihn aber deßhalb genauer befragte, nahm er diesen Ausdruck zurück und sagte: er habe diese Stimme immer nur leise ⟨vgl. H 1,6⟩ vernommen, aber doch so, daß er sie wirklich habe hören können. Uebrigens versicherte er zu wiederholten Malen, er habe diese Stimme immer nur mit dem rechten Ohre gehört. Gewöhnlich sey es ihm gewesen, als ob Jemand auf seiner rechten Seite neben ihm gehe, und ihm zuflüstere ⟨vgl. H 4,12⟩. ⟨...⟩ In dem Sommer, wo er bei Haasens gewohnt, habe ihn der Gedanke an Selbstmord auch immer verfolgt, und er habe; als er einmal Baden gegangen sey, die Stimme gehört: Spring ins Wasser, spring ins Wasser! ⟨Vgl. H 1,16.⟩

Die hier beschriebenen Beängstigungen und Beunruhigungen durch Stimmen hätten übrigens zur Zeit seines Aufenthalts bei Haasen ihren höchsten Grad erreicht, und sich nachher allmählich beruhigt und vermindert.

Seine Eifersucht gegen die Woostin schreibe sich von der Zeit her, wo er bei dem Stadtsoldaten Pfeiffer gewohnt habe. Als in Gohlis die Kirmse gewesen, habe er Abends im Bette gelegen, und an die Woostin gedacht, daß diese wohl dort mit einem anderen zu Tanze seyn könne ⟨vgl. H 4,13⟩. Da sey es ihm ganz eigen gewesen, als ob er die Tanzmusik,

Violinen und Bässe ⟨vgl. H 1,6 *die Geigen und die Pfeifen*⟩ durcheinander, höre, und dazu im Takte die Worte: Immer drauf, immer drauf! ⟨vgl. H 4,11–13⟩ Kurz vorher habe ihm von Musikanten geträumt, und das habe ihm immer was übles bedeutet. Am andern Tage habe er gehört, daß die Woostin wirklich mit einem andern in Gohlis gewesen sey, und sich lustig gemacht habe! ⟨Vgl. H 1,8 *Hast nix gehört?*⟩

5) In Ansehung der Ereignisse von der Neujahrs- bis zur Ostermesse des Jahres 1821, ingleichen der Vergehungen, die er sich während dieser Zeit zu verschiedenen Malen gegen die Woostin erlaubt hat, blieb er ganz bei seinen in den Verhören erstatteten Aussagen stehen, und versicherte, daß er zu denselben blos durch Eifersucht, wozu ihm diese Person häufig Gelegenheit gegeben, keineswegs aber durch die Stimmen, die sich um ihn vernehmen lassen, veranlaßt und gereizt worden sey. Ueberhaupt habe sie ihn schon lange vorher, für den Narren gehabt, ihm manchmal schnöde begegnet, ihm einmal, als er beleidigt von ihr gegangen, zum Fenster heraus nachgerufen: Du kannst abkommen, und ihn überhaupt wegen seiner Armuth verachtet, dennoch aber sich manchmal wieder mit ihm abgegeben. Während er bei der Wittigin gewohnt habe, sey es ihm einmal, als die Woostin vor dem grimmaischen Thore von ihm Abschied genommen, und ihm noch aus der Entfernung dreimal: Leb' wohl! zugerufen habe, gewesen, als ob eine Stimme zu ihm sage: Sie will nichts von Dir wissen. – Die Stimme: Stich die Frau Woostin todt! ⟨vgl. H 4,12 und 13⟩ habe er auf der Treppe nach seinem Logis gehört, als er eben die Degenklinge gekauft gehabt, und sie mit dem Gedanken besehen habe, daß sich daraus müßten hübsche Messer machen ⟨vgl. H 1,8; H 1,11; H 4,13⟩ lassen. Uebrigens habe er, wie er wiederholt, und in mehreren Unterredungen versicherte, diese Stimme nur dieses einzige Mal, und nachher nie wieder gehört, auch seyen in den acht Tagen vor der Mordthat, wo er herberglos herumgelaufen,

und weil er kein Geld gehabt, weniger Schnaps getrunken habe, die Beängstigungen geringer, und die Stimmen seltner gewesen. Am Tage der Mordthat selbst aber habe er gar keine Beängstigungen gehabt, und gar keine Stimmen gehört, auch an die Stimme die ihn aufgefordert, die Woostin zu erstechen, gar nicht gedacht, wohl aber habe der Gedanke, die Woostin zu erstechen, ihn von jenem Augenblick an unablässig verfolgt, sey jedoch immer nur ein Uebergang und gleich wieder vorbei gewesen, auch habe er, um ihn los zu werden, den Degen in den Teich vor dem grimmaischen Thore werfen ⟨vgl. H 1,12; H 1,20⟩ wollen. Was die Ereignisse des Tages betrifft, an dem die Mordthat geschehen ist, so versichert er zwar fortwährend, daß ihm davon nur ein dunkles Andenken geblieben sey. Dennoch erinnerte er sich nicht nur vollkommen deutlich an die Ha⟨u⟩ptumstände: nämlich daß er schon am Morgen dieses Tages die Woostin unter einem falschen Vorwand aufgesucht, den ganzen Tag herumgelaufen, die Degenklinge, in der Absicht zu morden, abgeholt, und den Griff daran befestigt ⟨vgl. H 4,15⟩, die Woostin, der er vor dem Petersthore zufällig begegnet sey, nach Hause begleitet u⟨n⟩d ihr in der Hausflur mehrere Stiche ⟨vgl. H 1,15⟩ beigebracht habe; sondern er fügte auch noch ungefragt mehrere, bei den Akten noch nicht erwähnte Umstände hinzu, nämlich daß er am Mittage dieses Tages bei Herrn Lacarriere gewesen sey, ihm das nachher gefundene Bittschreiben überreicht, von ihm acht Groschen Allmosen, unter Zurückgabe des Briefes erhalten, und dafür sich zu essen habe geben lassen; ferner, daß er, als ihm die Woostin begegnet, sich zwar anfänglich gefreut habe, daß aber diese Freude bald vorbei gewesen sey, als er gemerkt, daß sie seine Begleitung nicht gerne sehe, aus Furcht, sein Nebenbuhler möchte sie mit ihm gehen sehen, weßhalb er auch mehr ihr zum Tort noch mitgegangen sey; endlich: daß ihm die Woostin, als sie miteinander ins Haus getreten, die Worte gesagt habe: Ich weiß gar nicht, was du willst! so geh' doch nur nach Hause! Wenn nun mein Wirth raus kommt. Diese Worte hätten ihn geärgert, und da habe ihn der Gedanke an das Messer und an seinen Vorsatz plötzlich wieder mit aller Macht ergriffen, und ihn mit einem Male dergestalt überwältiget, daß er darauf zugestoßen habe, ohne zu wissen, was er thue. ⟨...⟩

I. Medicinisch, psychologische Entwickelung der theils aus den Akten geschöpften, theils selbst beobachteten Thatsachen.

1) Die an dem Inquisiten theils von mir beobachteten, theils von ihm selbst erzählten und wegen ihres natürlichen und erfahrungsmäßigen Zusammenhangs für völlig glaubwürdig zu achtenden körperlichen Zufälle ⟨...⟩ beweisen: daß derselbe sich in derjenigen krankhaften Anlage befinde, die man ehedem Vollblütigkeit und Neigung zu Wallungen und Congestionen des Blutes genannt, in neuern Zeiten aber durch die Ausdrücke: venöse Constitution, und erhöhten Venenturgor näher zu bezeichnen versucht hat, u⟨n⟩d die ihrem Wesen nach, in vermehrter Reizbarkeit und unregelmäßiger Thätigkeit des Gefäß- und besonders des Venensystems gegründet ist ⟨...⟩. Uebrigens muß hier, um allen Mißverständnissen und unrichtigen Deutungen vorzubeugen, ausdrücklich erinnert werden, daß vor der Hand blos eine Anlage zu solchen Uebeln, keineswegs aber eine schon wirklich ausgebildete Krankheit des Herzens und der Gefäße, oder irgend eine andere Krankheit, wie sie auch immer Namen haben möge, vorhanden sey.

2) ⟨...⟩ Daß auch Woyzecks Benommenheit und seine finstere menschenscheue und reizbare Gemüthsstimmung von der körperlichen Anlage abhängig gewesen sey, kann nicht bezweifelt werden, besonders, wenn man erwägt, daß seinen Erzählungen zu Folge, beide gleichen Schritt gehalten haben. ⟨...⟩ So wie übrigens die tägliche Erfahrung lehrt, daß Personen, welche sich in dieser Anlage befinden, im Stande sind,

allen ihren bürgerlichen und moralischen Pflichten zu genügen, so sagt auch Woyzeck, daß ihn alles dieses nicht gehindert habe, seine Geschäfte ordentlich zu besorgen, und mehrere Aeußerungen von ihm, z. B. daß er absichtlich wenig gesprochen habe, um seinen Zustand nicht merken zu lassen, und daß durch Richtung der Gedanken auf einen andern Gegenstand, die Benommenheit des Kopfes sich verliere, geben zu erkennen, daß bei ihm die Freiheit des Willens in diesem Zustande keineswegs aufgehoben gewesen sey.

3) Der Inquisit hegt allerhand irrige, phantastische und abergläubische Einbildungen von verborgenen und übersinnlichen Dingen, denen bei ihm theils Mangel an Kenntniß und Erziehung, theils Leichtgläubigkeit zum Grunde liegt, und die durch Neugier, durch einen natürlichen Hang, über dergleichen Dinge nachzugrübeln ⟨vgl. H 4,5 *du denkst zuviel*⟩, und durch die, in seiner hypochondrischen Stimmung begründete Scheu, sich mitzutheilen, genährt und unterhalten worden ist. ⟨...⟩ – Eben dahin gehört ferner seine Vorstellung von der Wichtigkeit der Träume, von denen er glaubt, daß sie theils buchstäblich in Erfüllung gehen, theils eine allegorische Bedeutung haben, vermöge deren durch sie bald verborgene Dinge, z. B. die von ihm als sehr wichtig betrachteten Zeichen der Freimaurer, angezeigt, bald die Zukunft enthüllt werde. – – Aus derselben Quelle entspringt endlich auch sein Glaube an die Möglichkeit materieller Wirkungen der Geisterwelt und selbst an Verkörperung der Geister oder Geistererscheinungen. Die von ihm dafür gehaltenen Ereignisse, sind offenbar von doppelter Art, nämlich theils solche, wo er aus Furcht und phantastischer Einbildung irgend eine äußere, natürliche Erscheinung, ohne sie näher zu untersuchen, für eine Wirkung übersinnlicher Wesen gehalten hat, theils solche, bei denen durch seinen unruhigen Blutumlauf eine Sinnestäuschung veranlaßt, diese aber durch die bei ihm vorwaltenden abergläubischen Vorstellungen zu einer übernatürlichen Erscheinung gestempelt worden ist.

⟨...⟩ Daß übrigens die Einbildung, fremde Stimmen zu hören, bei Personen, die an Wallungen des Blutes, oder an Unterleibskrankheiten ⟨vgl. H 3,1 *Erbsen*; H 4,8⟩ leiden, eine nicht ungewöhnliche Erscheinung und keineswegs nothwendig und in allen Fällen mit einer Hemmung, oder mit einem Verlust des freien Verstandesgebrauches verbunden sey, werde ich weiter unten durch mehrere Fälle aus meiner eignen Beobachtung beweisen.

II. Folgerungen, die aus vorstehenden Thatsachen für die Zurechnungsfähigkeit des Inquisiten gezogen werden können.

Wenn die Frage entsteht: ob der von dem Inquisiten angegebene Zustand von Angst, Unruhe und Benommenheit des Kopfes und seine damit als nächste Wirkungen in Verbindung stehenden Vorstellungen von Geisterlärm und Zuruf von fremden Stimmen die Zurechnungsfähigkeit desselben in so fern zu vermindern, oder aufzuheben vermögen, als sie bei ihm entweder überhaupt ein Hinderniß für den freien Gebrauch des Verstandes gewesen sind, oder als ein direkter Antrieb zu der That selbst betrachtet werden können, und ob sich von dem einen oder von dem andern, vor, bei und nach der That Spuren nachweisen lassen, so ist hierüber folgendes zu bemerken:

1) Was das daraus möglicher Weise hervorgehende Hinderniß für den freien Verstandesgebrauch überhaupt anlangt; daß zwar: a) ein unregelmäßiger Blutumlauf und Congestionen des Blutes nach dem Kopfe, oder diejenige krankhafte Anlage, die sich bei dem Inquisiten durch die mehrmals erwähnten Beängstigungen, Herzklopfen, Benommenheit des Kopfes, Ohrenbrausen etc. offenbart hat, so wie sie als entfernte und vorbereitende Ursache zu vielen andern Krankheiten, z. B. zu Blutflüssen, Hypochondrie, Fehlern des Herzens, Gicht, Steinbeschwerden

etc. betrachtet werden muß, eben so auch öfters als Anlage zu Gemüthskrankheiten beobachtet wird, b) Woyzeck in Folge dieses Zustandes sich in einer finstern, hypochondrischen Stimmung befunden: sich von andern zurückgezogen, bei anhaltender Richtung der Gedanken auf einen Gegenstand zuletzt gar nichts mehr gedacht und sich mit allerhand leeren Einbildungen gequält hat; c) Wahnsinnige ebenfalls zuweilen ohne objektive Veranlassung, Töne und Stimmen zu vernehmen und sich mit Personen zu unterhalten glauben, die nicht vorhanden sind; daß aber dagegen

ad a) die Anlage zu einer Krankheit etwas ganz anderes ist, als die Krankheit selbst, und der vorgedachte krankhafte Zustand des Gefäß- und insbesondere des Venensystems, ob er gleich die vorbereitende Ursache zu einer Gemüthskrankheit werden kann, dessen ungeachtet noch keine Gemüthskrankheit ist ⟨...⟩;

ad b) Eine finstere und zugleich reizbare Gemüthsstimmung, Menschenscheu, Liebe zur Einsamkeit, Benommenheit des Kopfes, Verminderung der gewohnten Kraft einen Gegenstand des Nachdenkens lange zu verfolgen, Zerstreuung und momentane Unfähigkeit zum Nachdenken überhaupt, oder auch Beschäftigung mit unwillkührlich sich aufdringenden Bildern, einer trüben Einbildungskraft, deren man sich oft mit aller Kraft des Willens nicht erwehren kann, bloß Symptome der Hypochondrie sind, welche, wie unzählige Erfahrungen bei den achtbarsten, geistreichsten und thätigsten Männern lehren, den freien Gebrauch des Verstandes nicht im mindesten beschränken, oder gar aufheben. Sollte gegen diese Ansicht der Einwurf erhoben werden, daß eine solche reizbare Gemüthsstimmung wenigstens in sofern die Schuld eines in diesem Zustand begangenen Verbrechens vermindere, als es einem Menschen, der sich in demselben befindet, schwerer werden muß, gegebenen Anreizungen zu widerstehen; so müßte ich allerdings es richterlichem Ermessen anheimstellen, zu entscheiden, ob Temperamentsfehler, wie dieser, nicht blos die moralische, sondern die legale Schuld eines Vergehens vermindern, weil über die Schuld überhaupt, so wie über das Mehr oder Weniger derselben, und insbesondere der moralischen, dem gerichtlichen Arzt kein Urtheil zustehet, am wenigsten, wenn er nicht ausdrücklich darum gefragt wird, zugleich aber vom gerichtlich-medizinischen Standpunkt aus erinnern, daß hier nicht von der Leichtigkeit oder Schwierigkeit, sondern von der Möglichkeit oder Unmöglichkeit leidenschaftlichen Antrieben zu widerstehen, die Rede sey. Erst da, wo diese Möglichkeit aufhört, ist die Grenze der Zurechnungsfähigkeit, welche die gerichtliche Medicin festhalten muß, wenn sie sich nicht in endlose Verwirrungen verlieren und zum Deckmantel aller und jeder Verbrechen herabgewürdigt werden soll. Um aber annehmen zu können, daß ein Mensch, bei Begehung eines Verbrechens, jenseits dieser Grenze gestanden habe, muß erwiesen werden, entweder, daß sich vor, bei oder nach der That in dem Erkenntniß- und Urtheilsvermögen, in den Reden und Handlungen desselben, Abweichungen vom gesunden Seelenzustande überhaupt offenbart haben, oder daß derselbe, ohne durch die gewöhnlichen, leidenschaftlichen Motive angereizt worden zu seyn, nach einem ungewöhnlichen, blinden und instinktartigen Antriebe gehandelt habe. Daß weder das Eine noch das Andere bei Woyzeck der Fall gewesen sey, wird sich aus dem Folgenden näher ergeben und ich bemerke daher hier blos vorläufig, um der Vermuthung zu begegnen, als ob diese körperliche Anlage und reizbare Gemüthsstimmung dennoch vielleicht gerade in diesem individuellen Falle die Möglichkeit, mit Willensfreiheit zu handeln, aufgehoben haben könne; daß es dem Inquisiten mit derselben Willensfreiheit, mit der er wenige Augenblicke nach der That den Selbstmord unterließ, weil zu viele Leute in der Nähe waren, auch möglich gewesen seyn würde, die That selbst zu unterlassen.

ad c) Sinnestäuschungen und Verwechslung subjektiver Empfindungen mit objektiven Vorstellungen selbst bei ge-

sundem und noch viel öfter bei krankhaften Zustande der Sinnesorgane und der mit derselben in Beziehung stehenden Organe und Systeme, besonders des Verdauungs- des blutführenden und des Nervensystems, sehr häufig vorkommen, und zu falschen Urtheilen und Schlüssen, zu Irrthümern und Vorurtheilen Gelegenheit geben, ohne im Uebrigen dem freien Vernunftgebrauch Eintrag zu thun. ⟨...⟩ So kommen schon im gemeinen Leben häufig Beispiele vor, daß Personen, die an Blutandrang oder an Blähungen und andern Unterleibsbeschwerden leiden, allerhand Töne, Musik, Glockengeläute, entfernte Stimmen, das Rufen ihres Namens u. dergl. zu vernehmen glauben. ⟨...⟩
Hierzu kommt noch, daß
d) Sinnestäuschungen und namentlich die Einbildung, ohne objektive Veranlassung Töne und Stimmen zu vernehmen, wenn sie sich zu irgend einer Seelenkrankheit, sie sey nun Wahnsinn oder Narrheit, Tollheit, Melancholie u. s. w. gesellten, niemals isolirt erscheinen, sondern jedesmals mit andern allgemeinen Symptomen einer Seelenstörung verbunden sind, die nach Maaßgabe der speziellen Form der Krankheit, verschiedene Farben und Schattirungen annehmen. Zu diesen allgemeinen Symptomen gehören: ein ungewöhnliches, auffallendes und phantastisches Betragen gegen Andere, unzusammenhängende, verworrene, die Empfindung, oder die Leidenschaft, von der das Innere erfüllt ist, verrathende, Aeußerungen, zweckwidrige, widersinnige Fragen und Handlungen, ein wildes ungestümmes, zänkisches oder stumpfsinniges und starres Wesen, Vernachlässigung der natürlichen Bedürfnisse und der gewohnten Beschäftigungen. Von allen diesen Symptomen ist keines bei dem Inquisiten beobachtet worden, sondern alle Zeugen stimmen darin überein, daß er vor, während und nach den Perioden, wo ihm dergleichen Sinnestäuschungen widerfahren sind, ein verständiges, sittsames, besonnenes, ruhiges und friedliches Betragen beobachtet und seine Geschäfte ordentlich besorgt habe. Aus eben diesem

Grunde können daher auch die Traurigkeit, Niedergeschlagenheit und Verschlossenheit, die man zuweilen an ihm bemerkt hat, nicht als Symptome einer Seelenstörung angesehen werden, weil man dann mit gleichem Rechte alle diejenigen für geisteskrank erklären müßte, die sich wegen körperlicher Beschwerden, Nahrungslosigkeit oder Gewissensunruhe in einer ähnlichen Stimmung befinden, und die auch bei Woyzeck, allen Umständen und seinem eignen Geständniß nach, aus diesen Ursachen, besonders aus den beiden letztgedachten, herzuleiten ist, wie solches besonders aus seinem Geständniß über die Wienbergin erhellet.

2) Was die Möglichkeit betrifft, daß in der, im Vorhergehenden geschilderten, körperlichen und geistigen Verfassung des Inquisiten, gesetzt auch, daß sie als eine wirklich ausgebildete Seelenstörung nicht zu betrachten sey, dennoch ein ausserordentlicher, blinder und unwillkürlicher Antrieb zu der von ihm begangenen Mordthat verborgen gelegen haben könne, und mithin dieser Zustand als stille Wuth *(amentia occulta)* betrachtet werden müsse; so läßt sich für diese Vermuthung anführen:

a) daß der Inquisit, seinen Erzählungen zufolge, bei seinen Blutwallungen und Beängstigungen und bei seinem Unmuth über widrige Schicksale, öfters Groll und Widerwillen gegen die Menschen überhaupt gehegt, und eine ungewöhnliche Kraft, als solle er alles zerreißen, gefühlt hat, wobei ihm zuweilen gewesen, als solle er die Leute auf der Gasse, auch wenn sie ihm nichts zu Leide gethan, mit den Köpfen aneinander stoßen;

b) daß ihm, bei Besichtigung des nachherigen Mordinstruments, eine unsichtbare Stimme zugerufen haben soll: Stich die Frau Woostin todt;

c) daß er in der ersten Zeit nach seiner Verhaftung keine Reue gezeigt hat, welches man oft bei denen bemerkt haben will, die nach einem gebundenen Vorsatz handeln;

d) daß er sich der Begebenheiten des Tages, an dem er die Mordthat begangen hat, nicht mehr deutlich erinnert.
⟨...⟩
Dieses vorausgesetzt erinnere ich:
ad a) daß Unmuth, Unzufriedenheit mit sich selbst, Argwohn, Mißtrauen und Bitterkeit gegen andere, Reizbarkeit zum Ausbruche eines ungerechten Zorns auf leichte Veranlaßungen u. s. w. bei Personen, die an Blutbeschwerungen, Hypochondrie, Hämorrhoiden und dergl. leiden, ärztlicher Erfahrung zufolge, viel zu häufige Erscheinungen sind, um in ihnen eine unvermeidliche Nothwendigkeit und einen blinden instinktartigen Trieb zu verbrecherischen Handlungen zu finden, da Tausende von Menschen, bei gleicher Mißstimmung sich in den gesetzlichen und moralischen Schranken zu halten wissen. ⟨...⟩
ad b) Was überhaupt von den fremden Tönen und Stimmen und insonderheit von dem Zurufe: Stich die Frau Woostin todt, zu halten, und daß der letztere sammt Antwort und Gegenantwort, nichts anderes sey, als ein Selbstgespräch Woyzecks beim Erwachen des ersten Gedankens zur Mordthat, dieses alles ist bereits oben, wie ich hoffe, mit überzeugenden Gründen, dargethan worden, so daß hierüber nichts hinzugefügt werden kann. ⟨...⟩
ad c) Mangel an Reue für sich allein beweist eben so wenig für als gegen die Zurech⟨n⟩ungsfähigkeit einer Handlung, weil er aus sehr verschiedenen Ursachen entstehen kann, die sich blos aus den übrigen Umständen erkennen lassen. ⟨...⟩
ad d) Ist zu bemerken, daß sich Woyzeck in dem Verhör am 4. Juni 1821 aller Vorfälle des Tags, an dem die That geschehen, so weit er darüber befragt worden ist, sehr umständlich erinnert, und sogar Personen namhaft gemacht hat, die er bei seinem Herumlaufen gelegenheitlich habe sprechen wollen ⟨...⟩. Es ist daher nach allen Umständen bei der That selbst anzunehmen, daß das Uebergewicht der Leidenschaft über die Vernunft die einzige Triebfeder derselben gewesen sey. Eben so wenig läßt sich

f) aus Woyzecks Benehmen nach der That ein Beweis für die Existenz eines krankhaften Gemüthszustandes überhaupt, oder eines individuellen und ungewöhnlichen Antriebes herleiten. Er entfernte sich im Geschwindschritt, wie jeder andere Verbrecher gethan haben würde, weil ihn Niemand aufhielt. ⟨...⟩

Aus den im Vorhergehenden dargestellten Thatsachen und erörterten Gründen schließe ich: daß Woyzecks angebliche Erscheinungen und übrigen ungewöhnlichen Begegnisse als Sinnestäuschungen, welche durch Unordnungen des Blutumlaufes erregt, und durch seinen Aberglauben und Vorurtheile zu Vorstellungen von einer objektiven und übersinnlichen Veranlassung gesteigert worden sind, betrachtet werden müssen, und daß ein Grund, um anzunehmen, daß derselbe zu irgend einer Zeit in seinem Leben, und namentlich unmittelbar vor, bei und nach der von ihm verübten Mordthat sich im Zustande einer Seelenstörung befunden, oder dabei nach einem nothwendigen, blinden und instinktartigen Antriebe, und überhaupt anders, als nach gewöhnlichen leidenschaftlichen Anreizungen gehandelt habe, nicht vorhanden sey.
⟨...⟩
Mittlerweile wurde (14. Feb.) auf des Vertheidigers Antrag von dem Stadt- und Landgericht zu Stralsund über Woyzecks Vernehmen allda Erkundigungen eingezogen. Aus der Befragung von sechs Personen, unter denen sich sein Hauswirth, die erwähnte Wienbergin, sein ehemaliger Feldwebel und mehrere Kameraden befanden, ergab sich, daß Woyzeck beim Regimente den Namen Wutzig und einen falschen Vornamen geführt, dem Trunk sehr ergeben, auch einmal, wegen eines Diebstahls, auf sechs Monate unter die Sträflinge versetzt gewesen sei, daß man aber weder von seinen angeblichen Erscheinungen etwas erfahren, noch irgend etwas Auffallendes in seinen Reden und Handlungen, oder gar Zeichen von Geistesverwirrung oder von Anlage dazu,

an ihm bemerkt habe. Insonderheit gibt die Wienbergin, deren mit Woyzeck erzeugtes Kind sich noch am Leben befindet, an, daß sie mit seinem Benehmen immer sehr zufrieden gewesen sei, daß er sich aber theils durch Eifersucht, theils durch Trunkenheit oft zu Härte und zu Thätlichkeiten gegen sie habe verleiten lassen. Uebrigens gab sie aus dem Gedächtniß den Inhalt eines verlornen Briefes von ihm zu Protokoll, dessen zum Theil räthselhafte Ausdrücke sie aus seiner Eifersucht und Trunkfälligkeit erklärlich findet. (3. Apr.)

Die medizinische Fakultät allhier fand kein Bedenken in ihrem hiernächst unterm 17. April eingegangenen Responsum das von mir abgegebene Gutachten in seinem ganzen Umfange zu billigen und zu bestätigen, wobei sie sich zugleich aus Gründen gegen die Zulässigkeit eines zweiten Arztes bei Untersuchung zweifelhafter Seelenzustände erklärt, und die von mir aufgestellten Grundsätze zur Bestimmung der Fälle, in denen allein ein blinder Antrieb zu verbrecherischen Handlungen anzunehmen sei, geeignet findet, bei Untersuchung und Bestimmung ähnlicher Fälle als Norm zu dienen. ⟨...⟩

Dokument 2

⟨Ernst⟩ Horn: Gutachten über den Gemüthszustand des Tobacksspinnergesellen Daniel Schmolling, welcher den 25sten September 1817 seine Geliebte tödtete. In: Archiv für medizinische Erfahrung im Gebiete der praktischen Medizin und Staatsarzneikunde. Herausgegeben von ⟨...⟩ Dr. Horn in Berlin, Dr. Nasse in Bonn und Dr. Henke in Erlangen. Jg. 1820 (März/April). Berlin: G. Reimer 1820. S. 292–367.

Am 25sten September 1817 Abends nach 7 Uhr, hörten der Mauermeister G. und dessen Schwager, der Schneidermeister M., auf ihrem Rückwege von der Hasenheide nach der

Stadt ⟨vgl. H 1,16⟩, in dem nach dem K-Thore führenden Kieselgange, Jemand um Hülfe rufen ⟨vgl. H 1,15⟩. Als sie näher hinzukamen, fanden sie am Ende des Ganges ein Mädchen liegen, winselnd, und auf Befragen erzählend, daß sie von ihrem Geliebten ins Herz gestochen sey. Und ein Mann trat hinzu, der sich auf das daliegende Mädchen mit den Worten hinwarf: »Meine Jette, wenn du stirbst, sterbe ich auch!« –

⟨...⟩ er habe sein Mädchen, die unverehlichte H. L. an dem genannten Abende mit einem Tischmesser erstochen. Er habe dieses Messer gefunden ⟨vgl. H 1,11⟩, und sich desselben bedient Taback zu schneiden, und nachdem ihm eingefallen sey, die L. damit zu erstechen, habe er das Messer bei sich behalten. Während der letzten drei Tage führte er dasselbe in jener Absicht bei sich, und konnte seitdem, wie er versichert, das Messer gar nicht mehr von sich lassen. ⟨...⟩ Den Gedanken, die L. zu ermorden, habe er während der letzten 3 Wochen vor Ausführung derselben mit sich herum getragen; doch habe er erst während der drei letzten Tage die That fest in seinem Herzen beschlossen. Er habe die Absicht gehabt, sich auch gleich zu erstechen, wenn die L. von ihm erstochen sein würde. Nach ihrem Tode habe er auch nicht länger leben mögen, um den Gerichten und dem Magistrate nicht zur Last ⟨zu⟩ fallen und seiner Familie keine Schande zu machen, welche doch mit seiner Hinrichtung verbunden gewesen wäre. Nachdem er die L. erstochen, schien es ihm, als sähe er von der andern Seite des Fahrweges 3 Soldaten herkommen. Er lief deshalb ⟨vgl. H 1,15⟩ um die Ecke den Gang herum, und wollte über einen Graben springen, an einer Stelle, wo ein Durchweg zu sein schien, um jenseits des Grabens, der Stelle gegenüber, wo er die L. erstochen hatte, sich selbst zu erstechen.

Es sei seine Absicht gewesen, die L. bald nach Ostern 18. zu heirathen, und sie hätten sich wechselseitig die Ehe versprochen. ⟨...⟩

⟨Schmolling selbst habe berichtet:⟩

Wir gingen hierauf zusammen die Allee hinunter, und die L. gab mir ein wenig von ihrem Butterbrodte ab. Der L. gab ich ein wenig von dem mitgenommenen Speck, und von meinem Schnaps zu trinken. ⟨...⟩

Ich bat die L. sich noch ein wenig bei mir zu setzen ⟨vgl. H 1,15⟩, weil ich sie im Sitzen besser als im Stehen ermorden konnte. Wir setzten uns an einen der Weidenbäume nieder, und als wir hier neben einander saßen, sie links von mir, umarmte ich sie mit meinem linken Arme, und fragte sie: Wenn ich hier so sterben thäte, würdest du dann wohl mit mir sterben?

Da antwortete sie, daß ich mir doch solche Gedanken nicht machen sollte, doch setzte sie hinzu: wenn du stirbst, dann sollte kein Anderer mehr an meine Seite kommen.

Als sie dieses antwortete, hatte ich mein Messer schon aus dem Aermel herausgenommen, und hielt es in der Hand.

Dieses nahm ich jetzt, und stieß ihr dasselbe in die Herzgrube, wobei ich noch sagte: »Nun so soll auch keiner an deine Seite kommen, und dann ist auch hier der Fleck, wo wir beide sterben wollen.«

Ich suchte ihr das Messer gerade ins Herz zu stechen, damit sie sich nicht lange quälen, sondern gleich todt sein sollte.

Ich stach das Messer ganz hinein, bis an die Schaale, woran ich es hielt.

⟨...⟩

Dann zog ich das Messer sogleich wieder heraus, da griff die L. nach dem Messer, hielt es, und sagte mir: ich sollte sie nicht mehr stechen, und ich antwortete, ich wollte sie auch nicht mehr, sondern mich selbst erstechen, worauf sie das Messer loslies. Ich sprang auf, riß mir den Rock auf, um mich selbst zu erstechen.

Da sah ich von der andern Seite des Fahrweges, jenseits des Ganges, drei Leute, wie Soldaten, kommen. Ich sprang darum um die Ecke den Kieselgang hinein, und fand eine Art Durchweg über den Graben. Hier wollte ich durch springen und dann jenseits des Grabens, der L. gegenüber, auch mich erstechen. Ich sprang aber gegen einen Strauch, der mir das Messer aus der Hand schlug. Ich suchte nach demselben ⟨vgl. H 1,19⟩ im Gange, konnte es aber nicht finden. Jetzt kamen Leute herbei, ich ging daher raschen Schrittes nach der Wiese zurück, rechts um die Ecke, vor der L. vorüber, die noch auf demselben Flecke lag, wo ich sie erstochen hatte ⟨vgl. H 1,19⟩, und gieng, ohne mich bei ihr aufzuhalten, schnell, dann langsamen Schrittes, um einen Stein zu suchen, und mir damit den Kopf einzuschlagen. ⟨...⟩ Zugleich hörte ich in der Entfernung, daß man von erstechen sprach, und es schien mir, als hielte man Jemand an, den man für den Thäter hielt. Darum wollte ich mich lieber selbst angeben, und dem Richter überliefern. Auf dem Rückwege fühlte ich z⟨u⟩fällig die Schnapsflasche in meiner Tasche, und trank, da mir so wunderlich zu Muthe war, den Rest aus.

Als ich zurück kam, fand ich die L. nicht mehr an demselben Flecke, sondern an dem Gange neben dem Zaun liegend, und neben ihr stand ein Mann, der noch mehrere rief.

Ich bückte mich über die L. hin, und fragte sie: bin ich es nicht, der dich erstochen hat? worauf sie leise Ja! antwortete, und dann sagte ich zu de⟨m⟩ nebenstehenden Mann gewendet: ja ich bin derjenige, der sie erstochen hat! –

Weil ich mein Leben zu verlieren wünschte, so übergab ich mich dem Gerichte, damit ich die Strafe der Hinrichtung empfinge, und da ich jetzt mich selbst ums Leben zu bringen, für eine Sünde erkannte. ⟨...⟩

Vor meiner Abführung wünschte ich noch von der L. Abschied zu nehmen, und ihr einen Kuß zu geben ⟨vgl. H 1,15⟩, allein man wollte es nicht erlauben, und so wurde ich weggeführt. Ich habe durchaus keine Ursache gehabt, die L. zu ermorden; der Gedanke dieses zu thun, ist mir ganz von selbst eingefallen, und ich begreife selbst nicht, wie er in mich gekommen.

⟨...⟩

III. Justiz, Psychiatrie und Wissenschaft um 1830

1. Prozeßchronik

Die Chronik orientiert sich an der vollständigen Dokumentation der Woyzeck betreffenden Dokumente der Jahre 1821 bis 1824 von Ursula Walter: »Der Fall Woyzeck. Eine Quellen-Dokumentation (Repertorium und vorläufiger Bericht)«. In: GBJb 7 (1988/89) S. 351–380.

1821

2. Juni Der 41jährige entlassene Soldat und arbeitslose Perückenmacher Johann Christian Woyzeck ersticht seine zeitweilige Geliebte, die 46jährige Johanna Christiane Woost, mit mindestens sieben Messerstichen.

9. Juni Überregionaler Zeitungsbericht von der Tat: Tragische Vorfälle. In: Der Korrespondent von und für Deutschland. Nr. 160. S. 713 f.
Der als Gegner der Todesstrafe bekannte »radikaldemokratische Leipziger Publizist« Dr. Johann Adam Bergk berichtet, informiert von Woyzecks früherem Vermieter und Bettgenossen Haase, in der »Nürnberger Zeitung« von der Tat und schließt mit dem Hinweis, daß der »Mörder, der verhaftet ist, 〈...〉 während des Sommers stets an Verstandesirrungen« leide (zit. nach L5: Pabst, GBJb 7, S. 343, Anm. 9).

16. August Der Verteidiger Woyzecks, der »Handels-Actuar« Philipp Heinrich Friedrich Hänsel, reicht die erste Verteidigungsschrift ein.

24. August Auf Antrag der Verteidigung beauftragt das Gericht den Leipziger Stadtphysikus Hof- und Medizinalrat Clarus mit einer psychologischen Untersuchung des Angeklagten.

16. September Erstes Woyzeck-Gutachten von Clarus. Nach fünf Gesprächen mit Woyzeck gutachtet Clarus, die Vermutung »eines kranken, die freye Selbstbestimmung und die Zurechnungsfähigkeit aufhebenden, Seelenzustandes« (Clarus, S. 148) habe sich nicht bestätigt. Veröffentlicht wurde das Gutachten erst 1826 unter dem Titel »Früheres Gutachten des Herrn Hofrath Dr. Clarus über den Gemüthszustand des Mörders Joh. Christ. Woyzeck, erstattet am 16. Sept. 1821«, in: »Zeitschrift für die Staatsarzneikunde«, hrsg. von Adolf Henke, 5. Ergänzungsheft (1826), S. 129–149.

11. Oktober Verurteilung Woyzecks zum Tod »durchs Schwerdt« (Clarus, S. 10).

3. Dezember Einspruch der Verteidigung.

1822

29. Februar Bestätigung der Todesstrafe durch ein zweites Urteil.

29. April Woyzeck bittet über seinen zweiten Verteidiger, Dr. Kupfer, die »Todesstrafe in Zuchthausstrafe zu verwandeln« (zit. nach Walter, S. 360).

10. August Der sächsische König übergeht ein Sondervotum des Kronprinzen gegen die Vollstreckung der Strafe und lehnt das Gnadengesuch ab.

14. September Der König weist ein erneutes Begnadigungsgesuch des Verteidigers Hänsel sowie die Bitte des Kriminalamtes Leipzig um Wiederaufnahme des Verfahrens zurück und bestätigt das Dekret vom 10. August.

um den 19. September Noch bevor das Reskript der Landesregierung in Leipzig eintrifft, eröffnet Woyzeck »einem ihn besuchenden Geistlichen ⟨...⟩, daß es ihm mehrere Jahre vor dem vollbrachten Morde gewesen sey, als ob er fremde Stimmen um sich höre, ohne Jemand wahrzunehmen, von dem diese Stimmen hätten herrühren können, ingleichen daß er einstmals eine Geisterer-scheinung gehabt habe« (Clarus, S. 11).

vor dem 6. November Festsetzung der Exekution auf den 13. November.

kurz vor dem 6. November Der frühere Vermieter und Bettgenosse Woyzecks, der Zeitungsträger Haase, überbringt dem Gericht einen Brief Bergks an Hänsel, in dem Woyzecks Zurechnungsfähigkeit bezweifelt wird. Haase selbst wird vernommen. Er berichtet, »daß Woyzeck mehrmals nachts, aber auch am Tage zu ihm gekommen sei und gesagt habe, ›es zupfe an seinem Bette, es leide ihn nicht oben und er wisse, daß dieses seinen Tod zu bedeuten habe‹. Nach der Ermordung der Woostin sei Haase dann zu Dr. Bergk gegangen und habe gemeint, ›daß Woyzeck unmöglich gescheut seyn könne‹« (zit. nach L12a: Walter, S. 366; vgl. auch Dok. 1, S. 132 f.).

6. November Die Vollstreckung des Urteils wird erneut verschoben.

9. November Die sächsische Regierung verlangt die Wiedereröffnung des Verfahrens und beauftragt wiederum Clarus, »den Inquisiten Woyzeck, wegen der demselben angeblich zugestoßnen Erscheinungen und Begegnisse, in Ansehung seines Gemüthszustandes, nochmals zu untersuchen« (Clarus, S. 11).

1823

7. Januar Eine erneute Verteidigungsschrift wird eingereicht.

28. Februar Clarus unterzeichnet sein 2. Woyzeck-Gutachten. Nach Studium der Akten und fünf weiteren einein-halb bis zweistündigen »Unterredungen« beurteilte er Woyzeck wiederum als uneingeschränkt schuldfähig. Clarus ging es um die Frage, ob bei einem Täter entweder ein »Hinderniß für den freien Verstandesgebrauch überhaupt« bestehe (Clarus, S. 68; vgl. Dok. 1,

S. 150) oder aber »ein ausserordentlicher, blinder und unwillkürlicher Antrieb zu der von ihm begangenen Mordthat verborgen gelegen haben könne« (ebd., S. 76 f.; vgl. Dok. 1, S. 154). Eine Minderung von Schuldfähigkeit zog Clarus bewußt nicht in Betracht: als Arzt habe er nur über die »Möglichkeit oder Unmöglichkeit leidenschaftlichen Antrieben zu widerstehen« zu urteilen. »Erst da, wo diese Möglichkeit aufhört, ist die Grenze der Zurechnungsfähigkeit« (ebd., S. 70; vgl. Dok. 1, S. 152) erreicht. Damit entfiel zugleich die Berücksichtigung möglicher partialer Störungen, also etwa »fixer Ideen«. Woyzeck habe, so urteilte Clarus, immer »ein verständiges, sittsames, besonnenes, ruhiges und friedliches Betragen beobachtet und seine Geschäfte ordentlich besorgt« (ebd., S. 76), während »Wahnsinn oder Narrheit, Tollheit, Melancholie« oder andere Seelenkrankheiten »niemals isolirt erscheinen« könnten, sondern »jedesmal mit andern allgemeinen Symptomen einer Seelenstörung verbunden« seien (ebd., S. 75; vgl. Dok. 1, S. 153). Prinzipiell unterschied Clarus schließlich zwischen einer »krankhaften Anlage« (ebd., S. 57; vgl. Dok. 1, S. 148) und einer »wirklich ausgebildete⟨n⟩ Krankheit« (ebd., S. 58; vgl. Dok. 1, S. 148). Woyzeck habe die Anlage zu »Vollblütigkeit und Neigung zu Wallungen und Congestionen des Blutes« gehabt (ebd., S. 57; vgl. Dok. 1, S. 148). Weder »der von dem Inquisiten angegebene Zustand von Angst, Unruhe und Benommenheit des Kopfes« (ebd., S. 67 f.; vgl. Dok. 1, S. 150) noch die damit verbundenen »Vorstellungen von Geisterlärm und Zuruf von fremden Stimmen« seien »ein Hinderniß für den freien Gebrauch des Verstandes gewesen«, noch könnten sie »als ein direkter Antrieb zu der That selbst betrachtet werden« (ebd., S. 68; vgl. Dok. 1, S. 150). Die von Woyzeck erinnerten akustischen Halluzinationen seien vielmehr Störungen des Blutlaufs im Ohr, die Woyzeck, veranlaßt »theils ⟨durch⟩ Mangel an Kenntniß und

Erziehung, theils Leichtgläubigkeit«, falsch gedeutet habe (ebd., S. 60; vgl. Dok. 1, S. 149).

4. Oktober Das Gericht bestätigt sein Urteil vom 11. Oktober 1821 und lehnt die Einholung eines Gutachtens der Leipziger medizinischen Fakultät ab.

10. November Verteidiger und Angeklagter reichen ein Bittgesuch ein, in dem noch einmal ein Gutachten der medizinischen Fakultät und Nachforschungen über Woyzecks Geisteszustand während seiner Militärzeit beantragt werden.

1824

14. Februar Erkundungen über Woyzecks Verhalten im Militärdienst 1812 in Stralsund werden eingezogen (vgl. Clarus, S. 93; sowie Dok. 1, S. 156 f.).

17. April Die medizinische Fakultät der Universität Leipzig stellt fest, daß sie das zweite Clarus-Gutachten und die darin »aufgestellten Grundsätze zur Bestimmung der Fälle, in denen allein ein blinder Antrieb zu verbrecherischen Handlungen anzunehmen sei, geeignet findet, bei Untersuchung und Bestimmung ähnlicher Fälle als Norm zu dienen« (Clarus, S. 94; vgl. Dok. 1, S. 157).

27. April Das Kriminalamt in Leipzig berichtet der Landesregierung, daß die Nachforschungen über Woyzecks Verhalten im Militärdienst in Stralsund keine Anzeichen von »Verstandesverrückung« ergeben hätten (vgl. Walter, S. 369).

26. Juni Der sächsische König bekräftigt das Dekret vom 10. August 1822.

16. August J. C. A. Clarus: »Vorwort« zu »Die Zurechnungsfähigkeit des Mörders Johann Christian Woyzeck nach Grundsätzen der Staatsarzneikunde aktenmäßig erwiesen«, Leipzig: Fleischer 1824, VIII, 60 S. (vgl. Dok. 1, S. 123 ff.). Anläßlich von Woyzecks Hinrichtung veröffentlicht Clarus sein Gutachten in Buchform. Im Vorwort bezeichnet er die Gegner der Todesstrafe als Opfer einer »kränkelnden Empfindelei« (S. IV; vgl. Dok. 1, S. 123) und äußert die Hoffnung, »die heranwachsende Jugend« möge aus dem »Anblicke des blutenden Verbrechers« lernen, »daß Arbeitsscheu, Spielsucht, Trunkenheit, ungesetzmäßige Befriedigung der Geschlechtslust, und schlechte Gesellschaft, ungeahnet und allmählich zu Verbrechen und zum Blutgerüste führen können« (S. VIII; vgl. Dok. 1, S. 124 f.). Oben S. 123–157 ist als Dokument 1 die leicht überarbeitete Fassung aus der »Zeitschrift für die Staatsarzneikunde« 1825 abgedruckt.

27. August Hinrichtung Woyzecks auf dem Marktplatz in Leipzig.

Öffentliche Hinrichtung Woyzecks mit dem Schwert

2. Präzedenzfall Woyzeck: Gerichtspsychiatrische Debatten

Im Strafprozeß gegen Johann Christian Woyzeck hatte das Gericht unmittelbar nur über eine einzelne Tat zu urteilen. Mittelbar waren mit dem Urteil jedoch Vorentscheidungen über grundsätzliche Fragen verknüpft, die zwar nur teilweise vor Gericht, in jedem Fall aber in der mit dem Fall Woyzeck beschäftigten Öffentlichkeit erörtert wurden. Unmittelbar gerichtsrelevant war die medizinische Kontroverse zwischen Psychikern und Somatikern über die Frage, ob man für psychische Störungen innerpsychische oder aber nur somatische Ursachen annehmen solle, und vor allem die Kontroverse über partielle Störungen der Seelenvermögen und über das Ausmaß, in dem diese die menschliche Willensfreiheit beeinträchtigen. Nicht direkt prozeßrelevant, aber bestimmend für die sich entwickelnde Debatte war der seit dem 18. Jahrhundert andauernde Streit zwischen Befürwortern und Gegnern der Todesstrafe, daneben der sehr viel ältere Streit zwischen Anhängern des philosophischen Idealismus und des philosophischen Materialismus über das Theorem einer immateriellen Seele und damit zugleich über die Annahme einer unbedingten menschlichen Willensfreiheit. Bis auf die Frage der Todesstrafe spielen die Debatten auch in Büchners Drama eine Rolle.

Die dominierenden Richtungen der Anthropologie, der Psychiatrie und der Rechtstheorie des frühen 19. Jahrhunderts standen in der Tradition der idealistischen Philosophie, wie sie durch Descartes begründet und durch Kant und Fichte nicht grundsätzlich verändert wurde. Sie betrachteten den Menschen als ein aus einem materiellen Körper und einer immateriellen Vernunft-Seele zusammengesetztes Wesen und definierten die Vernunft als Vermögen der freien Willensbestimmung, das den Menschen vom Tier unterscheide. Dem Körper schrieben sie demgegenüber die Tendenz zu, sich im Zustand von Leidenschaften und Affekten der Herrschaft der Vernunft zu entziehen. Im Sinne dieser verbreiteten Annahme schrieb der führende Gerichtspsychiater Adolph Henke in seinem »Lehrbuch der gerichtlichen Medizin«, das dem von Büchner 1834 möglicherweise besuchten Gießener Universitätskurs über »Gerichtliche Medicin« zugrunde lag: »Durch Vernunft und Freiheit erhebt sich der Mensch über das Thier. Nur vernünftige, d. h. der Selbstbestimmung fähige, freie Wesen, sind im Stande, sich gegen den Trieb der Sinnlichkeit zu Handlungen zu bestimmen« (L12a: Henke 1829, S. 174, § 239). Da »der Mensch als Vernunftwesen Affect und Leidenschaft beherrschen kann und soll«, so Henke weiter, sei affektgesteuertes (Fehl-)Handeln schuldhaft und strafbar (vgl. ebd., S. 204, § 284). Gerichtspsychiater wie Henke vertraten jedoch zugleich die Auffassung, daß ein Mensch durch eine psychische Krankheit »Vernunft und Freiheit« und damit auch die Zurechnungsfähigkeit für Straftaten verlieren könne. In den 1830er Jahren gab es anscheinend Versuche, »die vielbestrittene Frage nach der Freiheit des Willens« von den strafrechtlichen Grundsatzdiskussionen fernzuhalten (Brockhaus 1833–37, XII,545–547; Art. »Zurechnung«), jedoch scheint das Theorem der freien Willensbestimmung für die Gerichte, aber auch für die Mehrheit der Gerichtspsychiater nie zur Disposition gestanden zu haben.

Nur ein kleiner, extremer Flügel der idealistischen Richtung der Psychiatrie ging einen Schritt weiter und nahm an, daß die Seele, da sie ja immateriell sei, auch nicht erkranken könne. Sie könne jedoch sündigen, sich also vom Guten ›absondern‹ und auf diese Weise den Körper affizieren. Auch scheinbare somatische Störungen seien unter Umständen letztlich auf Verfehlungen des freien Willens zurückzuführen. Ein führender Vertreter dieser Theorie, der auch am Streit um den Fall Woyzeck beteiligte Leipziger Professor Johann Christian August Heinroth, begründete in seiner Schrift »Grundzüge der Criminal-Psychologie; oder Die

Theorie des Bösen in ihrer Anwendung auf die Criminal-Rechtspflege« aus dem Jahr 1833 das Strafrecht und die Psychiatrie in theologischen Kategorien und sah die »Grundlage der Criminalpsychologie« in einer »Theorie des Bösen« im christlichen Sinne. In seinem »Lehrbuch der Störungen des Seelenlebens oder der Seelenstörungen und ihrer Behandlung« behauptete Heinroth außerdem: »Man sage, was man wolle, aber ohne gänzlichen Abfall von Gott gibt es keine Seelenstörung. Wo Gott ist, ist Kraft, Licht, Liebe und Leben; wo Satan ist, Ohnmacht, Dunkel, Haß, und überall Zerstörung. Ein böser Geist also wohnt in den Seelengestörten; sie sind die wahrhaft Besessenen« (L12a: Heinroth 1818, I,379). In Anlehnung an Heinroth unterschied deshalb der Mediziner Christian Heinrich Ernst Bischoff 1835 zwischen zwei Arten von »Irreseyn«, von denen die eine, die »Seelenstörung« oder »Perturbatio animi«, aus »Krankheiten des Leibes und seiner Gebilde« entstehe, dagegen die andere, die »Geistes-Zerrüttung« oder »Alienatio mentis«, die auch der Doktor in Szene H 2,6 diagnostiziert, aus der »Sünde« (L11: Bischoff 1835, S. 47).

Diesen zwei Richtungen der insgesamt idealistisch orientierten psychiatrischen Wissenschaft stand eine an materialistischen Prinzipien orientierte Minderheit gegenüber. Deren Vertreter nahmen an, daß der »Wille des Menschen« nicht von einer körperunabhängigen Vernunft-Seele abhänge, sondern eine »Funktion der psychischen Lebenssphäre« darstelle und, »so wie die gesammte Psyche, Resultat der somatischen Organisation« sei (L12a: Friedreich 1835, S. 538). Zu den radikalen Konsequenzen dieser Annahme konnte gehören, daß das Theorem der Willensfreiheit überhaupt problematisch wurde; zumindest aber lag es für materialistisch orientierte Psychiater sehr viel näher, aus körperlichen oder psychischen Erkrankungen eine Einschränkung der Willensfreiheit und damit auch eine eingeschränkte Schuld- und Straffähigkeit abzuleiten. Daß Büchner in dieser Frage die materialistische Position vertrat, zeigt ein Brief an seine Eltern, in dem er schreibt, daß »es in Niemands Gewalt liegt, kein Dummkopf oder kein Verbrecher zu werden, – weil wir durch gleiche Umstände wohl Alle gleich würden, und weil die Umstände außer uns liegen« (Februar 1834; HA II,422; vgl. Dok. 6, S. 203 f.). Unterhalb der philosophischen Ebene wurden die Ursachen sonstiger psychischer Störungen, also etwa von Störungen der Wahrnehmung, des Verstandes oder der Affekte, kontrovers diskutiert. Hier unterschieden sich die Schulen der Psychiker und der Somatiker in Beantwortung der Frage, ob »die nächste Ursache der psychischen Krankheiten in der Seele selbst oder im Leiblichen zu suchen« sei und ob »die Seele an und für sich« erkranke oder nicht viel mehr »ihre abnormen Aeußerungen in einer Abnormität des Somatischen begründet« seien (L12a: Friedreich 1835, S. 442). Eine Gruppe extremer Somatiker nahm an, daß psychische Störungen bloße Symptome körperlicher Erkrankungen, vor allem der Verdauungsorgane, seien, und setzte »das alienirte Denken, Fühlen und Wollen mit der alterirten Urin- und Darmsecretion in eine Kategorie bloser organischer Symptome« herab, wie Friedrich Groos dem Somatiker Maximilian Jacobi vorwarf (L12a: Groos 1831, S. 10). Nach Jacobi erforsche der Arzt die »psychischen Erscheinungen« nur, »so weit sie Naturerscheinungen sind. Er beobachtet daran lediglich das organische Phänomen als Naturforscher ⟨...⟩. Das Feld welches er hier bearbeitet, ist das der Physiologie der psychischen Erscheinungen, in keiner Weise und Beziehung aber das der insgemein sogenannten Psychologie« (L12a: Jacobi 1830, S. 2 f.). Jacobi zufolge konnte man »es wohl nicht oft genug wiederholen, daß die Seelenstörung als ein bloßes Symptom, ⟨...⟩ an und für sich selbst keinen Verlauf haben kann, oder daß man eben so wohl ganze Krankheitsgeschlechter nach den symptomatischen Veränderungen der Darmausleerungen oder der Urinsecretion zu bestimmen, oder zu benennen berechtigt seyn würde« (ebd., S. 118 f.). Er forderte die »nähere Würdigung der psychischen Deflexe ⟨Ablenkungen, Abweichungen⟩ in der ganzen Reihe der Krankheiten« (ebd., S. 13) und verwendete in diesem Zusammmenhang den Terminus »psychische Aberrationen« (ebd., S. 16), den auch Büchners Doktor benutzt, um Woyzecks auffälliges Verhalten zu bezeichnen (vgl. H4,8 *Woyzeck, er hat eine aberratio*).[1] Für Somatiker war auch der Begriff der Willensfreiheit im Grunde problematisch. Deshalb konnte Heinroth ihnen vorwerfen, sie zögen, indem sie gesetzeskonforme Handlungen als Folge einer gesunden, strafbare Handlungen dagegen als Folge einer kranken körperlichen Konstitution ansähen, das Prinzip der Zurechnungsfähigkeit, auf dem die gesamte Rechtsordnung beruhe, überhaupt in Zweifel (L12a: Heinroth 1825a, § 84, Anm. 11).

Gegenstand einer weiteren, jetzt unmittelbar gerichts- und gutachterrelevanten Debatte waren die psychischen Partialerkrankungen. Darunter sind psychische Erkrankungen zu verstehen, die entweder nicht dauerhaft, sondern nur vorübergehend auftreten oder die nur Teile der Seelenvermögen, also z. B. nur die Wahrnehmungs- oder nur die Urteilsfähigkeit, affizieren. An der Frage, wie diese Partialerkrankungen wissenschaftlich zu beschreiben und in ihren Auswirkungen auf die Zurechnung zu definieren seien, entzündeten sich die psychiatrischen Fachdebatten der Restaurationsperiode, die dann ihrerseits Auswirkungen auf die Gesetzgebung und die Rechtspraxis hatten, indem sie das Feld der prozeßrelevanten Krankheiten erweiterten und die Möglichkeit von Schuldminderung zur Sprache brachten.

Im Jahr 1800 beschrieb der führende französische Psychia-

1 Büchner ersetzte damit auf der letzten Entwurfsstufe den aus der idealistischen Schule stammenden Begriff *alienatio mentis* (vgl. L11: Bischoff 1835, S. 47: »alienatio mentis«) durch die Diagnose der *aberratio*, die der somatischen Richtung nähersteht (vgl. auch Erl. zu 73,9 f. *alienatio mentis* und 22,31 f. *aberratio mentalis partialis*).

ter Philippe Pinel in seinem »Traité médico-philosophique sur l'aliénation mentale ou la manie« das Krankheitsbild der »manie sans délire«, was deutsch als »Manie ohne Verstandesverkehrtheit« (L12a: Henke 1834, S. 220) oder »Wuth ohne Verkehrtseyn des Verstandes« (L12a: Friedreich 1835, S. 499) wiedergegeben wurde und einen Zustand aufgehobener Willensfreiheit bei uneingeschränkter Verstandestätigkeit bezeichnete. Gleichzeitig beschrieb der deutsche Psychologe Ernst Platner eine ›krankhafte Zornmütigkeit‹ (vgl. Platner, »De excandescentia furibunda observatio«, Leipzig 1800), nachdem er schon 1797 über einen von ihm »amentia occulta« (›verborgene Seelenstörung‹) genannten Zustand publiziert hatte (vgl. Platner, »De amentia occulta«, Leipzig 1797). In beiden Fällen handelte es sich um Krankheiten, die »sehr verborgener Art seyn, und deshalb leicht verkannt werden« können. »Der Kranke äußert nämlich den festgewordenen Wahn, der ihn quält, nicht wie in andern Fällen ⟨...⟩; sondern verbirgt ihn oft so lange, bis er, durch ihn des Vernunftgebrauches und der Freiheit der Selbstbestimmung beraubt, zur Ausübung einer schweren, gesetzeswidrigen Handlung (Mord, Brandstiftung, Versuch zum Selbstmord u. s. f.) fortgerissen wird« (L12a: Henke 1829, S. 191, § 266). Unter Berufung auf Pinel hielt es der Somatiker Friedreich für eine »irrige Meinung, daß nur da ein seelenkranker Zustand angenommen« werde, »wo ein Individuum anhaltend und in allen seinen psychischen Funktionen als leidend erscheint« (L12a: Friedreich 1835, S. 498). Er führt Pinels Bericht über »mehrere Wahnsinnige« an, »welche nicht die mindeste Verletzung des Verstandes zeigten, und die dennoch von einem Instinkte der Raserei beherrscht wurden, als wenn gleichsam nur die Willensvermögen verletzt wären. ⟨...⟩ Keine in die Augen fallende Veränderung der Verstandesverrichtungen, der Perception, der Urtheilskraft, der Einbildungskraft, des Gedächtnisses kommt dabei vor: wohl aber Verkehrtheit in den Willensäußerungen, nämlich ein blinder Antrieb zu gewaltthätigen Handlungen, oder gar zur blutdürstigen Wuth« (ebd., S. 500). Gerade die forensische Psychiatrie bemühte sich, über die Partialerkrankungen eine »feste Ansicht ⟨...⟩ aufzustellen«, weil »die Annahme oder Nichtannahme einer Existenz dieser Form« der psychischen Erkrankung »von einem bedeutenden Einflusse auf die gerichtsärztliche Lehre von der Zurechnungsfähigkeit« war (ebd., S. 499).

Die Debatten für und wider die strafrechtliche Relevanz partialer Seelenstörungen veranlaßten den führenden Gerichtspsychiater Adolph Henke 1834, die Existenz der Krankheit »manie sans délire« als solche zwar in Abrede zu stellen, bei den folgenden vier partiell oder zeitweilig wirkenden Störungen aber doch die Möglichkeit einer Strafausschließung oder Strafminderung geltend zu machen:

»a) die plötzlichen und kurz dauernden Anfälle einer aussetzenden Manie mit langen Zwischenräumen;
b) die Fälle, wo fixe Ideen (besonders verborgene, noch nicht bekannt gewordene) zu gewaltthätigen Handlungen Anlaß geben;
c) die Anfälle von Zornwuth, die aus krankhafter Zornmüthigkeit (Iracundia morbosa – Excandescentia furibunda Platneri) ihren Ursprung nehmen⟨;⟩
d) die krankhaften, instinctartig wirkenden Triebe zu Tödtung, Selbstmord und Gewaltthätigkeit, die man theils bei vorher schon psychisch Erkrankten, aber auch bei früher scheinbar Gesunden, wahrgenommen hat« (L12a: Henke 1834, S. 317 f.; vgl. auch L12a: Henke 1829, S. 190 ff., sowie Art. »Zurechnung« in: Brockhaus 1833–37, XII,545–547).

Der Erkenntnisfortschritt der Psychiatrie in der Beschreibung und Diagnose psychischer Partialerkrankungen schlug sich auch in den Neuordnungen des Strafrechts im ersten Drittel des 19. Jahrhunderts nieder. Seit der römischen Antike kennen die Gesetzessammlungen Sonderbestimmungen für die Beurteilung von Straftaten psychisch Kranker (vgl.

L12a: Friedreich 1835, S. 243–247), wie sie sich auch in modernen Rechtsordnungen, etwa dem preußischen Allgemeinen Landrecht oder dem Code Napoléon, fanden. Diese Ausnahmeregelungen bezogen sich allerdings nur auf »Rasende, Wahnsinnige, und überhaupt solche Personen, welche den Gebrauch ihres Verstandes durch Melancholie oder andere schwere Gemüthskrankheit völlig verloren« haben (so im bayrischen Strafgesetzbuch von 1813, zit. nach L12a: Friedreich 1835, S. 249). Diese Beschränkung der Unzurechnungsfähigkeit auf völlig und dauerhaft Geistesgestörte galt als strittig, seit die Mehrheit der Psychiater partiale Erkrankungen weitgehend anerkannte. Die Strafrechtsreformer der Zeit ließen dementsprechend die Beschränkung auf gänzlich unzurechnungsfähige Täter fallen und formulierten die Ausnahmeregelungen nun so, daß sie auch auf zeitweilige oder teilweise psychische Störungen Anwendung finden konnten. Der Neuentwurf zum bayrischen Strafgesetzbuch von 1822 wollte die ältere Formulierung »Personen, welche den Gebrauch ihres Verstandes 〈...〉 völlig verloren« haben, durch ›Personen‹, die »des Gebrauchs ihrer Vernunft nicht mächtig waren«, ersetzen. Ähnlich galten im Entwurf des Strafgesetzbuches für das Königreich Hannover von 1824 neben Personen, »welche durch allgemeinen oder besonderen Wahnsinn des Verstandesgebrauchs völlig beraubt sind«, auch diejenigen für unzurechnungsfähig, die »durch Anfälle der Raserei, (Manie) wider ihren Willen zu gewaltthätigen Handlungen hingerissen wurden« (zit. nach: ebd., S. 249 f.).

Nach der Liberalisierung der Psychiatrie und des Strafrechts in den ersten zwei Jahrzehnten des 19. Jahrhunderts, in der es neben der Anerkennung psychischer Partialstörungen auch um die Stärkung der Gutachter vor Gericht ging, war das dritte Jahrzehnt des 19. Jahrhunderts durch eine Gegenoffensive der restaurativen Justiz und des extremen idealistischen Flügels der Psychiatrie geprägt (vgl. L4: Henkelmann 1976, S. 52 u. ö.). Dabei spielten der Prozeß

Schmolling, dessen Hauptgutachten Büchner möglicherweise, und der Prozeß Woyzeck, dessen Hauptgutachten er mit Sicherheit kannte und in seinem Drama verarbeitete, eine bedeutende Rolle.

Im Prozeß Schmolling hatte 1819 der psychiatrische Gutachter Ernst Horn auf Seiten der Verteidigung für Unzurechnungsfähigkeit des Täters aufgrund von »manie sans délire« plädiert. Das Gericht, dem unter anderem E. T. A. Hoffmann angehörte, verwarf diese Diagnose und leitete die Tat statt dessen aus niederen Motiven des Täters ab. Schmolling wurde zum Tode verurteilt, aufgrund des Dissenses der Gutachter wurde die Todesstrafe jedoch in Zuchthausstrafe umgewandelt. Als Schmolling am 19. Februar 1825 im Zuchthaus einen Mithäftling tötete, veröffentlichte der Herausgeber der »Zeitschrift für die Criminal-Rechts-Pflege in den preußischen Staaten«, der Jurist Julius Eduard Hitzig, einen Teil der Gerichtsgutachten und verschaffte damit dem Fall erneute Publizität.

Im Prozeß Woyzeck unterlagen die liberale Psychiatrie und die liberale Publizistik wiederum, und zwar auf noch gravierendere Art. Da Woyzeck schon seit längerem sowohl unter somatischen als auch psychischen Krankheitssymptomen litt, hätte es bei ihm noch näher gelegen als bei Schmolling, seine Zurechnungsfähigkeit zumindest als eingeschränkt zu beurteilen. Jedoch war es bei Woyzeck gerade der psychiatrische Gutachter, der mit vier Hauptargumenten jeden Zweifel an der Zurechnungsfähigkeit des Täters zu widerlegen suchte. Clarus diagnostizierte im Fall Woyzeck keine Erkrankung, sondern nur eine »Anlage« dazu (Clarus, S. 58; vgl. Dok. 1, S. 148); er sah in Woyzecks Wahnvorstellungen keine innerpsychischen Phantasmen, sondern bloß sensorisch erzeugte Halluzinationen (ebd., S. 61 ff. u. ö.; vgl. Dok. 1, S. 149 f.; vgl. dagegen L12a: Grohmann 1830, S. 123–125, und Friedreich 1835, S. 298–300); er erklärte, er könne als Arzt nur über Existenz oder völlige Aufhebung, nicht aber über eine mögliche Erschwerung der

freien Willensbestimmung urteilen (Clarus, S. 70; vgl. Dok. 1, S. 151 f., sowie die Kritik von Marc 1825, S. 54–56); schließlich zog er unter den psychischen Partialstörungen, die den Mord veranlaßt haben könnten, nur die »stille Wuth« (»amentia occulta«) in Betracht (Clarus, S. 76 f.; vgl. Dok. 1, S. 154), eine Krankheit, die seiner Ansicht nach jedoch nur in bestimmten Lebensphasen, etwa der Zeit der Pubertät, auftrete und deshalb im Fall Woyzeck auszuschließen sei.
Der Gutachter Clarus gehörte nicht zum extremen idealistischen Flügel der Psychiatrie, also nicht zur Gruppe derer, die wie Heinroth aus der »Criminal-Psychologie« eine »Theorie des Bösen« machen wollten. Ein Rezensent dieser Richtung warf ihm deshalb vor, er hätte Woyzecks Krankheiten überhaupt nicht somatisch, sondern ausschließlich moralisch, als »Erzeugniß eines lüderlichen, moralisch verwilderten Lebens«, erklären sollen (L12a: D. P. 1824, S. 479). Jedoch ist unverkennbar, daß Clarus sein Gutachten nutzte, um den Vertretern der liberalen Psychiatrie und deren erweitertem Begriff von psychischen Erkrankungen und vor allem von psychischen Partialstörungen zu widersprechen.
Daß die liberale Psychiatrie und Publizistik im Fall Woyzeck eine deutliche Niederlage erlitten, zeigte sich schließlich daran, daß die sächsische Regierung – anders als die preußische im Fall Schmolling – das Todesurteil an Woyzeck tatsächlich vollstrecken ließ, obwohl man in Leipzig seit 1790 auf Hinrichtungen verzichtet hatte. Der Gutachter Clarus begleitete die Exekution publizistisch, indem er sein Gutachten als Buch veröffentlichte und in einem Vorwort etwaige Gegner der Todesstrafe auf den politischen Sinn derartiger Demonstrationen der »strafenden Gerechtigkeit« hinwies (Clarus, S. 2; vgl. Dok 1, S. 123). Den liberalen Psychiatern warf er »kränkelnde Empfindelei« vor (ebd., S. 3; vgl. Dok. 1, S. 123). Ein Rezensent in der anschließenden Debatte warf derselben Gruppe vor, sie bestärke »das ungeläuterte Gefühl der Laien« in der Neigung, »dem Ver-

brecher Lossprechung zu verschaffen und die Gerechtigkeit zu verurtheilen« (Heinroth-Rezension in: »Allgemeines Repertorium der neuesten in- und ausländischen Literatur für 1826«, hrsg. von einer Gesellschaft Gelehrter und besorgt von Christian Daniel Beck, Erster Band, Leipzig 1826, S. 31). Daß von dem Gutachten die von Clarus und der Leipziger Universität offenbar erwartete Signalwirkung ausging, zeigt die Wirkungsgeschichte des Woyzeck-Gutachtens, in der zunächst die zustimmenden Äußerungen überwogen, für die der Beifall, den der Jurist Julius Eduard Hitzig dieser neuen Vereinigung von Medizinern und Juristen spendete, charakteristisch ist: »Gäbe es vieler solcher Gerichtsärzte; – welchem Juristen würde es einfallen, die Competenz in dem Urtheil über zweifelhafte Gemüthszustände der medicinischen Facultät streitig machen zu wollen!« (L12a: Hitzig 1825, S. 500.) Erst in den 1830er Jahren wurden vermehrt die kritischen Stimmen derjenigen hörbar, die in Woyzecks Hinrichtung einen »schauderhaften Justizmord« sahen (L12a: Friedreich 1835, S. 300).

3. Die Figur des Doktors

Die Figur des Doktors vereinigt charakteristische Züge einer älteren und einer neueren Schule der zeitgenössischen Naturwissenschaft. Die ältere Schule hatte die naturkundlich-klassifikatorischen Interessen des 18. Jahrhunderts (Linné, Buffon) mit den spekulativen Interessen der romantischen Philosophie verbunden und galt um 1835 bereits als überholt oder skurril. Die Zugehörigkeit zu dieser Schule zeigt der Doktor einerseits, wenn er feststellt, *der Mensch ist frei, im Menschen verklärt sich die Individualität zur Freiheit* (H 2,6), sowie andererseits durch sein ausgedehntes Sammelprojekt, für das ihm Woyzeck *Frösch*, *Laich*, *Süßwasserpolypen*, *Hydra*, *Veretillen* und *Cristatellen* besorgen soll (H 2,6). Dagegen bewegt er sich mit dem Ernährungsexperiment auf dem neuen und zukunftsträchtigen Grenzgebiet zwischen Medizin und organischer Chemie, wobei er sich neuartiger Methoden der chemischen Analyse bedient und experimentell in organische Prozesse, genauer gesagt: in Woyzecks Leben, eingreift.

a) Spekulative Naturphilosophie und Sammelprojekte

In den Forschungsinteressen der älteren Schule verband sich die »Naturkunde«, deren Aufgabe die Zergliederung des Naturganzen in seine Einzelelemente und deren Klassifikation war (Brockhaus 1833–37, VII,711), mit »Naturphilosophie«, die danach strebte, die Natur »nicht bloß äußerlich, nach den Formen ihrer Erscheinung« aufzufassen, »sondern auch nach ihrem innern Wesen und gesetzmäßigem Wirken« zu verstehen (RCL IX,53) und ein »gleiche⟨s⟩ Gesetz der Entwicklung«, das »durch die ganze Natur herrschend sei« (Brockhaus 1833–37, VII,716), nachzuweisen. Einen ersten bedeutenden Versuch der Darstellung eines solchen »philosophischen, das Ganze umfassenden Natursystems« (ebd.) hatte Lorenz Oken, den Büchner 1836 in Zürich kennenlernte, in seinem »Lehrbuch der Naturphilosophie« unternommen (1809–11, ²1831). Einen weiteren Vertreter dieser Richtung hatte Büchner bereits 1833/34 bei seinem Studium in Gießen kennengelernt. Der Botaniker, Zoologe und Anatom Johann Bernhard Wilbrand (1779–1846) gehörte zu den Repräsentanten der spekulativen Naturphilosophie, die bestrebt waren, »die große Stufenverkettung der Natur« bis »ins Einzelne herab« zu verfolgen, »wo die Combination der Gesetze des Lebens stets verwikkelter wird, immer schwerer zu verfolgen und die Schwierigkeit zunehmen muß, in der unendlichen Folgerichtigkeit der Natur den Faden des Zusammenhangs nicht zu verlieren« (Brockhaus 1833–37, VII,716).

Wilbrand hatte in Bamberg bei Schelling und in Paris bei Cuvier und Lamarck studiert. 1809 wurde er ordentlicher

Professor für Anatomie, Physiologie und Naturgeschichte in Gießen. Er stand mit Büchners Straßburger Lehrer Lauth und mit Lorenz Oken in Verbindung und veröffentlichte bis zu seinem Tode neben einer Vielzahl von Aufsätzen 21 Bücher über medizinische, biologische und physikalische Themen (vgl. L4: Maaß 1987, Katalog Darmstadt, S. 148–154). Carl Vogt, Büchners Gießener Kommilitone, berichtet in seinen Erinnerungen, daß Wilbrands veraltete Lehrmeinungen, sein botanisch-zoologischer Sammel- und Ordnungseifer und sein Hang zu naturphilosophischer Analogiebildung, aber auch persönliche Eigenheiten und Marotten spätestens seit 1830 unter Gießener Studenten allgemein bekannten Stoff für Witze und Anekdoten abgaben (vgl. Vogt, S. 120). Büchner greift vor allem in den Szenen H 2,6 und H 3,1 darauf zurück.

An Wilbrand erinnert beispielsweise in Szene H 3,1 die Aufforderung des Doktors *beweg den Herren doch einmal die Ohren ⟨...⟩ das sind so Uebergänge zum Esel.* In Studentenkreisen wurde die Anekdote kolportiert, Wilbrand habe seinen Sohn »Jolios« aufgefordert, in Vorlesungen »die Ohren« zu »wedeln« und damit seine biologische Nähe zu den »Äffken« zu demonstrieren (Vogt, S. 55; vgl. Erl. zu 81,14–20). In seinem Lehrbuch über die »Physiologie des Menschen« hatte Wilbrand überdies festgestellt, daß die Beweglichkeit der Ohren ein Zeichen für die Nähe des Menschen zum Tier bzw. für fehlende ›Kultur‹ sei, und behauptet, »daß der cultivirte Mensch noch weniger fähig ist, seine äußern Ohren in eine besondere Bewegung zu setzen, als der Wilde« (L11: Wilbrand 1815, S. 294 f.). Die von Büchners Doktor in diesem Zusammenhang benutzte Wendung *das sind so ⟨...⟩* war eine typische Eigenheit Wilbrands, der z. B. auf die Frage nach bestimmten Bändern und Sehnen der Bruchgegend geantwortet hatte: »Das sind so einige von den kleinen Bändern an der Handwurzel!« (Vogt, S. 55.) Für Wilbrands äußeres Erscheinungsbild war nach Vogts Bericht typisch, daß er »immer wie ein Windhund voraus-

⟨lief⟩« und »klapperdürr und hager umherrannte« (Vogt, S. 55 und 121), eine Beschreibung, die auch auf die Figur des Doktors zutrifft, der *unaufhal⟨tsam⟩* (H 4,9 in Sofortkorrektur abgebrochen und gestrichen; vgl. Diff. Text) ›hetzt‹ und ›rennt‹ (vgl. H 4,9 *Rennen Sie nicht so. ⟨...⟩ Sie hetzen sich ja hinter dem Tod drein*) und dem es immer *pressirt* (H 2,7 *Pressirt, Herr Hauptmann, pressirt*).

Daneben sind auch theoretische Äußerungen des Doktors auf Wilbrand zurückzuführen. Wenn er in Szene H 2,6 behauptet, *der Mensch ist frei, im Menschen verklärt sich die Individualität zur Freiheit*, formuliert er eine zentrale Prämisse der idealistischen Philosophie, wie sie sich ähnlich auch bei Wilbrand findet: »Durch den Menschen verklärt sich also die Natur aufwärts zum Uebersinnlichen« (L11: Wilbrand 1833, S. 2) und »Der Mensch gebietet frey über die Materie seines Körpers; diese unterliegt mithin der Herrschaft seines Geistes« (L11: Wilbrand 1815, S. 2, § 5). Dabei legte Wilbrand Wert auf die Feststellung, daß sich diese Geistesherrschaft über den Körper auch auf die »Functionen im Verdauungssystem« erstrecke, die »⟨m⟩ittelbar ⟨...⟩ unter der Willkühr, mithin unter der Herrschaft des geistigen Lebens« stünden. »Wir nehmen unsere Nahrung willkührlich in den Mund, zerkauen sie willkührlich und schlucken sie willkührlich hinunter, und nach geendigter Verdauung werden die Reste willkührlich wieder ausgeleert. ⟨...⟩ Die willkührliche Bewegung gehört der Vernunft an und kommt deßhalb dem Menschen zu, in so weit er vernünftig ist« (ebd., S. 324 f., § 671). Ähnlich läßt auch der Doktor Woyzecks Hinweis auf die *Natur* (*Aber Herr Doctor, wenn einem die Natur kommt*) nicht gelten, sondern beharrt darauf, daß Woyzeck *doch nicht an die Wand* hätte *pissen sollen*, da ja der *musculus constrictor vesicae* ⟨Blasenschließmuskel⟩ *dem Willen unterworfen* sei (H 4,8).

In Szene H 3,1 karikiert Büchner Wilbrands Bemühen, sämtliche Erscheinungen der Natur im Sinne der idealistischen Naturphilosophie als von einem Prinzip durchdrungen darzustellen. Der Begriff der *Selbstaffirmation* etwa, den der Professor in H 3,1 benutzt, spielt in Wilbrands dialektischem Weltbild eine zentrale Rolle. Wilbrand sieht im Entwicklungsprozeß des Geistes einen »ewige⟨n⟩ Act der Selbstaffirmation des Absoluten« und in der Natur »die actuell-unendliche Objectivirung desselben« (L11: Wilbrand 1809–10, I,1), so wie auch »das Leben in seiner Ursprünglichkeit betrachtet ⟨...⟩ das Absolute in seiner Selbstaffirmation« sei (L11: Wilbrand 1813, S. 2). Und er sah in »dieser identischen Selbstaffirmation ⟨...⟩ das Absolutideale und das Absolutreale ausgesprochen« (L11: Wilbrand 1809–10, S. 3). Auch die Wendung *wenn wir ⟨...⟩*, die Büchners Doktor benutzt, um seine Argumentation einzuleiten, war eine typische Eigenheit des Gießener Gelehrten, der diese Floskel in seinen Schriften (und vermutlich auch in mündlichen Äußerungen) stereotyp benutzte, z. B.: »Wenn wir die organische Natur in ihrer progressiven Entwickelung betrachten, so ist die Menschheit, als Gattung, gleichsam das letzte Resultat« (L11: Wilbrand 1815, S. 24, § 59; vgl. auch §§ 37, 40, 49, 50, 52, 134).

Auch bei weiteren skurrilen Details in Szene H 2,6 mag Büchner an den Gießener Professor gedacht haben. Daß der Doktor die Erbsen zwar richtig *Hülsenfrüchte* nennt, dann aber falsch als *cruciferae*, also als ›Kreuzblütler‹, bezeichnet, erinnert ebenso an den Botaniker Wilbrand, der Vogt zufolge ebenfalls Probleme mit den Namen der Kreuzblütler hatte (vgl. Vogt, S. 53), wie das ungewöhnliche Interesse, das der Doktor an den Begattungsritualen niederer Tierklassen zeigt. In seiner »Naturgeschichte« beschreibt Wilbrand nach eigenen Beobachtungen die Begattung der Blattläuse (vgl. L11: Wilbrand 1829, S. 504), was die Bemerkung des Doktors in Szene H 2,6 über *zwei Blattläuse, die sich begatteten* (in Sofortkorrektur gestrichen; vgl. oben S. 97) angeregt haben mag.

Welches Erkenntnisziel Büchners Doktor mit dem in Szene

H 2,6 angedeuteten Sammelprojekt verfolgt, läßt sich nicht genau bestimmen, zumal die botanisch-zoologischen Fachtermini bei Büchners flüchtiger Schrift und bei dem schlechten Erhaltungszustand der Handschriften nicht immer sicher lesbar sind (vgl. hierzu insgesamt L5: Roth, GBJb 8, S. 254–278). Falls die Lesung zutrifft, der Doktor also seinen Kopf neben einer *Valnessia* zum Fenster hinausstreckt, dann hat er wohl in Gläsern aufbewahrte exotische Mollusken in seinem Besitz. Er sammelt neben gewöhnlicheren Tieren wie *Frösch⟨en⟩*, *Kröten*, auch *Laich* und *Spinneneier* sowie *Hydra*, *Veretillen* und *Cristatellen*, Gattungen von Salz- bzw. *Süßwasserpolypen* also, die entwicklungsgeschichtlich auf der Grenze von Pflanzen- und Tierreich stehen und z. T. erst zu Beginn des 19. Jahrhunderts (*Veretillen* 1803, *Cristatellen* 1798) entdeckt wurden bzw. wissenschaftliche Aufmerksamkeit gefunden hatten. Vor allem das Interesse am *Backzahn von einem Infusionsthier* (einem »Heuaufgußtierchen«) ist nicht, wie man zunächst vermuten könnte, ein Witz, sondern vielmehr Indiz dafür, daß der Doktor die neuesten Forschungen seiner Disziplin mitverfolgt: die zahnähnliche Gebilde, mit denen die Infusorien ihre Nahrung zerkleinern, waren erstmals 1830 von Christian Gottfried Ehrenberg entdeckt und beschrieben worden (vgl. L5: Roth, GBJb 8, S. 265–268). Im Gegensatz zur zweiten Entwurfsstufe werden in Szene H 4,8 an ›kuriosen‹ Interessen des Doktors nur noch die ›Beobachtung des Niesens‹ und ein *proteus* erwähnt, wobei Büchner hier vermutlich nicht an eine Eidechsenart (vgl. L5: Winkler 1925, S. 232), sondern an eine von Wilbrand beschriebene Spezies der Infusorien dachte (L11: Wilbrand 1829, S. 597; vgl. Katalog Marburg, S. 247).
Über diese Anregungen informieren auch die Stellenerläuterungen zu den Szenen H 4,8, H 2,6 und H 3,1.

b) Der Menschenversuch im Zusammenhang ernährungsökonomischer Experimente um 1830

Mit dem Ernährungsexperiment des Doktors stellt Büchner eine Form von Wissenschaft dar, die zuvor formulierte Hypothesen (H 2,6 *meine neue Theorie*) zu bestätigen sucht, indem sie gezielt in natürliche Lebensprozesse eingreift. Mit der einseitigen Ernährung nimmt der Doktor – auch nach den medizinischen Kenntnissen der Zeit – Woyzecks Erkrankung zumindest in Kauf, seine Äußerungen sprechen sogar dafür, daß er ihn bewußt krank macht, um den Verlauf der Krankheit mit modernen Untersuchungsmethoden beobachten zu können. Das spezifische Interesse an menschlichen Versuchsobjekten zeigt der Doktor auch in Szene 9 (H 4,9), als er nicht eine Therapie oder Prophylaxe des zu erwartenden Schlaganfalls des Hauptmanns erwägt, sondern sich im Gegenteil von möglichen besonderen Ausbildungen der Krankheit interessante Experimente verspricht: *Übrigens kann ich sie versichern, daß sie einen von den interessanten Fällen abgeben und wenn Gott will, daß ihre Zunge zum Theil gelähmt wird, so machen wir die unsterblichsten Experimente.*

Woyzeck ist dem Doktor vertraglich verpflichtet, für eine bestimmte Zeit *nichts als Erbsen* zu essen, jeden Morgen bei ihm zu urinieren (H 2,6 *Muß er nicht aufs secret?* und H 4,8 *muß er nicht wieder pissen? geh' er einmal hinein und probir er's*) und sich den Puls messen zu lassen (H 4,8 *Zeig er seinen Puls!*). Der Doktor erwartet als Folge der einseitigen Ernährung offensichtlich Veränderungen in der Zusammensetzung von Woyzecks Urin und von den so gewonnenen Erkenntnissen *eine Revolution in der Wissenschaft* (H 4,8). Dabei bleibt unklar, welche *neue Theorie* er aufgestellt hat und wie diese durch die Ergebnisse des Menschenversuchs gestützt werden soll. Seit Hans Winklers Untersuchungen hat die Forschung angenommen, daß der Menschenversuch in Büchners »Woyzeck« durch entsprechende ernährungsphysiologische Experimente Justus Liebigs angeregt wurde, der seit 1824 außerordentlicher Professor in Gießen war und dort an einem »Detachement Soldaten« Ernährungsexperimente durchführte (L5: Winkler 1925, S. 121; vgl. auch Vogt, S. 40 f.). Diese Annahme ließ sich jedoch nicht verifizieren. Zu Büchners Lebzeiten konzentrierte sich Liebig auf Forschungen in analytischer Chemie, erst nach 1837 beschäftigte er sich mit der Anwendung der Chemie auf die Physiologie und die Landwirtschaft (vgl. L11: Elkeles 1991, S. 28 f.). Das als Anregung vermutete Ernährungsexperiment führte er im November 1840 durch und publizierte die Ergebnisse erst 1842 (vgl. L11: Liebig 1842, S. 14 f. und 289–295), so daß Büchner davon keine Kenntnis haben konnte.

Seit etwa 1815 lassen sich aber neben Tier- auch Menschenversuche anderer Wissenschaftler nachweisen, die Büchners Darstellung angeregt haben dürften. Bereits 1816 und 1825 hatte der französische Forscher François Magendie in verschiedenen Versuchen Hunde ausschließlich mit Käse, gekochten Eiern, Zucker, Olivenöl oder Butter (vgl. L11: Magendie 1816, III,73), andere mit Weißbrot bzw. Schwarzbrot ernährt und dabei u. a. festgestellt, daß den ausschließlich mit Käse bzw. gekochten Eiern ernährten Hunden die Haare ausfielen (vgl. L11: Magendie [4]1836, II,504 f.). Das könnte – Büchners Kenntnis derartiger Experimente vorausgesetzt – erklären, warum der Doktor angesichts von Woyzecks Haaren feststellt: *Sie sind dir ja ganz dünn geworden, seit ein Paar Tagen, ja die Erbsen, meine Herren* (H 3,1). Die Heidelberger Forscher Friedrich Tiedemann und Leopold Gmelin veröffentlichten 1826/27 die Ergebnisse einer Reihe von ähnlichen Versuchen über Zusammensetzung und Funktion der Verdauungssäfte. Sie hatten Hunde ausschließlich mit Tierleim oder Butter (vgl. L11: Tiedemann/Gmelin 1831, II,171–178) und Gänse mit Gummi, Zucker oder Stärkemehl (vgl. ebd., S. 185–195) gefüttert und dann, nach Aufnahme der Nährstoffe in die

Darmlymphgefäße, die fettreiche Lymphflüssigkeit, Darminhalt und Blut der Tiere untersucht. Zeitgenössisch bekannt war auch, daß die Harnstoffkonzentration im Harn der pflanzenfressenden und der fleischfressenden Tiere voneinander abwich (vgl. Hufeland XV,465–494), doch erst 1837 wies Carl Gotthelf Lehmann nach, daß auch der menschliche Urin bei einseitiger Kost unterschiedliche Harnstoffkonzentrationen aufweist. Hierzu unterzog er sich ab Mai 1837 gemeinsam mit einem Bekannten einer Reihe von Untersuchungen, die Aufschlüsse über die Zusammensetzung des menschlichen Urins bei gemischter, rein animalischer, rein vegetabiler und stickstofffreier Kost geben sollten. Lehmann wies eine Zunahme des Harnstoffgehaltes bei rein animalischer Nahrung, eine Abnahme bei rein vegetabiler Kost nach (vgl. L11: Lehmann 1842, S. 257–274). Falls Büchner von diesem Zusammenhang durch ähnliche, schon früher angestellte Untersuchungen Kenntnis hatte, so könnte dies die Nennung der sehr niedrigen Harnstoffkonzentration von *0,10* (bei einem Normalwert von 30,10 Promille) erklären. Zu denken ist schließlich auch an eine zeitgenössische Diskussion über den Nährwert von Gelatine, die in Frankreich ab 1812 zur regulären Nahrung von Hospitalinsassen und Armenhausbewohnern diente. Neben Versuchen an Tieren (vgl. L11: Edwards/Balzac 1833, S. 313–340) wurde der Nährwert von Gelatine auch an Menschen getestet. Jean Nicolas Gannal hatte 1833 solche Experimente durchgeführt. In seinem Bericht an die Pariser »Académie des sciences« beschreibt er einen siebzigtägigen Versuch an sich selbst und Experimente an Mitgliedern seiner Familie und Bekannten mit Gelatinenahrung (vgl. »Séances académiques«, in: »L'Institut«, Nr. 37, 23. Januar 1834, S. 29). Er kommt darin allerdings zu dem Schluß, daß Gelatinenahrung als Substitut kostenintensiverer Nahrung ungeeignet sei. Zu einem anderen Resultat kam Henri Milne Edwards, der 1833/34 zunächst an einer Person Ernährungsexperimente durchführte, ebenfalls mit dem Ziel, den Nährwert von Gelatine zu ermitteln. Daran schlossen sich zwei breiter angelegte Versuchsreihen an einunddreißig Soldaten einer Füsilier- sowie an sechsundzwanzig Soldaten einer Grenadierkompanie an, in denen Edwards zu dem Schluß kam, daß Gelatine ein geeignetes Substitut für teurere Nahrungsmittel sei (vgl. L11: Roulin 1835, S. 250–256, sowie »Archives générales de Médecine«, Bd. 7, 1835, S. 272–279). Wie Büchners Doktor experimentierte auch Edwards zunächst an nur einer Person, erst später folgte eine breiter angelegte Versuchsreihe. Zu einem ähnlichen Resultat wie Edwards kam auch Jean Sébastien Eugène Julia de Fontenelle in einem Bericht über eine achtzehnmonatige Versuchsreihe vom September 1831 bis Juni 1833, während der er zweiundsiebzig Personen in jeweils dreimonatigen Versuchsabschnitten mit einer Mischung aus Gelatine und Hülsenfrüchten ernährt und positive Ergebnisse erzielt hatte (vgl. »Séances académiques«, in: »L'Institut«, Nr. 38, 1. Februar 1834, S. 38, sowie »Erdmann's Journal«, Bd. 1, 1834, S. 190 f.). Fontenelle experimentierte mit verschiedenen Beigaben zu Gelatine und wies nach, daß besonders Erbsen und andere Hülsenfrüchte den Nährwert des Knochenextrakts steigerten (vgl. »Mémoire sur la gélatine«, in: »Gazette médicale«, Bd. 2, Nr. 37, 13. September 1834, S. 587–589). Seine Versuchsreihen erstreckten sich jeweils über einen Zeitraum von drei Monaten (vgl. H 3,1 *seit einem Vierteljahr*), während derer die Probanden nur Gelatine und Hülsenfrüchte zu sich nehmen durften und ihre Ausscheidungen analysiert wurden.

Die Ähnlichkeiten dieser von Fontenelle und Edwards durchgeführten Experimente mit dem Ernährungsversuch in Büchners »Woyzeck« erlauben die Vermutung, daß Büchner von diesen Versuchen durch die medizinische Fachliteratur Kenntnis hatte und bei der Darstellung des Experiments im Drama auf sie zurückgriff.

Mit dem nationalökonomischen Ziel dieser Experimente (vgl. den Bericht Gannals, S. 29), Ersatznahrungsmittel für die ärmeren Bevölkerungsschichten oder aber für die fürstlichen Heere zu finden, verträgt sich nicht die Freude des Doktors angesichts von Woyzecks psychischen Störungen. Diese Freude wäre dagegen erklärlich durch die Annahme, daß Büchner mit dem Doktor einen Vertreter jener zeitgenössischen Theorie darstellen wollte, die psychische Störungen durch somatische Krankheiten, vor allem im Magen-Darmbereich, verursacht sah (vgl. hierzu Kap. III.2). Nach dem Kenntnisstand der zeitgenössischen Medizin hätte eine vielwöchige Erbsendiät gravierende Störungen im Magen- und Darmbereich herbeigeführt, die den Somatikern zufolge wiederum das Auftreten von Wahnvorstellungen zumindest begünstigt hätte (vgl. Clarus, S. 67; Dok. 1, S. 150). Überhaupt spielen in der umfangreichen Diskussion über das Verhältnis zwischen Körper und Psyche die Verdauungsorgane eine zentrale Rolle. So schreibt Johann Christian Reil in seinem Werk »Ueber die Erkenntniß und Cur der Fieber«: »Fettes Fleisch, Hülsenfrüchte, grobe Fische und ungegohrne Mehlspeisen erzeugen leicht 〈...〉 Krankheiten des Unterleibes, durch welche sich nach und nach ein Hang zur Melancholie entspinnen kann« (L11: Reil 1805, S. 436 f.). Und an anderer Stelle heißt es: Der Genuß von »schwer verdaulichen Nahrungsmitteln«, wie z. B. von »Hülsenfrüchten«, »macht zuerst die Nerven des Unterleibes krank, diese afficiren das Gehirn und auf solche Art entspinnt sich Hypochondrie, die endlich in Melancholie und andere Arten von Geisteszerrüttungen übergehen kann« (ebd., S. 445.) Ähnlich stellten Franz Amelung und Friedrich Bird 1832 in den »Beiträge〈n〉 zur Lehre von den Geisteskrankheiten« fest, daß »〈f〉instere, melancholische, mit fixen Ideen und Schreckensbildern geplagte Verrückte 〈...〉 meist Bauchkranke seyn« werden (L12a: Amelung/Bird 1832–36, I,65), und A. L. J. Bayle urteilte 1830 in seiner Schrift »Allgemeine Bemerkungen über chronische Unterleibsentzündung und die mit derselben häufig verbundene Seelenstörung«: »Es kann, wiewohl selten, eine chro-

nische Entzündung der Schleimhaut, des Magens und der Gedärme eine Seelenstörung veranlassen; weit häufiger aber kann eine solche durch jene unterhalten, modificirt und ihr Charakter durch dieselbe bestimmt werden« (L12a: Bayle 1830, S. 150 f.) Auch könne eine »gastritis« letztlich dazu führen, daß »die Seele ihre Herrschaft über den Organismus« verliert (ebd., S. 154).
Möglicherweise versucht also der Doktor zu beweisen, daß die Erbsendiät eindeutig beschreibbare und untereinander zusammenhängende Folgen sowohl im Bereich der Physiologie (Harnstoff), der Somatik (Zittern, Haarausfall) und der Seelenstörungen (Halluzinationen, Aberratio) nach sich zieht.

IV. Pauperismus

1. Einleitung: Der Kampf zwischen Arm und Reich

Die nationalökonomischen Publizisten der Aufklärung wie z. B. Adam Smith hatten die gesellschaftliche Armut für eine Folge der spätfeudalen Sozialstruktur und der politischen Behinderungen von Warenverkehr und Warenproduktion gehalten und deshalb angenommen, daß sie mit der Revolutionierung der feudalen Gesellschaftsordnung und der Industrialisierung verschwinden werde. Diese Annahme wurde seit Beginn des 19. Jahrhunderts durch die zunehmende Verarmung breiterer Bevölkerungsschichten in Frage gestellt, die als eine »historisch neuartige Erscheinung« mit der traditionellen Armut nicht vergleichbar war (L10: Wehler 1987, S. 283). Diese neuartige Massenarmut rief seit etwa 1830 auch in Deutschland eine steigende Zahl vormärzlicher Pauperismus-Literatur hervor, in der der überwiegende Teil der Publizisten glaubte, die neue Armut sei Teil einer Übergangskrise, die in Verbindung mit der starken Bevölkerungszunahme aus dem Zerfall der »spätfeudalen Agrargesellschaft« resultiere und mit der voranschreitenden Industrialisierung verschwinden werde. Nur eine Minderheit – so z. B. Friedrich Engels in seiner Schrift »Die Lage der arbeitenden Klasse in England« von 1845 – interpretierte die Massenarmut als »notwendige Begleiterscheinung der anlaufenden Industrialisierung« (Wehler 1987, S. 283 f.) oder noch allgemeiner als wesentliches Strukturmerkmal der bestehenden Gesellschaft überhaupt. Auch Georg Büchner gehörte zu dieser Minderheit.
Büchner war während seines Studiums in Straßburg 1831 bis 1833 mit den sozialrevolutionären und frühkommunistischen Bewegungen Frankreichs in Berührung gekommen und hatte etwa von Auguste Blanqui lernen können, daß die Gesellschaft aus Eigentümern und Nicht-Eigentümern

(»prolétaires«) besteht, von denen die einen, die Armen, in Revolutionen um ihr »Recht zu leben« kämpfen (L10: Blanqui 1832, S. 1; vgl. Dok. 3, S. 198), während die »Privilegirten sich vom Schweiße der Armuth mästen« (ebd., S. 3; vgl. Dok. 3, S. 199). Nach seiner Rückkehr nach Hessen gründete Büchner im März 1834 die sozialrevolutionäre geheime »Gesellschaft der Menschenrechte«, mit der durch »die Verbreitung von ⟨...⟩ Flugschriften ⟨...⟩ auf die niederen Volksclassen« eingewirkt werden sollte, da Büchner »der Ansicht war, das materielle Elend des Volkes sey es, wo man den revolutionären Hebel der geheimen Presse ansetzen müsse« (zit. nach Katalog Marburg, S. 188), wie er auch die Auffassung vertrat, daß »das Verhältniß zwischen Armen und Reichen« das »einzige revolutionäre Element in der Welt« sei (vgl. Dok. 10, S. 213) und »nur das nothwendige Bedürfniß der großen Masse Umänderungen herbei führen kann« (vgl. Dok. 5, S. 203). Auch seine Äußerungen zur Notwendigkeit revolutionärer Gewalt (vgl. Dok. 4, S. 201 f.), zu Armut und Hunger als revolutionären Triebkräften und zur »ungebildeten und armen Klasse« als Trägerin einer Revolution (vgl. Dok. 10, S. 213) sowie die Anprangerung der fiskalischen Ausbeutung im »Hessischen Landboten« (HA II, S. 36 ff.; vgl. Dok. 7, S. 205 ff.) kennzeichnen ihn als einen Anhänger sozialrevolutionärer Ideen. Dementsprechend hielt Büchner wenig von den Strategien und Zielen der zeitgenössischen bürgerlich-liberalen Oppositionellen. Empörten sich diese vor allem über ihre politische Rechtlosigkeit, so empörte sich Büchner über die materielle Not der verarmten subbürgerlichen Schichten, und anders als die Mehrzahl der Oppositionellen sah er die entscheidende Konfliktlinie der Gesellschaft nicht zwischen den adligen Nutznießern des feudalabsolutistischen Regimes, den ›Fürsten und Vornehmen‹, und den von politischer Mitbestimmung ausgeschlossenen bürgerlichen Untertanen verlaufen, sondern zwischen Armen und Reichen oder auch – wie er in einem Brief an den jungdeutschen Literaten Karl Gutzkow 1836 schrieb – zwischen der »gebildete⟨n⟩ und wohlhabende⟨n⟩ Minorität« auf der einen und der »großen Klasse« auf der anderen Seite (vgl. Dok. 12, S. 214).

Daß Büchner in sozialrevolutionären Kategorien dachte, zeigt sich auch in seiner Arbeit an »Woyzeck« und läßt sich zunächst schon durch einen Vergleich zwischen Büchners Quellen und dem Drama selbst demonstrieren. In seinem historischen Teil ist das Woyzeck-Gutachten eine wichtige Quelle für das im ganzen schlecht dokumentierte Leben verelendeter Bevölkerungsschichten im frühen 19. Jahrhundert. Clarus liefert hier die Lebensbeschreibung eines typischen Armen, die den Zusammenhang von Armut, psychischer Störung und Kriminalität sowie die Reaktionen der Umgebung auf Verelendung und Erkrankung sichtbar macht. Im Gerichtsverfahren, in den urteilenden Passagen des Gutachtens und in der nachfolgenden gerichtspsychiatrischen Debatte spielte Woyzecks Armut freilich keine Rolle mehr. Clarus selbst verteidigte die Auffassung, daß jeder Mensch zu moralischem Handeln uneingeschränkt fähig sei, gegen die Einwände der liberalen Psychiatrie, die im Gegensatz dazu nachwies, daß diese Fähigkeit bei einem Kranken wie Woyzeck nicht mehr vorauszusetzen sei. Die sozialen Ursachen für Woyzecks Tat, oder allgemeiner: den Zusammenhang zwischen Armut, Moralität und Krankheit, erörterte keine der beiden Parteien, während Büchner die Auffassung vertrat, »es sei keine Kunst ein ehrlicher Mann zu sein, wenn man täglich Suppe und Fleisch zu essen habe« (nach Aussage August Beckers; vgl. Dok. 8, S. 210), und daß »es in Niemands Gewalt liegt, kein Dummkopf oder kein Verbrecher zu werden, – weil wir durch gleiche Umstände wohl Alle gleich würden« (vgl. Dok. 6, S. 203 f.). Büchner betrachtete also die Geltung moralischer Normen als Funktion sozialer Umstände. Woyzeck zeigt er nicht nur als Kranken, sondern auch, und zwar in den späteren Entstehungsstufen zunehmend, als einen Armen.

Der Konflikt zwischen Woyzeck, Marie und dem Tambourmajor, der sich auf der ersten Entwurfsstufe (H 1) andeutet, ist im sozialen Sinne noch unbestimmt, denn auch der Tambourmajor gehört noch keineswegs zu den Reichen. Auf der zweiten Entwurfsstufe akzentuiert Büchner dagegen bereits den ununterbrochenen Arbeitsdruck, unter dem Woyzeck leidet, und er führt mit den Figuren des Doktors und des Hauptmanns den gesamtgesellschaftlich zentralen Konflikt zwischen bürgerlicher und plebejischer Schicht in das Drama ein. In H 4 werden Woyzecks und Maries Armut an vielen weiteren Einzelheiten (vgl. die Szenen H 4,4: *Marie ⟨...⟩ ein Stückchen Spiegel in der Hand;* H 4,15: *Das Pistolchen ist zu theuer*; H 4,17: *Woyzeck, kramt in seinen Sachen*) deutlich; außerdem wird »Armut« mehrmals ausdrücklich Gegenstand von Gesprächen und Äußerungen der Dramenfiguren. Marie und Woyzeck verstehen sich selbst als ›die Armen‹, nämlich als arm *Weibsbild* im Gegensatz zu den *großen Madamen mit ihren Spiegeln von oben bis unten* (H 4,4) und als *arme Leut* im Gegensatz zu einem *Herr⟨n⟩* mit *Hut* und *Uhr* und *anglaise* (H 4,5); Woyzecks Äußerung, er wolle *schon tugendhaft seyn*, wenn er nur *ein* [*vornehmer*] *Herr wär* (H 4,5; vgl. Diff. Text), ist ein Echo der schon erwähnten Äußerung Büchners, »es sei keine Kunst ein ehrlicher Mann zu sein, wenn man täglich Suppe und Fleisch zu essen habe«.

Das Brockhaus-Lexikon von 1817 unterscheidet indes zwischen zwei Formen von Armut. Arm ist, wer »durch Arbeit sich redlich nährt, aber bei aller Anstrengung seiner Kräfte und seines Fleißes nicht so viel erwerben kann, als er für sich und die Seinigen braucht« (Brockhaus 1817–19, I,297; vgl. Dok. 14, S. 216); arm sind aber auch diejenigen »die nirgends ein Obdach haben und in Höhlen, auf Straßen, in Feldern, Ställen, Waldhütten etc. übernachten« (ebd.). Johann Christian Woyzeck gehörte bis zu seiner Entlassung als Soldat der ersten Gruppe, danach, ab 1818, kann er schon zur zweiten Gruppe gerechnet werden. Doch orientierte sich Büchner in seinem Drama nicht an der Umgebung der Arbeits- und Obdachlosen, sondern verlegte die Handlung in das Milieu des Militärs, in dem Woyzeck zwischen 1806 und 1818 gelebt hatte, und zeigt, wie Woyzeck sich trotz angestrengtester Arbeit aus seiner Armut nicht befreien kann. Sein Leben ist bestimmt, wie es in »Danton's Tod« heißt (I/2; vgl. Dok. 9, S. 212), vom »Mord durch Arbeit«.

»Mord durch Arbeit« ist auch das zentrale Unrecht, das der »Hessische Landbote« den verarmten Bauern, Handwerkern und Tagelöhnern Hessens als Charakteristikum ihres eigenen Lebens vor Augen führt. In »Woyzeck« überträgt Büchner eben dies auf den Bereich des Militärs. Hier war der einfache Soldat permanent verfügbar und erhielt dafür einen Minimallohn, der ihn häufig zwang, durch außerdienstliche Tätigkeiten sein Einkommen aufzubessern. Daß ein *Soldat* – allenfalls zusammen mit dem Tagelöhner – die *unterst Stuf von menschliche Geschlecht* war, wie der *Ausrufer* vor seiner Bude in Szene H 2,3 sagt, wird durch einen Vergleich der unterschiedlichen Jahresverdienste im Großherzogtum Hessen deutlich.[1] Dabei gilt für Soldaten unterhalb der Offiziersränge: Ein Regimentstambour bezog täglich 32 Kreuzer, also jährlich ca. 160 Gulden, ein Unteroffizier (Korporal) täglich 17 Kreuzer, also jährlich ca. 85 Gulden, ein gemeiner Infanteriesoldat dagegen täglich 7 Kreuzer, also jährlich ca. 35 Gulden. Ein Regimentstambour (Tambourmajor) verdiente demnach viereinhalbmal soviel wie ein gemeiner Soldat.

1 Vgl. dazu GBJb 7 (1988/89), S. 386, Anm. 17, und Wagner IV,339 f. – Die Umrechnung des Tagessolds auf einen Jahreslohn (zu 300 Arbeitstagen, vgl. Bruno Hildebrand, »Die Nationalökonomie der Gegenwart und der Zukunft«, Bd. 1, Frankfurt a. M. 1848, S. 181) kann, aufgrund der weiter unten erläuterten Struktur des Militärdienstes, nur einen ungefähren Anhaltspunkt bieten. Beim Jahresverdienst der Handarbeiter (Tagelöhner und Maurergeselle) ist eine zweimonatige Arbeitslosigkeit unterstellt worden (vgl. Lieselotte Dilcher, »Der deutsche Pauperismus und seine Literatur«, Diss. Frankfurt a. M. 1957, S. 105). Zur Ausgabenverteilung vgl. Hildebrand, S. 182.

Zum Lohn der Soldaten hinzu kamen außer den »nöthigen Monturen und Waffen« sowie dem »Quartier in Kasernen, Holz und Licht« auch »Brodportionen« (Wagner IV,339, vgl. Erl. zu Szene 4 *Löhnung* und Szene 8 *menage*). Das macht Vergleiche mit anderen Berufen, die Lohnzusätze entweder gar nicht oder in anderer Form kannten, problematisch; dennoch seien hier einige Zahlen genannt. Ein Maurergeselle verdiente täglich 30 Kreuzer, also jährlich ca. 125 Gulden, ein städtischer Tagelöhner täglich 36 Kreuzer, also jährlich ca. 150 Gulden, ein Schneidermeister ebenfalls jährlich ca. 150 Gulden, ein Lehrer ca. 400 Gulden, ein Arzt als Dienstgehalt ca. 400–670 Gulden, ein Rittmeister oder Kapitain (Hauptmann) II. Klasse ca. 910–1030 Gulden, ein Hofgerichtsrat ca. 1200–2000 Gulden und ein Major der Infanterie ca. 1740 Gulden.
Die notwendigsten täglichen Nahrungsmittel für eine Person wurden Mitte der 1830er Jahre auf ca. 5 Kreuzer (vgl. L10: Kattwinkel 1912, S. 76 f.) berechnet. Die Löhnung eines Soldaten – 7 Kreuzer Tageslohn plus täglicher Brotration – war also offenbar so kalkuliert, daß sie zur Deckung der allernotwendigsten Lebensbedürfnisse für eine Person gerade ausreichte, wobei man von staatlicher Seite voraussetzte, daß die »Gemeinen« ihren Lohn durch zusätzliche Arbeit aufbessern würden. 1817 wurde eine geforderte Solderhöhung vom Kriegsministerium abgelehnt, »weil es den Soldaten 〈...〉 an Gelegenheit nicht fehlt, sich in ihren freien Stunden durch Arbeit etwas zu verdienen, und die Beschaffenheit der herrschaftlichen Kassen kaum die Bestreitung der etatsmäßigen Ausgaben möglich macht« (zit. nach L10: Bigge 1903, S. 227). Das Hinzuverdienen konnte innerhalb und außerhalb des Dienstverhältnisses geschehen. Bei außerdienstlicher Arbeit war es »dem Soldaten nicht erlaubt, anders als auf dem Wege gebilligter Arbeit Geld zu erwerben; er kann kein Handwerk, keine Kunst, deren Betrieb versteuert werden muß, auf eigene Rechnung treiben 〈...〉; dagegen ist ihm erlaubt, als Gehülfe bei einem 〈...〉

Meister zu arbeiten, wenn ihm seine Dienstverhältnisse nicht entgegenstehen« (DR I,22, § 91). Bei innerdienstlichen Tätigkeiten unterschied das Dienstreglement »gewöhnliche Arbeit« und »bezahlte Arbeit« bzw. »Lohndienste« (ebd., S. 103, § 461). Arbeiten, die mit der Ausrüstung der eigenen Waffengattung zu tun hatten, wurden nicht bezahlt; jedoch konnte für Arbeiten, »welche entweder bei den allgemeinen Ausrüstungsgegenständen oder bei denen der anderen Waffengattungen vorkommen«, »eine Zulage« ausgezahlt werden (DR II,119, § 129). Zuständig für die Einteilung zur Arbeit, für die Entlohnung und weitere finanzielle Angelegenheiten war der Hauptmann. Er bezeichnete »dem Feldwebel« zum Lohndienst »diejenigen Leute, welche es am meisten bedürfen« (DR I,42, § 195), zahlte die Löhnung und vermutlich auch die Zulagen aus (ebd., § 193; vgl. H 4,4: *die Löhnung und was von mein'm Hauptmann*) und genehmigt auch die Befreiung von der Menage bei den Soldaten, »bei welchen er versichert ist, daß es zu ihrem Vortheil gereiche und sie außerdem ihre gute Verköstigung haben« (ebd., § 198). Generell entlohnt wurde qualifizierte Arbeit; diensttuende Handwerker waren sogar verpflichtet, ihre »Kunst oder ⟨...⟩ ⟨ihr⟩ Handwerk ⟨...⟩ gegen die verordnungsmäßige Bezahlung ⟨...⟩ anzuwenden« (ebd., S. 22, § 92).

Für Woyzecks Tätigkeiten gilt demnach: Der in H 4,10 dargestellte Wachdienst war gewöhnlicher Dienst ohne zusätzliche Entlohnung; dagegen gehören die übrigen Tätigkeiten, also das Schneiden von Stöcken (H 4,1) oder das Rasieren (H 4,5), vermutlich zu den »Lohndiensten« innerhalb der Dienstzeit. Außermilitärische, aber »gebilligte Arbeit« sind Woyzecks Leistungen gegenüber dem Arzt. Mit dem Geld, das Woyzeck vom Doktor erhält, verdopppelt er seinen Lohn, denn die in H 4,8 genannten *2 Groschen täglich* (in H 2,6 waren es noch *3 Groschen*) entsprechen 7 Kreuzern.[2]

2 Die Umrechnung erfolgt nach dem amtlichen Kurs von 1828. Danach sind 30 ⟨preußische oder kurhessische⟩ (Silber-)Groschen = 1 ⟨preußischer oder kurhessischer⟩ Thaler = 1 ⟨hessen-darmstädtischer⟩ Gulden und 45 Kreuzer = 105 Kreuzer. Demnach waren 2 Groschen = 7 Kreuzer.

Woyzeck verdient demnach außer dem nicht genauer spezifizierten Betrag für weitere »Lohndienste« (vgl. H 4,4 *was von mein'm Hauptmann*) und den vom Arzt gelieferten Erbsen täglich 14 Kreuzer, womit er den Lebensunterhalt für sich selbst, Marie und das Kind bestreitet.
Ob sich ein zeitgenössischer Leser den dreißigjährigen Woyzeck (vgl. H 4,17 *30 Jahre*) als normal gezogenen Soldaten vorgestellt hätte, ist ungewiß. Militärpflichtig waren die Untertanen nur im Alter von 20 bis 26 Jahren (vgl. Wagner IV,124), und zwar für die Dauer von sechs Jahren, also im Normalfall längstens bis zu einem Alter von 32 Jahren. Da allerdings das Militär nur etwa ein Drittel des Altersjahrgangs benötigte, wurden die Rekruten durch das Los ausgewählt (vgl. GHRB Nr. 45, 4. August 1830, S. 243, Art. 12; vgl. auch L10: Fleck 1984, S. 202). Ausgeloste konnten dann, wenn sie hinreichend begütert waren, für ca. 200 Gulden einen »Einsteher« verpflichten, an ihrer Stelle zu dienen (vgl. ebd., S. 250 f., Art. 46; Fleck, S. 207). Die »Einsteher«, die bis zum Alter von 32 Jahren angenommen wurden (vgl. ebd., S. 242, Art. 5), mußten die Einstandssumme als Kaution beim Kriegsministerium hinterlegen, was sie von einer Desertion abschrecken sollte. Nun hatte im Jahr 1836 im hessen-darmstädtischen Heer fast jeder siebte Soldat bereits eine volle Dienstzeit hinter sich (vgl. Fleck, S. 212), war also »Einsteher« oder »Freiwilliger«. Die Möglichkeit, solche »Einsteher« zu verpflichten, hatte zur Folge, daß dem »Militärdienst 〈...〉 die höheren Stände, die gebildeten Klassen fast gänzlich entzogen« waren, wie auf dem Landtag 1835/1836 geäußert wurde (ebd., S. 211). Auch Woyzeck könnte man sich demnach mit einiger Berechtigung als einen solchen »Einsteher« oder »Freiwilligen« vorstellen, als einen aus den Armutsschichten stammenden Quasi-Berufssoldaten.
Zweifelhaft ist schließlich, ob die gesetzlichen Bestimmungen Woyzeck eine Eheschließung erlaubt hätten. Im Großherzogtum Hessen traten zwar allgemeine gesetzliche Ehe-

beschränkungen erst in den 1840er Jahren in Kraft; zuvor war lediglich den Kriegsdienstpflichtigen der ersten Klasse, also den 20jährigen, die Heirat verboten, wenn sie keinen »Einsteher« stellen konnten (vgl. Rekrutierungsgesetz, GHRB vom 4. August 1830, S. 243, Art. 11). Doch Woyzeck weist im Gespräch mit dem Hauptmann (H 4,5) nicht auf gesetzliche, wohl aber auf finanzielle Hindernisse der Eheschließung hin. Nach dem »Dienstreglement« war »Freiwilligen« und »Einstehern«, die bereits eine Dienstzeit abgeleistet hatten, die Heirat prinzipiell erlaubt (vgl. DR I,89, § 404, Abs. 2). Eine einzelne Kompanie durfte jedoch höchstens vier Verheiratete aufweisen; ihnen war auferlegt, vor der Eheschließung 600 Gulden Vermögen nachzuweisen (vgl. ebd., Abs. 3), eine für Woyzeck mit Sicherheit unerfüllbare Bestimmung.

Die folgenden Dokumente sollen dem Leser einen Einblick ermöglichen in die zeitgenössische Diskussion um das Phänomen Armut. Neben Äußerungen von Büchner zur Armut werden Auszüge aus der berühmten Verteidigungsrede Auguste Blanquis, die als Straßburger Flugschrift ab März 1832 (vgl. GB I/II, S. 63) auch in deutscher Übersetzung weite Verbreitung fand, sowie Auszüge aus verschiedenen Artikeln des Brockhaus-Konversationslexikons abgedruckt. Letztere sollen einen Eindruck davon geben, wie die offiziöse Publizistik auf die neue Armut reagierte, vor allem wie sich die Erklärungsversuche und Begrifflichkeiten, mit denen Staat und Bürgertum das Problem der Armut zu fassen suchten, im Verlauf von ca. 25 Jahren änderten. Die Auszüge entstammen den Auflagen des Brockhaus der Jahre 1817 bis 1843/46 (4.–9. Auflage).

2. Dokumente

Dokument 3

Auguste Blanqui: Prozeß der Volksfreunde zu Paris. Ein Vorbild des Ernstes und der Kraft. Straßburg: gedruckt bei der Witwe Silbermann ⟨1832⟩. 12 S.

Geschworne! man klagt mich an, vor dreißig Millionen Franzosen (Proletaires gleich mir) gesagt zu haben, sie hätten das Recht zu leben. Wenn dieß nun ein Verbrechen ist, so wäre es auf jeden Fall billig, mich nicht vor Männer zu laden, die Parthei und Richter in derselben Sache sind. Nun bemerken Sie, meine Herren, daß das öffentliche Anklage-Amt sich nicht an Ihre Rechtlichkeit und Vernunft, sondern an Ihre Leidenschaften und an Ihr Interesse gewendet hat. Es ruft Ihre Strenge nicht auf, gegen eine moral- und gesetzwidrige That, sondern es sucht Ihre Rache anzuflammen gegen Etwas, das es Ihnen als Ihr Leben und Eigenthum bedrohendes vorstellt. Ich stehe also nicht vor Richtern, sondern vor Feinden; unnütz wäre es demnach, mich vertheidigen zu wollen. Auch bin ich entschlossen und gefaßt auf jedes Urtheil das mich treffen könnte, indem ich jedoch mich feierlich und kräftig gegen diese Stellvertretung des Rechts durch Gewalt auflehne, und mit voller Zuversicht von der Zukunft hoffe, sie werde die Macht dem Rechte verleihen. Sollte es jedoch Pflicht für mich seyn, für mich, Proletaire, der all' und jedes Bürgerrechtes baar ist, die Inkompetenz eines Tribunals darzuthun, dem nur Privilegirte beisitzen, die nicht meines Gleichen sind, so bin ich überzeugt, daß ihr genug hinlängliche Bildung besitzet, die Stellung würdigen zu können, welche euch die Ehre in diesen Verhältnissen führte, wo man entwaffnete Gegner eurer Opferung preis giebt. Unsere Rolle ist zum voraus bestimmt, die Rolle des Anklägers ist die einzige, die dem Unterdrückten zukommt. –
⟨...⟩

Das Gericht hat eurer Einbildung, so zu sagen, in ferner Perspective, eine Empörung der Sklaven vorgespiegelt, um euren Haß durch Furcht anzuregen. »Ihr seht, sagte es, dieß ist der Krieg der Armen gegen die Reichen; Jeder der Etwas besitzt, ist betheiligt diese Eingriffe zurückzuweisen; wir führen euch eure Feinde vor, zernichtet sie, bevor sie furchtbarer werden.«

Ja, meine Herren! Dieß ist der Krieg zwischen Arm' und Reich'; so wollten es die Reichen, denn sie haben den ersten Angriff gethan. – Sie finden nur übel, daß die Armen Widerstand leisten; gerne möchten sie vom Volke sagen: »Diese Bestie ist so wild, daß sie sich vertheidigt wenn man sie angreift.« Die ganze Philippica des Hrn. General-Advokaten beschränkt sich auf den Gehalt dieser paar Worte.

Unaufhörlich klagt man die Proletairs als Raubgesindel an, das bereit sey, sich über die Besitzthümer herzumachen. – Und warum? weil sie sich beklagen unter der Last von Auflagen und Abgaben, zu Nutz und Gunst der Privilegirten, erdrückt zu werden.

Die Privilegirten hingegen, die sich vom Schweiße der Armuth mästen, diese sind legitime Besitzer, denen ein gieriger Pöbel mit Raub und Plünderung droht. –

Es ist nicht das erste Mal, daß sich Henker in die Maske der Schlachtopfer verstecken. – Wer sind denn diese Räuber die solchen Fluches, solcher Qualen würdig wären? Dreyßig Millionen Franzosen, die dem Fiskus anderthalb Milliarden und beinahe ebensoviel den Privilegirten zahlen. – Die Eigenthümer aber, welche die ganze Gesellschaft mit ihrer Macht schützen soll, dieß sind 2 oder 300,000 Müßige, welche ganz behaglich die Milliarden verzehren, die jene Räuber ihnen entrichten. Mir däucht, dieß ist, nur unter einer andern Form, und zwischen andern Gegnern, der Krieg der Feudalbarone gegen die Kaufleute, die sie auf offenen Heerwegen anfielen und plünderten. –

⟨...⟩

Paul Courrier hat schon den Schmorkessel des Repräsentativ-Systems verewigt; diese Zug- und Stampfpumpe, welche die Materie, genannt Volk, zerstampft, um die Milliarden daraus zu ziehen, die unabläßig in die Koffer einiger Müßiggänger fließen.
Schreckliche Maschine, welche von 25 Millionen Bauern und 5 Millionen Handwerkern einen um den andern zermalmt, um ihr reinstes Blut abzuzapfen und in die Adern der Privilegirten umzugießen.
Das mit bewunderungswürdiger Kunst kombinirte Räderwerk dieser Maschine ergreift den Armen jeden Augenblick, verfolgt ihn in den geringsten Bedürfnissen seiner anspruchslos bescheidenen Lebensweise, rafft die Hälfte seines geringfügigen Gewinns, seines armseligsten Genusses, hinweg. – Und doch ist dieß noch nicht genug: das Geld, welches aus dem Säckel des Armen in die Kisten und Kasten des Reichen strömt, muß durch den bodenlosen Schlund des Fiskus gehen; noch ungeheuer größere Summen werden unmittelbar von der Masse durch die Privilegirten bezogen, kraft gewisser Gesetze, welche auf den industriellen und Handels-Verträgen lasten, Gesetze deren Fabrikation ganz ausschließlich den Privilegirten zusteht. ⟨...⟩
Die Organe des Ministeriums wiederholen mit Selbstgefälligkeit, daß ja den Klagen des Armen Wege offen stehen, daß ihm ja die Gesetze rechtsgeregelte Mittel an die Hand geben, seine Anliegen und Interessen gehörigen Orts zu vertreten.
Doch, das ist Hohn, bittrer Hohn! Verfolgt den Armen nicht allenthalben der gähnende Rachen des Fiscus? Er muß sich abmühen und arbeiten, Tag und Nacht arbeiten um unaufhörlich dieser neuen Gier den Fraß in den Schlund zu werfen, glücklich noch! wenn ihm ein Bröcklein übrig bleibt, den Hunger seiner Kinder zu stillen!!! – Das Volk schreibt keine Journale, schickt weder Adressen noch Bittschriften an die Kammern, dieß wäre verlorne Zeit, ja, was

noch mehr ist: Alle Stimmen, die in der politischen Sphäre einigen Widerklang finden, die Stimmen der Salons, der Handelshäuser, der Kaffeehäuser, kurz aller Orte, wo sich die sogenannte öffentliche Meinung bildet: alle diese Stimmen sind die der Bevorrechteten; keine, nicht Eine gehört dem Volke an! es ist stumm, es lebt sein Pflanzenleben, fern von diesen erhabenen Regionen; wo sein Schicksal abgekartet und bestimmt wird. Wenn durch Zufall oft der Rednerbühne oder der Presse ein Wort der Bemitleidung seines Elends und Jammers entwischt, eilt man im Namen der öffentlichen Ordnung und Sicherheit, Schweigen zu gebieten, denn diese verpönt die leiseste Berührung jener feuersprühenden Fragepunkte, oder man schlägt Alarm gegen Anarchie! Wenn nun einige Menschen beharren, so büßen sie rechtens im Gefängniß für ihr Gebrüll, das die ministerielle Verdauung gestört hat; wenn dann ein tiefes Schweigen herrscht, sagt man: »Sehet doch Frankreich an, wie glücklich es ist! wie friedlich! die Ordnung herrscht allenthalben! ....⟨«⟩ Sollte aber trotz dieser Maaßregeln der Nothschrei des Hungers so vieler Tausende von Unglücklichen die Ohren der Privilegirten erreichen, so schreien, stöhnen und brüllen sie: »Macht muß dem Gesetze bleiben! eine Nation soll nur für die Gesetze erglühen!«
⟨...⟩

Dokument 4

Brief Büchners an die Eltern:

Straßburg, ⟨frühestens am 6.⟩ April 1833.

Heute erhielt ich Euren Brief mit den Erzählungen aus Frankfurt.[3] Meine Meinung ist die: Wenn in unserer Zeit etwas helfen soll, so ist es Gewalt. Wir wissen, was wir

3 Büchner bezieht sich hier auf den Frankfurter Wachensturm vom 3. April 1833.

von unseren Fürsten zu erwarten haben. Alles, was sie bewilligten, wurde ihnen durch die Nothwendigkeit abgezwungen. Und selbst das Bewilligte wurde uns hingeworfen, wie eine erbettelte Gnade und ein elendes Kinderspielzeug, um dem ewigen Maulaffen Volk seine zu eng geschnürte Wickelschnur vergessen zu machen. Es ist eine blecherne Flinte und ein hölzerner Säbel, womit nur ein Deutscher die Abgeschmacktheit begehen konnte, Soldatchens zu spielen. Unsere Landstände sind eine Satyre auf die gesunde Vernunft, wir können noch ein Säculum damit herumziehen, und wenn wir die Resultate dann zusammennehmen, so hat das Volk die schönen Reden seiner Vertreter noch immer theurer bezahlt, als der römische Kaiser, der seinem Hofpoeten für zwei gebrochene Verse 20,000 Gulden geben ließ. Man wirft den jungen Leuten den Gebrauch der Gewalt vor. Sind wir denn aber nicht in einem ewigen Gewaltzustand? Weil wir i⟨m⟩ Kerker geboren und großgezogen sind, merken wir nicht mehr, daß wir im Loch stekken mit angeschmiedeten Händen und Füßen und einem Knebel im Munde. Was nennt Ihr denn gesetzlichen Zustand? Ein Gesetz, das die große Masse der Staatsbürger zum frohnenden Vieh macht, um die unnatürlichen Bedürfnisse einer unbedeutenden und verdorbenen Minderzahl zu befriedigen? Und dies Gesetz, unterstützt durch eine rohe Militärgewalt und durch die dumme Pfiffigkeit seiner Agenten, dies Gesetz ist eine ewige, rohe Gewalt, angethan dem Recht und der gesunden Vernunft, und ich werde mit Mund und Hand dagegen kämpfen, wo ich kann. Wenn ich an dem, was geschehen, keinen Theil genommen und an dem, was vielleicht geschieht, keinen Theil nehmen werde, so geschieht es weder aus Mißbilligung, noch aus Furcht, sondern nur weil ich im gegenwärtigen Zeitpunkt jede revolutionäre Bewegung als eine vergebliche Unternehmung betrachte und nicht die Verblendung Derer theile, welche in den Deutschen ein zum Kampf für sein Recht bereites Volk sehen. Diese tolle Meinung führte die

Frankfurter Vorfälle herbei, und der Irrthum büßte sich schwer. Irren ist übrigens keine Sünde, und die deutsche Indifferenz ist wirklich von der Art, daß sie alle Berechnung zu Schanden macht. Ich bedaure die Unglücklichen von Herzen. Sollte keiner von meinen Freunden in die Sache verwickelt sein? ⟨...⟩[4]

Dokument 5

Brief Büchners an die Eltern:

Straßburg, im Juni 1833.

⟨...⟩ Ich werde zwar immer meinen Grundsätzen gemäß handeln, habe aber in neuerer Zeit gelernt, daß nur das nothwendige Bedürfniß der großen Masse Umänderungen herbeiführen kann, daß alles Bewegen und Schreien der Einzelnen vergebliches Thorenwerk ist. Sie schreiben, man liest sie nicht; sie schreien, man hört sie nicht; sie handeln, man hilft ihnen nicht. ⟨...⟩

Dokument 6

Brief Büchners an die Eltern:

Gießen, im Februar 1834.

⟨...⟩ Ich verachte Niemanden, am wenigsten wegen seines Verstandes oder seiner Bildung, weil es in Niemands Gewalt liegt, kein Dummkopf oder kein Verbrecher zu

4 Büchners Werke und Briefe werden nach den in L1b (Literaturverzeichnis, S. 288 f.) angegebenen Ausgaben zitiert.

werden, – weil wir durch gleiche Umstände wohl Alle gleich würden, und weil die Umstände außer uns liegen. Der Verstand nun gar ist nur eine sehr geringe Seite unsers geistigen Wesens und die Bildung nur eine sehr zufällige Form desselben. Wer mir eine solche Verachtung vorwirft, behauptet, daß ich einen Menschen mit Füßen träte, weil er einen schlechten Rock anhätte. Es heißt dieß, eine Roheit, die man Einem im Körperlichen nimmer zutrauen würde, ins Geistige übertragen, wo sie noch gemeiner ist. Ich kann Jemanden einen Dummkopf nennen, ohne ihn deßhalb zu verachten; die Dummheit gehört zu den allgemeinen Eigenschaften der menschlichen Dinge; für ihre Existenz kann ich nichts, es kann mir aber Niemand wehren, Alles, was existirt, bei seinem Namen zu nennen und dem, was mir unangenehm ist, aus dem Wege zu gehn. Jemanden kränken, ist eine Grausamkeit, ihn aber zu suchen oder zu meiden, bleibt meinem Gutdünken überlassen. Daher erklärt sich mein Betragen gegen alte Bekannte; ich kränkte Keinen und sparte mir viel Langeweile; halten sie mich für hochmüthig, wenn ich an ihren Vergnügungen oder Beschäftigungen keinen Geschmack finde, so ist es eine Ungerechtigkeit; mir würde es nie einfallen, einem Andern aus dem nämlichen Grunde einen ähnlichen Vorwurf zu machen. Man nennt mich einen Spötter. Es ist wahr, ich lache oft, aber ich lache nicht darüber, wie Jemand ein Mensch, sondern nur darüber, daß er ein Mensch ist, wofür er ohnehin nichts kann, und lache dabei über mich selbst, der ich sein Schicksal theile. Die Leute nennen das Spott, sie vertragen es nicht, daß man sich als Narr producirt und sie duzt; sie sind Verächter, Spötter und Hochmüthige, weil sie die Narrheit nur außer sich suchen. Ich habe freilich noch eine Art von Spott, es ist aber nicht der der Verachtung, sondern der des Hasses. Der Haß ist so gut erlaubt als die Liebe, und ich hege ihn im vollsten Maße gegen die, welche verachten. Es ist deren eine große Zahl, die im Besitze einer lächerlichen Aeußerlichkeit, die man Bildung, oder eines todten

Krams, den man Gelehrsamkeit heißt, die große Masse ihrer Brüder ihrem verachtenden Egoismus opfern. Der Aristocratismus ist die schändlichste Verachtung des heiligen Geistes im Menschen; gegen ihn kehre ich seine eigenen Waffen; Hochmuth gegen Hochmuth, Spott gegen Spott. – Ihr würdet euch besser bei meinem Stiefelputzer nach mir umsehn; mein Hochmuth und Verachtung Geistesarmer und Ungelehrter fände dort wohl ihr bestes Object. Ich bitte, fragt ihn einmal ... Die Lächerlichkeit des Herablassens werdet Ihr mir doch wohl nicht zutrauen. Ich hoffe noch immer, daß ich leidenden, gedrückten Gestalten mehr mitleidige Blicke zugeworfen, als kalten, vornehmen Herzen bittere Worte gesagt habe. – ⟨...⟩

Dokument 7

⟨Georg Büchner und Friedrich Ludwig Weidig:⟩

Der Hessische Landbote.

Erste Botschaft.

Darmstadt, im Juli 1834.

⟨...⟩

Friede den Hütten! Krieg den Pallästen!

Im Jahr 1834 siehet es aus, als würde die Bibel Lügen gestraft. Es sieht aus, als hätte Gott die Bauern und Handwerker am 5ten Tage, und die Fürsten und Vornehmen am 6ten gemacht, und als hätte der Herr zu diesen gesagt: Herrschet über alles Gethier, das auf Erden kriecht, und hätte die Bauern und Bürger zum Gewürm gezählt. Das Leben der Vor-

nehmen ist ein langer Sonntag, sie wohnen in schönen Häusern, sie tragen zierliche Kleider, sie haben feiste Gesichter und reden eine eigne Sprache; das Volk aber liegt vor ihnen wie Dünger auf dem Acker. Der Bauer geht hinter dem Pflug, der Vornehme aber geht hinter ihm und dem Pflug und treibt ihn mit den Ochsen am Pflug, er nimmt das Korn und läßt ihm die Stoppeln. Das Leben des Bauern ist ein langer Werktag; Fremde verzehren seine Aecker vor seinen Augen, sein Leib ist eine Schwiele, sein Schweiß ist das Salz auf dem Tische des Vornehmen.
Im Großherzogthum Hessen sind 718,373 Einwohner, die geben an den Staat jährlich an 6,363,364 Gulden, als

1) Direkte Steuern	2,128,131	fl.
2) Indirecte Steuern	2,478,264	"
3) Domänen	1,547,394	"
4) Regalien	46,938	"
5) Geldstrafen	98,511	"
6) Verschiedene Quellen	64,198	"
	6,363,363	fl.

Dies Geld ist der Blutzehnte, der von dem Leib des Volkes genommen wird. An 700,000 Menschen schwitzen, stöhnen und hungern dafür. ⟨...⟩
Für das Militär wird bezahlt 914,820 Gulden.
Dafür kriegen eure Söhne einen bunten Rock auf den Leib, ein Gewehr oder eine Trommel auf die Schulter und dürfen jeden Herbst einmal blind schießen, und erzählen, wie die Herren vom Hof, und die ungerathenen Buben vom Adel allen Kindern ehrlicher Leute vorgehen, und mit ihnen in den breiten Straßen der Städte herumziehen mit Trommlen und Trompeten. Für jene 900,000 Gulden müssen eure Söhne den Tyrannen schwören und Wache halten an ihrer Pallästen. Mit ihren Trommeln übertäuben sie eure Seufzer, mit ihren Kolben zerschmettern sie euch den Schädel, wenn ihr zu denken wagt, daß ihr freie Menschen seyd. Sie sind

die gesetzlichen Mörder, welche die gesetzlichen Räuber schützen ⟨...⟩.

⟨...⟩

Wehe über euch Götzendiener! – Ihr seyd wie die Heiden, die das Krokodill anbeten, von dem sie zerrissen werden. Ihr setzt ihm eine Krone auf, aber es ist eine Dornenkrone, die ihr euch selbst in den Kopf drückt; ihr gebt ihm ein Scepter in die Hand, aber es ist eine Ruthe, womit ihr gezüchtigt werdet; ihr setzt ihn auf euern Thron, aber es ist ein Marterstuhl für euch und eure Kinder. Der Fürst ist der Kopf des Blutigels, der über euch hinkriecht, die Minister sind seine Zähne und die Beamten sein Schwanz. Die hungrigen Mägen aller vornehmen Herren, denen er die hohen Stellen vertheilt, sind Schröpfköpfe, die er dem Lande setzt. Das L. was unter seinen Verordnungen steht, ist das Mahlzeichen des Thieres, das die Götzendiener unserer Zeit anbeten. Der Fürstenmantel ist der Teppich, auf dem sich die Herren und Damen vom Adel und Hofe in ihrer Geilheit übereinander wälzen – mit Orden und Bändern decken sie ihre Geschwüre und mit kostbaren Gewändern bekleiden sie ihre aussätzigen Leiber. Die Töchter des Volks sind ihre Mägde und Huren, die Söhne des Volks ihre Laquaien und Soldaten. Geht einmal nach Darmstadt und seht, wie die Herren sich für euer Geld dort lustig machen, und erzählt dann euern hungernden Weibern und Kindern, daß ihr Brod an fremden Bäuchen herrlich angeschlagen sey, erzählt ihnen von den schönen Kleidern, die in ihrem Schweiß gefärbt, und von den zierlichen Bändern, die aus den Schwielen ihrer Hände geschnitten sind, erzählt von den stattlichen Häusern, die aus den Knochen des Volks gebaut sind; und dann kriecht in eure rauchigen Hütten und bückt euch auf euren steinichten Aeckern, damit eure Kinder auch einmal hingehen können, wenn ein Erbprinz mit einer Erbprinzessin für einen andern Erbprinzen Rath schaffen will, und durch die geöffneten Glasthüren das Tischtuch sehen, wovon die Herren speisen und die Lampen riechen, aus denen man mit dem Fett der Bauern illuminirt. ⟨...⟩

HA II,34,36,40,44,46.

Dokument 8

Aussage August Beckers über Georg Büchner und den »Hessischen Landboten«.

Verhör vom 1. September 1837.

Man läßt den Angeklagten, A. Becker, vortreten und macht ihm zur Aufgabe, sich darüber zu erklären: von wem die erste Idee zu Flugschriften ausgegangen sei, worin deren Zweck, Tendenz bestanden und zu welcher Zeit die Abfassung solcher Schriften erfolgt sei. Derselbe erklärt hierauf dictirend Folgendes:
Den Landboten betreffend, so sei es mir erlaubt, den Verfasser desselben, Georg Büchner, in seinen eigenen Worten, deren ich mich noch ziemlich genau erinnere, hier für mich reden zu lassen; dieß kann zugleich dazu dienen, wenigstens eine Seite von Büchner's Charakter kennen zu lernen. – Die Versuche, welche man bis jetzt gemacht hat, um die Verhältnisse Deutschlands umzustoßen, sagte er, beruhen auf einer durchaus knabenhaften Berechnung, indem man, wenn es wirklich zu einem Kampf, auf den man sich doch gefaßt machen mußte, gekommen wäre, den deutschen Regierungen und ihren zahlreichen Armeen nichts hätte entgegen stellen können, als eine handvoll undisciplinirte Liberale. Soll jemals die Revolution auf eine durchgreifende Art ausgeführt werden, so kann und darf das bloß durch die große Masse des Volkes geschehen, durch deren Ueberzahl und Gewicht die Soldaten gleichsam erdrückt werden müssen. Es handelt sich also darum, diese große Masse zu gewinnen, was vor der Hand nur durch Flugschriften geschehen kann.

⟨...⟩ Sollte es den Fürsten einfallen, den materiellen Zustand des Volkes zu verbessern, sollten sie ihren Hofstaat, der ihnen fast ohnedem unbequem sein muß, sollten sie die kostspieligen stehenden Heere, die ihnen unter Umständen entbehrlich sein können, vermindern, sollten sie den künstlichen Organismus der Staatsmaschine, deren Unterhaltung so große Summen kostet, auf einfachere Principien zurückführen, dann ist die Sache der Revolution, wenn sich der Himmel nicht erbarmt, in Deutschland auf immer verloren. ⟨...⟩
Die Tendenz der Flugschrift läßt sich hiernach vielleicht dahin aussprechen: sie hatte den Zweck, die materiellen Interessen des Volks mit denen der Revolution zu vereinigen, als dem einzigen möglichen Weg, die letztere zu bewerkstelligen. – Solche Mittel, die Revolution herbeizuführen, hielt Büchner für eben so erlaubt und ehrbar, als alle anderen. Wenigstens sagte er oft, der materielle Druck, unter welchem ein großer Theil Deutschlands liege, sei eben so traurig und schimpflich, als der geistige; und es sei in seinen Augen bei weitem nicht so betrübt, daß dieser oder jener Liberale seine Gedanken nicht drucken lassen dürfe, als daß viele tausend Familien nicht im Stand wären, ihre Kartoffeln zu schmelzen u. s. w.
⟨...⟩
Diese Schrift ⟨der »Hessische Landbote«⟩ wurde durch Clemm und mich an Weidig überbracht. Er machte zum Theil dieselben Einwendungen, die er mir gegen dieselbe gemacht hatte und sagte, daß bei solchen Grundsätzen kein ehrlicher Mann mehr bei uns aushalten werde. (Er meinte damit die Liberalen.) Ich erinnere mich dieser Einzelheiten noch sehr genau; überhaupt war Weidig in Allem der Gegensatz zu Büchner; er (Weidig) hatte den Grundsatz, daß man auch den kleinsten revolutionären Funken sammeln müsse, wenn es dereinst brennen solle; er war unter den Republikanern republikanisch und unter den Constitutionellen constitu-

tionell. – Büchner war sehr unzufrieden mit dieser Bemerkung Weidig's und sagte, es sei keine Kunst, ein ehrlicher Mann zu sein, wenn man täglich Suppe, Gemüse und Fleisch zu essen habe. Indessen konnte Weidig der Flugschrift einen gewissen Grad von Beifall nicht versagen und meinte, sie müsse vortreffliche Dienste thun, wenn sie verändert werde. Dieß zu thun, behielt er sie zurück und gab ihr die Gestalt, in welcher sie später im Druck erschienen ist. Sie unterscheidet sich von dem Originale namentlich dadurch, daß an die Stelle der Reichen, die Vornehmen gesetzt sind und daß das, was gegen die s. g. liberale Partei gesagt war, weggelassen und mit Anderem, was sich bloß auf die Wirksamkeit der constitutionellen Verfassung bezieht, ersetzt worden ist, wodurch denn der Charakter der Schrift noch gehässiger geworden ist. 〈...〉

L10: Noellner 1844. S. 420–423.

Dokument 9

Büchner, »Danton's Tod« I/2:

1. Bürger. Was giebts denn?
Das Weib. Seht ihr, ich saß da so auf dem Stein in der Sonne und wärmte mich seht ihr, denn wir haben kein Holz, seht ihr –
2. Bürger. So nimm deines Mannes Nase.
Weib. und meine Tochter war da hinunter gegangen um die Ecke, sie ist ein braves Mädchen und ernährt ihre Eltern.
Simon. Ha sie bekennt!
Weib. Du Judas, hättest du nur ein Paar Hosen hinaufzuziehen, wenn die jungen Herren die Hosen nicht bey ihr herunterließen? Du Brantweinfaß, willst du verdursten, wenn das Brünnlein zu laufen aufhört, he?

Wir arbeiten mit allen Gliedern warum denn nicht auch damit; ihre Mutter hat damit geschafft wie sie zur Welt kam und es hat ihr weh gethan, kann sie für ihre Mutter nicht auch damit schaffen, he? und thut's ihr auch weh dabey, he? Du Dummkopf!

Simon. Ha Lucrecia! ein Messer, gebt mir ein Messer, Römer! Ha Appius Claudius!

1. Bürger. Ja ein Messer, aber nicht für die arme Hure, was that sie? Nichts! Ihr Hunger hurt und bettelt. Ein Messer für die Leute, die das Fleisch unserer Weiber und Töchter kaufen! Weh über die, so mit den Töchtern des Volkes huren! Ihr habt Kollern im Leib und sie haben Magendrücken, ihr habt Löcher in den Jacken und sie haben warme Röcke, ihr habt Schwielen in den Fäusten und sie haben Sammthände. Ergo ihr arbeitet und sie thun nichts, ergo ihr habt's erworben und sie haben's gestohlen; ergo, wenn ihr von eurem gestohlnen Eigenthum ein paar Heller wieder haben wollt, müßt ihr huren und bettlen; ergo sie sind Spitzbuben und man muß sie todtschlagen.

3. Bürger. Sie haben kein Blut in den Adern, als was sie uns ausgesaugt haben. Sie haben uns gesagt: schlagt die Aristocraten todt, das sind Wölfe! Wir haben die Aristocraten an die Laternen gehängt. Sie haben gesagt das Veto frißt euer Brot, wir haben das Veto todtgeschlagen, Sie haben gesagt die Girondisten hungern euch aus, wir haben die Girondisten guillotinirt. Aber sie haben die Todten ausgezogen und wir laufen wie zuvor auf nackten Beinen und frieren. Wir wollen ihnen die Haut von den Schenkeln ziehen und uns Hosen daraus machen, wir wollen ihnen das Fett auslassen und unsere Suppen mit schmelzen. Fort! Todtgeschlagen, wer kein Loch im Rock hat!

1. Bürger. Todtgeschlagen, wer lesen und schreiben kann!

2. Bürger. Todtgeschlagen, wer auswärts geht!

(Alle schreien: todtgeschlagen, todtgeschlagen! Einige schleppen einen jungen Menschen herbey)

Einige Stimmen: Er hat ein Schnupftuch! ein Aristocrat! an die Laterne! an die Laterne!

2. Bürger. Was? er schneuzt sich die Nase nicht mit den Fingern? An die Laterne! (Eine Laterne wird herunter gelassen.)

Junger Mensch. Ach meine Herren!

2. Bürger. Es giebt hier keine Herren! An die Laterne!

Einige singen:

Die da liegen in der Erden,
Von de Würm gefresse werden.
Besser hangen in der Luft,
Als verfaulen in der Gruft!

Junger Mensch. Erbarmen!

3. Bürger. Nur ein Spielen mit einer Hanflocke um den Hals! S'ist nur ein Augenblick, wir sind barmherziger als ihr. Unser Leben ist der Mord durch Arbeit, wir hängen 60 Jahre lang am Strick und zapplen, aber wir werden uns losschneiden.
An die Laterne!

Junger Mensch. Meinetwegen, ihr werdet deßwegen nicht heller sehen!

Die Umstehenden: Bravo, bravo!

Einige Stimmen: laßt ihn laufen!

(er entwischt.)

Robespierre, tritt auf, begleitet von Weibern und Ohnehosen.

Robespierre. Was giebt's da Bürger?

3. Bürger. Was wird's geben? Die paar Tropfen Bluts vom August und September haben dem Volk die Backen nicht roth gemacht. Die Guillotine ist zu langsam. Wir brauchen einen Platzregen.

1. Bürger. Unsere Weiber und Kinder schreien nach Brod, wir wollen sie mit Aristocratenfleisch füttern. Heh! todtgeschlagen wer kein Loch im Rock hat.

Alle. todtgeschlagen! todtgeschlagen!

Robespierre. Im Namen des Gesetzes.

1. Bürger. Was ist das Gesetz?
Robespierre. Der Wille des Volks.
1. Bürger. Wir sind das Volk und wir wollen, daß kein Gesetz sey. ergo ist dießer Wille das Gesetz, ergo im Namen des Gesetzes giebts kein Gesetz mehr, ergo todtgeschlagen!

Dokument 10

Brief Büchners an Karl Gutzkow:

⟨Straßburg, September oder Oktober 1835⟩

⟨...⟩ Die ganze Revolution hat sich schon in Liberale und Absolutisten getheilt und muß von der ungebildeten und armen Klasse aufgefressen werden; das Verhältniß zwischen Armen und Reichen ist das einzige revolutionäre Element in der Welt, der Hunger allein kann die Freiheitsgöttin und nur ein Moses, der uns die sieben ägyptischen Plagen auf den Hals schickte, könnte ein Messias werden. Mästen Sie die Bauern, und die Revolution bekommt die Apoplexie. Ein Huhn im Topf jedes Bauern macht den gallischen Hahn verenden. ⟨...⟩

Dokument 11

Brief Büchners an die Eltern:

Straßburg, den 1. Januar 1836.

⟨...⟩ Ich komme vom Christkindelsmarkt, überall Haufen zerlumpter, frierender Kinder, die mit aufgerissenen Augen und traurigen Gesichtern vor den Herrlichkeiten aus Wasser und Mehl, Dreck und Goldpapier standen. Der Gedanke, daß für die meisten Menschen auch die armseligsten Genüsse und Freuden unerreichbare Kostbarkeiten sind, machte mich sehr bitter. ⟨...⟩

Dokument 12

Brief Büchners an Karl Gutzkow:

⟨Straßburg, vmtl. am 31. Mai oder 1. Juni 1836⟩

⟨...⟩ Uebrigens; um aufrichtig zu sein, Sie und Ihre Freunde scheinen mir nicht grade den klügsten *Weg* gegangen zu sein. Die Gesellschaft mittelst der *Idee*, von der *gebildeten Klasse* aus reformiren? Unmöglich! Unsere Zeit ist rein *materiell*, wären Sie je directer politisch zu Werke gegangen, so wären Sie bald auf den Punkt gekommen, wo die Reform von selbst aufgehört hätte. Sie werden nie über den Riß zwischen der gebildeten und ungebildeten Gesellschaft hinauskommen.
Ich habe mich überzeugt, die gebildete und wohlhabende Minorität, so viel Concessionen sie auch von der Gewalt für sich begehrt, wird nie ihr spitzes Verhältniß zur großen Klasse aufgeben wollen. Und die große Klasse selbst? Für die gibt es nur zwei Hebel, materielles Elend und *religiöser Fanatismus*. Jede Parthei, welche diese Hebel anzusetzen versteht, wird siegen. Unsre Zeit braucht Eisen und Brod – und dann ein *Kreuz* oder sonst so was. Ich glaube, man muß in socialen Dingen von einem absoluten *Rechtsgrundsatz* ausgehen, die Bildung eines neuen geistigen Lebens im *Volk* suchen und die abgelebte moderne Gesellschaft zum Teufel gehen lassen. Zu was soll ein Ding, wie diese, zwischen Himmel und Erde herumlaufen? Das ganze Leben desselben besteht nur in Versuchen, sich die entsetz-

lichste Langeweile zu vertreiben. Sie mag aussterben, das ist das einzig Neue, was sie noch erleben kann. ⟨...⟩

Dokument 13

Brockhaus »Conversations-Lexicon«, 4. Auflage, 1817–19, Bd. 1 (1817), S. 304:

Armuth ist der Zustand, in welchem der Mensch nur so viel oder nicht einmal so viel hat, als zur Befriedigung seiner nothwendigsten Bedürfnisse erforderlich ist. Die Armuth gehört zu den drei Klostergelübden, und verpflichtet den Ordensgeistlichen, sich alles eigenen Vermögens zu begeben. Dagegen empfängt er seinen Unterhalt aus dem Vermögen seines Klosters. Die Kirche unterscheidet eine hohe, höhere und höchste Armuth. Die hohe Armuth besteht darin, daß ein Kloster zwar etwas von liegenden Gründen besitzen darf, jedoch nicht mehr als zur Erhaltung des Lebens vonnöthen ist, wie die Carmeliter und Augustiner. Die höhere Armuth besteht darin, daß ein Kloster gar keine liegende Gründe, wohl aber bewegliche Gegenstände, als Bücher, Kleider, Vorräthe an Speisen und Getränke, Renten u. dgl. besitzen kann, wie die Dominikaner. Die höchste Armuth endlich besteht darin, daß ein Kloster weder Bewegliches noch Unbewegliches besitzt, wie die Franziskaner und vornehmlich die Capuziner.

Dokument 14

Brockhaus »Conversations-Lexicon«, 4. Auflage, 1817–19, Bd. 1 (1817), S. 297–299:

Armenwesen ist der Inbegriff des Zustandes der Armen und aller Anstalten im Staate, wodurch theils die Armen nach den verschiedenen Stufen ihrer Armuth zweckmäßig unterstützt, theils die Ursachen und Quellen der Armuth aufgesucht, verstopft, und die Folgen der Armuth möglichst aufgehoben, oder für den Staat am wenigsten nachtheilig gemacht werden. Die Armuth hat verschiedene Grade und Abstufungen, welche mit demjenigen Armen, der durch Arbeit sich redlich nährt, aber bei aller Anstrengung seiner Kräfte und seines Fleißes nicht so viel erwerben kann, als er für sich und die Seinigen braucht, und auch bei solchen Armen ihren Anfang nehmen, die noch in Wohnung und Hausgeräthen ein kleines Eigenthum besitzen; und diese Abstufungen gehen im ersten Falle herab bis zu den lüderlichen Vagabunden, im letztern aber bis zu denjenigen Armen, die nirgends ein Obdach haben und in Höhlen, auf Straßen, in Feldern, Ställen, Waldhütten etc. übernachten. Jede Stufe der Armuth enthält Mangel an zureichenden Mitteln zur Befriedigung der nothdürftigsten Bedürfnisse des Lebens und schließt allen Wohlstand aus. Hierdurch wird nun die Versuchung zur Unredlichkeit, zur Bettelei, zum lüderlichen Leben, zum Betruge und endlich zum Diebstahl mächtig ⟨...⟩. Die Ursachen und Quellen der Armuth lassen sich unter zwei Hauptclassen bringen, nämlich: selbstverschuldete, als Hang zur Trägheit, Faulheit und Müßiggang, und die daraus entstehende und herrschend werdende Neigung zur Unordnung, zum Spiel, zum Trunke, zur Verschwendung, zur Wollust etc., wo auf unerwartete Unglücksfälle nichts zurückgelegt, sondern alles Erworbene sogleich vergeudet wird; und in unverschuldete Armuth, als: Mangel an Verdienst bei sinkenden Gewerben und beim Höhersteigen der zum Unterhalte nothwendigen ersten Lebensbedürfnisse; Unglücksfälle durch Feuer- und Wassersnoth, durch Betrug und Diebstahl wegen Mangel an Polizeiauffsicht über Gauner und Vagabunden, durch Krieg etc. Mangel an Anstalten zur Beschäftigung der Müßiggänger etc. Soll allen diesen Uebeln abgeholfen werden, und soll das Armenwesen in einem Staate gut und zweckmäßig eingerichtet seyn, so müssen zur Versorgung der Armen die verschiedenen Armenanstalten vollständig vorhanden und vollkommen organisirt seyn, und vom Staate alle Bettelei aufs strengste untersagt werden. 〈...〉 Ein unabänderlicher Hauptgrundsatz der Armenanstalten im Staate muß seyn, die Armen bloß mit demjenigen zu unterstützen, was ihnen zur Befriedigung der dringendsten Lebensbedürfnisse fehlt, und was sie durch ihre eigene Anstrengung durchaus nicht zu erwerben im Stande sind. Die Armen selbst aber sind entweder gesunde starke Menschen, oder schwache, alte, kranke und gebrechliche Personen, die nun zum Theil Erwachsene, zum Theil aber noch Kinder seyn können. Nach dieser verschiedenen körperlichen Beschaffenheit müssen die Armenanstalten geordnet werden. Es bedarf daher jeder Staat für die Armen 1. freiwillige Arbeitshäuser, in welchen redlichgesinnte und arbeitslustige Arme so viel Arbeit finden, als sie zu ihrer Unterhaltung nöthig haben. 2. Zwangsarbeitshäuser für Arme, welche dem Müßiggange, der Bettelei, der Lüderlichkeit und Völlerei ergeben sind, und keine Neigung zur Arbeit haben. 〈...〉 In den Zwangsarbeitshäusern müssen die Armen zwar menschlich, vorsorgend und unterrichtend, aber auch zugleich ernsthaft, streng und bessernd in Rücksicht ihrer Sittlichkeit mit anfangs mäßigen, dann steigenden körperlichen Züchtigungen im Falle ihrer Widerspenstigkeit etc. behandelt werden. 3. Armenhäuser für solche Arme, die sich zwar noch ernähren können, aber keine Wohnungen haben. 4. Armenkrankenhäuser und Spitäler für alte, gebrechliche und kranke Arme, in welchen sie auch nach ihren Körperkräften durch Arbeit beschäftigt werden können. 5. Freischulen für Arme, in welchen die Kinder zugleich nach den Unterrichtsstunden mit Arbeit beschäftigt werden können. Endlich 6. Findel- und Waisenhäuser, in welche Arme ihre Kinder zur Erziehung abgeben können. Damit es nun hierzu überhaupt nicht an den nöthigen Hülfsmitteln fehlt, so müssen die Kosten theils durch die übrigen Mitbürger aufgebracht, theils durch die Arbeit der Armen selbst erworben werden. ⟨...⟩

Dokument 15

Brockhaus »Conversations-Lexikon«, 8. Auflage, 1833–37, Bd. 1 (1833), S. 406–409:

Armenwesen. Die Armuth ist die Mutter der Künste, aber auch ein Verderben der Staaten. Ein Staat, in welchem es viel Arme gibt, zumal solche, welche arbeiten könnten, wenn sie nur wollten, oder wenn sie Arbeit fänden, kann darin den unumstößlichen Beweis sehen, daß seine Einrichtungen und die Elementarverhältnisse des Volkes fehlerhaft sind. Die Armuth ist die größte Versuchung zu allem Schlechten und Nichtswürdigen; sie macht den Menschen käuflich und gleichgültig für Schande und Strafe, und sie setzt auch den Bessern in eine Wahl zwischen Entbehrung und Verbrechen, von welcher Diejenigen, welche den Nothleidenden nicht mit menschlichem Auge in der Nähe beobachteten, keinen Begriff haben. Es ist also dringende Pflicht für die Regierungen, der Armuth entgegenzuarbeiten und zwar zuerst den Ursachen derselben, dann aber auch ihren Wirkungen durch Versorgung. Ob die Armuth eine verschuldete oder unverschuldete ist, kann für die Armenversorgung keinen Unterschied begründen, sondern bei dieser nur darauf gesehen werden, daß die übeln Gewohnheiten, welche freilich oft Ursache, oft aber auch nur erst Folge der Armuth sind, durch die Art der Armenpflege mit bekämpft werden. In dieser Hinsicht bildet die Armenversorgung einen Übergang von der Volkserziehung zur Zwangspolicei und der auf Besserung gerichteten Strafgewalt.

Die Ursachen der Armuth zu bekämpfen, ist zuerst die wichtigste Aufgabe der Nationalökonomie, insoweit nämlich jene Ursachen in einer unrichtigen Anordnung der Verhältnisse des gesellschaftlichen Lebens liegen. Was man hier vornehmlich fodern muß, ist Freiheit des Volkes, Abschaffung aller Leibeigenschaft und Dienstbarkeit mit allen ihren Ausflüssen, wo noch etwas davon besteht, oder subjective Freiheit der Arbeit; sodann Theilbarkeit des Bodens, bis zu Theilen, auf welchen sich eine Familie durch ihre eigne Arbeit ernähren kann, und festes Recht der Landbauer an ihrem Boden 〈...〉. Das zweite höhere und wichtigere Mittel, welches die Staaten gegen Verarmung besitzen, ist Volkserziehung. Es kann nicht oft genug gesagt werden, daß nicht Zwang und Schrecken die Ordnung und Gesetzlichkeit im Volksleben erhalten, sondern der freie, auf das Gute gerichtete Wille. 〈...〉

Die Armenversorgung ist in der neuern Zeit ein Gegenstand größerer Sorgfalt der Regierungen und wissenschaftlicher Untersuchungen geworden, da man theils das Überhandnehmen der Armuth in den meisten europ. Ländern mit Schrecken gewahr wurde, theils aber auch die große Unvollkommenheit und Unzweckmäßigkeit der bisherigen Einrichtungen erkannte. 〈...〉 Was auch das Mitleid zuweilen dagegen sagen möge, der erwachsene gesunde Arme muß auf das Unentbehrliche der Lebensfristung beschränkt sein. Hingegen die Erziehung der Kinder und die Pflege der Kranken kennt eine solche Beschränkung nicht. Denjenigen, welche Kräfte haben zu arbeiten, muß nöthigenfalls Beschäftigung gegeben und nur ein Zuschuß und in besondern Fällen eine außerordentliche Unterstützung gereicht werden. Für Arbeitscheue und umherziehende Bettler tritt der Zwang des Arbeitshauses ein. So läuft also beim Armenwesen Alles auf die drei Fragen hinaus: Wer soll als Armer versorgt werden? Wie soll die Unterstützung geleistet werden? Wer soll die Kosten dazu hergeben? Die erste ist im Allgemeinen leicht zu beantworten, allein schwieriger ist die richtige Classification der Armen und die gehörige Vertheilung der Individuen in die Classen, welche natürlicherweise auch nach den Localitäten verschieden sein müssen. Die Hauptclassen werden bestimmt werden können durch das Bedürfniß: a) der Erziehung, an welcher am wenigsten gespart werden sollte und für welche durch Armenschulen noch nicht genug gewirkt werden kann. Denn hier ist oft am meisten der üble Einfluß der Ältern zu bekämpfen. In manchen Ländern ist für die Volkserziehung überhaupt und für die Erziehung der Armen insbesondere noch außerordentlich wenig geschehen ⟨...⟩. b) Die zweite Classe wird bestimmt durch das Bedürfniß der Pflege und Heilung, vorübergehend für heilbare Kranke in Kranken- und Entbindungshäusern, bleibend für Unheilbare, Verkrüppelte, Altersschwache, und besonders die armen Irren in Irrenanstalten u. s. w. ⟨...⟩ c) Die größte Classe der Zahl nach entsteht aus dem Bedürfnisse der Unterstützung und Ernährung, sowol der vorübergehenden als bleibenden, in welcher sich so viel Unterabtheilungen ergeben, als Abstufungen in der größern oder geringern Fähigkeit, noch durch Arbeit etwas zu verdienen, liegen d) Die Arbeitsbedürftigen machen in manchen Ländern eine große Classe, vornehmlich da, wo entweder große Fabriken, Bergbau u. dgl. plötzlich in Stillstand gerathen, oder wo der Ackerbau, welcher bisher in kleinen Pachtungen und durch Lohnarbeiter betrieben worden war, eine veränderte Richtung nimmt, Ackerland in Schaftriften verwandelt, wie auf den Gütern des Marquis von Stafford in Nordschottland, oder doch in große fabrikmäßige Gutswirthschaft mit Hülfe der Maschinen umgeschaffen wird, wodurch in den letzten Jahren in England Tausende von Arbeitern brodlos wurden. Dieser Classe gehören auch e) Diejenigen an, welchen es zwar nicht an Arbeit fehlt, welche aber mit der angestrengtesten Arbeit nicht so viel gewinnen, um mit den Ihrigen ihr Leben zu fristen, weil auf der Arbeit zu viel künstliche Lasten für den Staat, für die Capitalisten und für die Grundherren liegen. ⟨...⟩ Endlich f) die letzte Classe entsteht aus dem Bedürfnisse der Zucht für Erwachsene, Gewöhnung zur Arbeit und

Entwöhnung von lasterhaften Neigungen. Für sie sind Zwangsarbeitshäuser (s. Zuchthäuser) nur mit gehöriger Abgrenzung der eigentlichen Besserungsanstalten und der Strafanstalten wegen begangener Verbrechen. ⟨...⟩
Diese Classification führt beinahe von selbst zu der Beantwortung der zweiten Frage: auf welche Weise die Armen am zweckmäßigsten versorgt werden. Das Einfachste, aber auch im Ganzen das Unzweckmäßigste sind die geringen Gaben an Geld, welche die Armenkassen wöchentlich und monatlich zu geben pflegen, denn diese sind schon darum, weil sie so unzulänglich sind, sehr häufig nur Verführung grade zu den Fehlern, aus welchen die Verarmung entsprang. Wo es also nur irgend möglich ist, muß auf Naturalversorgung gesehen werden; den Armen muß Obdach, nicht grade in besondern Armenhäusern, und eine einfache aber gesunde Nahrung in Speiseanstalten für Arme (s. Rumford) und Brodvertheilung verschafft werden. Die Frage, wem die Armenversorgung obliege, ist in den neuern Gesetzen mit wenigen Ausnahmen den Gemeinden zugewiesen, dadurch aber dem Rechtsbegriffe der Heimat eine neue Wichtigkeit gegeben worden. Daß der Staat selbst zuletzt die Bedürftigen unterstützen müsse, ist wol nicht zu bezweifeln, aber auch die Gemeinden waren schon in der ältern Zeit dazu verpflichtet. Es hat auch seinen großen Nutzen, ihnen die Sorge dafür zu überlassen, weil sie über manche hier einschlagende Verhältnisse die beste Aufsicht halten können. Freilich müssen sie selbst, zumal auf dem Lande, dabei unter höherer Aufsicht stehen und Armenordnungen ihnen bestimmte Regeln vorschreiben, wenn nicht die Versuchung zu groß werden soll, die Armen gar zu streng zu behandeln. ⟨...⟩

Dokument 16

Brockhaus »Conversations-Lexikon«, 9. Auflage, 1843–48, Bd. 11 (1846), S. 15f.:

Pauperismus ist ein neuerfundener Ausdruck für eine neue, höchst bedeutsame und unheilvolle Erscheinung, den man im Deutschen durch die Worte Massenarmuth oder Armenthum wiederzugeben gesucht hat. Es handelt sich dabei nicht um die natürliche Armuth, wie sie als Ausnahme in Folge physischer, geistiger oder sittlicher Gebrechen, oder zufälliger Unglücksfälle immerfort Einzelne befallen mag; auch nicht um die vergleichungsweise Dürftigkeit, bei der doch eine sichere Grundlage des Unterhalts bleibt. Der Pauperismus ist da vorhanden, wo eine zahlreiche Volksclasse sich durch die angestrengteste Arbeit höchstens das nothdürftigste Auskommen verdienen kann, auch dessen nicht sicher ist, in der Regel schon von der Geburt an und auf Lebenszeit solcher Lage geopfert ist, keine Aussichten der Änderung hat, darüber immer tiefer in Stumpfsinn und Rohheit versinkt, den Seuchen, der Branntweinpest und viehischen Lastern aller Art, den Armen-, Arbeits- und Zuchthäusern fortwährend eine immer steigende Zahl von Rekruten liefert und dabei immer noch sich in reißender Schnelligkeit ergänzt und vermehrt. Diese Erscheinung ist vorhanden; sie ist in Europa am schlimmsten in England, Frankreich und Belgien hervorgetreten, fängt aber auch in Deutschland, besonders in den Ländern, wo es eigene Fabrikprovinzen gibt, oder wo das Grundeigenthum übermäßig zersplittert wurde, sich zu zeigen an. Ja sie soll sogar in gewissen Theilen und Plätzen der Vereinigten Staaten von Nordamerika schon bemerkbar sein. Sie zeigt sich also in den gebildetsten, reichsten, industriösesten und geistig bewegtesten Ländern, unter den verschiedensten Verfassungsformen. Ihre Statistik haben namentlich de Morogues (»Du paupérisme et de la mendicité«, Par. 1834), de Villeneuve-

Bargemont (»Economie politique chrétienne«, 3 Bde., Par. 1834), und nach ihnen P. Schmidt (»Untersuchungen über Bevölkerung, Arbeitslohn und Pauperismus«, Lpz. 1836) zu geben versucht. Man berechnet in ganz Europa die Zahl der Almosenempfänger zu 1/21 der Bevölkerung. Aber in Rußland steht sie wie 1 : 100, in England wie 1 : 6. In Frankreich rechnet man 1/20 der Bevölkerung zu den Armen; in den Niederlanden steht das Verhältniß wie 1 : 7, in der Schweiz wie 1 : 10, in Deutschland wie 1 : 20, in Östreich und Dänemark wie 1 : 25. Die Erklärung der Erscheinung und demgemäß auch die Mittel der Abhülfe hat man auf sehr verschiedenen Wegen gesucht. Eine Zusammenstellung dieser Versuche gab Bülau in der »Deutschen Vierteljahrsschrift« (1838) und mit Nachträgen in seinen »Zeitfragen« (1846). Eine reactionaire Farbe sucht das Übel in dem Zeitgeiste der Neuzeit und seinen Schöpfungen und will zum Mittelalter zurück, speciell zu dessen Agrarverfassung und Zunftwesen. Eine revolutionaire Schule, die mannichfaltigen Schattirungen des Communismus (s. d.) und Socialismus (s. d.) umfassend, will mehr oder weniger die Grundlagen unsers rechtlichen und socialen Gebäudes umstürzen, namentlich das Eigenthumsrecht brechen. Sehr Viele haben die aus dem Gesammtwesen vielartiger und zusammengesetzter Einflüsse erwachsene Erscheinung aus einzelnen Ursachen ableiten und durch einzelne Mittel heilen wollen. Während von mehren Seiten hauptsächlich das Fabrikwesen als die fruchtbarste Mutter des Pauperismus angeklagt wird, fodern dessen eigene Wortführer vielmehr seine kräftigste Förderung durch künstliche Mittel. Den gegen die in der Wissenschaft herrschende nationalökonomische Schule gerichteten Vorwürfen, daß ihre Lehren den Pauperismus erzeugt hätten, antwortet diese mit der ganz entgegengesetzten Behauptung: er würde nicht sein, wenn man ihre Foderungen wahrhaft und vollständig erfüllt hätte. Weise geordnete Freiheit in allem Leben, geistvolles und energisches Zusammenfassen der Kräfte für edle

Zwecke, reiches Ausstreuen der Saaten gedeihlicher Bildung, zweckmäßige Organisation der Massen und wahrhaft christliche, warme und erleuchtete Menschenliebe, das sind die Aufgaben, das mögen die rechten Mittel sein, die, wenn sie mit Consequenz und Ausdauer angewendet werden, leisten müssen, was vernünftigerweise verlangt werden kann. ⟨…⟩

V. Literarische Quellen

1. Einleitung

Wie Büchner beim Schreiben auf historische Quellen zurückgriff, so orientierte er sich auch an literarischen und vor allem an dramatischen Mustern, um an ihnen die Technik der szenischen, gestischen und sprachlichen Umsetzung von realem Geschehen zu lernen. Wesentliche Orientierungsmuster waren für ihn die Dramen von Shakespeare, Goethe und Lenz, daneben auch Werke von Ludwig Tieck. Die folgende Dokumentation soll es dem Leser ermöglichen, diesen Aneignungsprozeß zumindest in Teilen nachzuvollziehen.

Im Vorwort zu Georg Büchners »Nachgelassenen Schriften« sprach Ludwig Büchner 1850 von »Woyzeck« als von einem »ziemlich weit gediehenen Fragment eines bürgerlichen Trauerspiels ohne Titel« (S. 39). Er stellt »Woyzeck« also in eine Gattungstradition, der auch Dramen wie Lessings »Emilia Galotti«, Lenz' »Soldaten«, Schillers »Kabale und Liebe« sowie – mit der Gretchenepisode im 1. Teil – auch Goethes »Faust« angehören. Gegenstand des bürgerlichen Trauerspiels waren miteinander verschränkte erotische und soziale Konflikte; zum Handlungsschema gehört, daß ein Mann höheren Standes eine junge Frau niederen Standes verführt oder daß das Paar wegen des Standesunterschiedes an einer Eheschließung gehindert wird. Obwohl »Woyzeck« nicht im bürgerlichen, sondern im plebejischen Milieu spielt, obwohl die männliche Hauptperson psychisch krank und die weibliche nicht eine ›unschuldig Verführte‹ ist, sind in Büchners Drama noch Handlungsschemata des bürgerlichen Trauerspiels erhalten, und in einzelnen Motiven, szenischen Sequenzen oder sprachlichen Einzelheiten ließ sich Büchner von zwei Vertretern des Genres, der Gretchentragödie in Goethes »Faust« I und von Lenz' Drama

»Die Soldaten«, anregen. Bereits die unterschiedlichen Namen der Protagonistin auf den verschiedenen Entwurfsstufen belegen diese Beeinflussung: die *Margreth* der Stufe H 1 ist angelehnt an Goethes »Margarete«, die *Louise* der Stufe H 2 an Schillers »Kabale und Liebe«, *Marie* in H 4 schließlich an Lenz' »Soldaten«.
Weitere und insgesamt fernerliegende Spuren verweisen auf Beziehungen zu der im frühen 19. Jahrhundert populären Gattung der Schauer- oder Schicksalstragödie, die – im Gegensatz zum klassischen Dramentyp – den Menschen nicht als Urheber sittlich-autonomer Entscheidungen, sondern als ein von schicksalhaften Handlungsabläufen oder von Trieben gesteuertes Wesen zeigt. Die Schauerdramatiker entwickelten ein differenziertes Instrumentarium sowohl zur Vermittlung gesteigerter emotionaler Erregung bis hin zu Angst und Schrecken als auch zur dramatischen Darstellung psychischer Störungen. Hierzu gehören Vorahnungen eines unabwendbaren Schicksals und Zwangsvorstellungen von einem zu vollziehenden Verbrechen, das an vorherbestimmte Orte, Werkzeuge oder Zeiten geknüpft ist. Wie Ingrid Oesterle gezeigt hat, ließ sich Büchner vor allem auf der ersten Entwurfsstufe durch Verfahrensweisen der Schauerliteratur anregen (vgl. L5: Ingrid Oesterle, GBJb 3), und zwar hauptsächlich von dem romantischen Dichter Ludwig Tieck sowie von schauerdramatischen Elementen in Goethes Dramen »Faust« I und »Götz von Berlichingen« sowie von Shakespeares »Macbeth«. Soweit die genannten Anregungen punktueller Art sind, werden sie im Stellenkommentar verzeichnet; Anregungen struktureller Art werden im folgenden zusammenhängend dokumentiert.

2. Das Drama des Sturm und Drang

Dokument 17

Jakob Michael Reinhold Lenz, »Die Soldaten«.

Eine Gruppe junger adliger Offiziere stellt Marie nach, der Tochter des »Galanteriewarenhändlers« Wesener, die bereits dem Tuchhändler Stolzius versprochen ist. Am Ende der Handlung ist die Familie in den Bankrott getrieben und Marie zu Bettelei und Prostitution gezwungen. Ihr Verlobter, der sich als Soldat hat anwerben lassen, vergiftet den Verführer und danach sich selbst. Motive aus den »Soldaten«, die in Büchners »Woyzeck« wiederkehren, sind:

a) die Verführung einer bereits mit einem anderen Mann liierten Frau durch Werbungsgeschenke,
b) der Neid der Offiziere auf den ›Verlobten‹,
c) die Vorbereitung und Ausführung des Mordes durch den betrogenen Mann,
d) die Episodenfigur eines ›zwanghaften Philosophen‹.

Nicht minder wichtig als diese motivlichen Anregungen waren für Büchner die für Jakob Lenz charakteristische Form der Kurzszene und die von ihm entwickelte Technik, wichtige psychische Abläufe weniger durch sprachliche als durch gestische Mittel auszudrücken.

a) Verführung

Leutnant Desportes hat mit Marie eine Theateraufführung besucht und ihr eine »Zitternadel« geschenkt. Marie berichtet davon (Szene I/5) und versinkt wie Büchners Marie in H 4,4 über dem Werbegeschenk in Träumereien (Szene I/6). Wie diese wird sie ertappt, wie diese besiegt sie am Ende ihr schlechtes Gewissen.

Lenz, »Die Soldaten« I/6:

Mariens Zimmer.

(Sie sitzt auf ihrem Bette, hat die Zitternadel in der Hand, und spiegelt damit, in den tiefsten Träumereien. Der Vater tritt herein, sie fährt auf und sucht die Zitternadel zu verbergen).

Marie. Ach Herr Jesus – –

Wesener. Na, so mach' Sie doch das Kind nicht. (geht einigemal auf und ab, dann setzt er sich zu ihr) Hör', Marieel! du weißt, ich bin dir gut, sey du nur recht aufrichtig gegen mich, es wird dein Schade nicht seyn. Sag mir, hat dir der Baron was von der Liebe vorgesagt?

Marie (sehr geheimnißvoll). Papa! – er ist verliebt in mich, das ist wahr. Sieht Er einmal, diese Zitternadel hat er mir auch geschickt.

Wesener. Was tausend Hagelwetter – Potz Mord noch einmal, (nimmt ihr die Zitternadel weg) hab' ich dir nicht verboten –

Marie. Aber, Papa, ich kann doch so grob nicht seyn, und es ihm abschlagen. Ich sag' ihm, er hat gethan, wie wüthend, als ichs nicht annehmen wollte, (läuft nach dem Schrank) hier sind auch Verse, die er auf mich gemacht hat. (reicht ihm ein Papier)

⟨...⟩

Wesener. Na, so denn (küßt sie). Kannst noch einmal gnädige Frau werden, närrisches Kind. Man kann nicht wissen, was einem manchmal für ein Glück aufgehoben ist.

Marie. Aber, Papa, (etwas leise) was wird der arme Stolzius sagen?

Wesener. Du muß darum den Stolzius nicht sogleich abschrecken, hör' einmal. – Nu, ich will dir schon sagen, wie du den Brief an ihn einzurichten hast. Unterdessen schlaf sie gesund, Meerkatze.

Marie (küßt ihm die Hand). Gute Nacht, Pappuschka! – ⟨(⟩Da er fort ist, thut sie einen tiefen Seufzer, und tritt ans Fenster, indem sie sich aufschnürt). Das Herz ist mir so schwer. Ich glaube, es wird gewittern die Nacht. Wenn es einschlüge – (sieht in die Höhe, die Hände über ihre offene Brust schlagend). Gott! was hab' ich denn Böses gethan? – – Stolzius – ich lieb' dich ja noch – aber wenn ich nun mein Glück besser machen kann – und Papa selber mir den Rath giebt, (zieht die Gardine vor) trifft michs, so trifft michs, i⟨ch⟩ sterb' nicht anders als gerne (löscht ihr Licht aus).

Jakob Michael Reinhold Lenz: Gesammelte Schriften. Hrsg. von Ludwig Tieck. Bd. 1. Berlin: Reimer, 1828. S. 270 f.

b) Eifersucht der Offiziere auf den ›Verlobten‹

Beide Autoren betonen die Langeweile im Leben der Offiziere (vgl. H 4,5), deren zwanghaftes Nachdenken und Sprechen über Sexualität, ihren Neid auf die erotischen Erfolge anderer (vgl. ebd.) und die Freude, die Erfolgreicheren als Betrogene vorführen zu können (vgl. H 2,7). Lenz zeigt diese Konstellation in der Szene II/2, in der Maries Verlobter Stolzius die Offiziere im Café besucht. Nach verlegenem Reden über Wetter und Gesundheit führen die Offiziere das Gespräch auf das eigentliche Thema: »Wie befindet sich Ihre Jungfer Braut.« Auf klare Andeutungen, daß Marie »in der Stille fortreisen will«, reagiert Stolzius mit Zusammenbruch und Flucht.

Lenz, »Die Soldaten« II/2:

Haudy. Ach, mein Bester! kommen Sie, ich habe ein gut Glas Punsch für uns bestellen lassen, der Wind hat uns vorhin so durchgeweht (führt ihn an einen Tisch)

Stolzius. (den Hut abziehend zu den übrigen). Meine Herren, Sie werden mir vergeben, daß ich so dreist bin, auf Ihr Kaffeehaus zu kommen; es ist auf Befehl des Herrn Majors geschehen.

(Alle ziehen die Hüte ab, sehr höflich, und schneiden Komplimente. Rammler steht auf, und geht näher.)

Rammler.

O gehorsamer Diener, es ist uns eine besondere Ehre.

Stolzius (rückt noch einmal den Hut, etwas kaltsinnig, und setzt sich zu Haudy). Es geht ein so scharfer Wind draußen, ich meine, wir werden Schnee bekommen.

Haudy (eine Pfeife stopfend). Ich glaub' es auch. – Sie rauchen doch, Herr Stolzius?

Stolzius. Ein wenig.

Rammler. Ich weiß nicht, wo denn unser Punsch bleibt, Haudy; (steht auf) was die verdammte Roux solange macht.

Haudy. Bekümmere dich um deine Sachen. (brüllt mit einer erschrecklichen Stimme) Madam Roux! Licht her – und unser Punsch, wo bleibt er?

Stolzius. O mein Herr Major, wenn ich Ihnen Ungelegenheit machen sollte, würd' es mir sehr von Herzen leid thun.

Haudy. Ganz und gar nicht, lieber Freund, (präsentirt ihm die Pfeife) Die Lysluft kann doch wahrhaftig der Gesundheit nicht gar zu zuträglich seyn.

Rammler (setzt sich zu ihnen an den Tisch). Haben Sie neulich Nachrichten aus Lille gehabt. Wie befindet sich Ihre Jungfer Braut. (Haudy macht ihm ein Paar fürchterliche Augen; er bleibt lächelnd sitzen).

Stolzius (verlegen). Zu Ihren Diensten, mein Herr – aber

ich bitte gehorsamst um Verzeihung, ich weiß noch von keiner Braut, ich habe keine.

Rammler. Die Jungfer Wesener aus Lille, ist sie nicht Ihre Braut? Der Desportes hat es mir doch geschrieben, daß Sie verlobt wären.

Stolzius. Der Herr Desportes müßte es denn besser wissen, als ich.

Haudy (rauchend). Der Rammler schwatzt immer in die Welt hinein, ohne zu wissen, was er redt und was er will.

Einer aus dem Haufen. Ich versichere Sie, Herr Stolzius, Desportes ist ein ehrlicher Mann.

Stolzius. Daran habe ich ja gar nicht gezweifelt.

Haudy. Ihr Leute wißt viel vom Desportes. Wenn ihn ein Mensch kennen kann, so muß ich es doch wohl seyn; er ist mir von seiner Mutter rekommandirt worden, als er ans Regiment kam, und hat nichts gethan, ohne mich zu Rath zu ziehen. Aber ich versichere Sie, Herr Stolzius, daß Desportes ein Mensch ist, der Sentiment und Religion hat.

Rammler. Und wir sind Schulkameraden mit einander gewesen. Keinen blödern Menschen mit dem Frauenzimmer habe ich noch in meinem Leben gesehen.

Haudy. Das ist wahr, darin hat er Recht. Er ist nicht im Stande, ein Wort hervorzubringen, sobald ihn ein Frauenzimmer freundlich ansieht.

Rammler (mit einer pedantisch plumpen Verstellung). Ich glaube in der That – wo mir recht ist – ja es ist wahr, er korrespondirt noch mit ihr; ich habe den Tag seiner Abreise einen Brief gelesen, den er an eine Mademoiselle in Brüssel schrieb, in die er ganz zum Erstaunen verliebt war. Er wird sie wohl nun bald heirathen, denke ich.

Einer aus der Gesellschaft. Ich kann nur nicht begreifen, was er so lang in Lille macht.

Haudy. Wetter Element, wo bleibt unser Punsch denn – Madam Roux!!!

Rammler. In Lille? O das kann euch niemand erklären, als

ich; denn ich weiß um alle seine Geheimnisse; aber es läßt sich nicht öffentlich sagen.

Haudy (verdrüßlich). So sag' heraus, Narre! was hältst du hinter dem Berge.

Rammler (lächelnd). Ich kann euch nur so viel sagen, daß er eine Person dort erwartet, mit der er in der Stille fortreisen will.

Stolzius (steht auf und legt die Pfeife weg). Meine Herren, ich habe die Ehre mich Ihnen zu empfehlen.

Haudy (erschrocken). Was ist – wohin liebster Freund – wir werden den Augenblick bekommen.

Stolzius. Sie nehmen mirs nicht übel – mir ist den Moment etwas zugestoßen.

Haudy. Was denn? – Der Punsch wird Ihnen gut thun, ich versichere Sie.

Stolzius. Daß ich mich nicht wohl befinde, lieber Herr Major. Sie werden mir verzeihen – erlauben Sie – aber ich kann keinen Augenblick länger hier bleiben, oder ich falle um –

Haudy. Das ist die Rheinluft – oder war der Tabak zu stark?

Stolzius. Leben Sie wohl. (geht wankend ab)

Ebd. S. 275–277.

c) Mordplan und Mord

In einer für das bürgerliche Trauerspiel ungewöhnlichen Variante zeigt Lenz, wie der betrogene Verlobte an Rache zu denken beginnt (Szene III/2) und wie er schließlich das Gift kauft, mit dem er den Verführer ermordet (IV/11). Büchner erhielt von hier folgende Anregungen: Ermahnung zum Einschlafen (vgl. H 1,7), Abtun der Frau als ›das Mensch‹ (vgl. H 4,10 und H 1,4), Schwächeanfall nach scheinhaftem Aufbegehren (vgl. H 4,11 und H 4,14), Charakterisierung als *ganz kalt* im Zusammenhang mit der sich formenden Absicht zum Mord (vgl. H 1,8), die Gewißheit der Tat zu einem noch unbestimmten Termin (vgl. H 1,9 und H 4,14), Mißverstehen der Mordabsicht als Fieberdelirium des Helden (vgl. H 4,13 und öfter).

Lenz, »Die Soldaten« III/2:

Stolzius Wohnung.

(Er sitzt mit verbundenem Kopf an einem Tisch, auf dem eine Lampe brennt, einen Brief in der Hand, seine Mutter neben ihm.)

Mutter (die auf einmal sich ereifert). Willst du denn nicht schlafen gehen, du gottloser Mensch! So red' doch, so sag', was dir fehlt, das Luder ist deiner nicht werth gewesen. Was grämst du dich, was wimmerst du um eine solche – Soldatenhure.

Stolzius (mit dem äußersten Unwillen vom Tisch sich aufrichtend). Mutter –

Mutter. Was ist sie denn anders – du – und du auch, daß du dich an solche Menscher hängst.

Stolzius (faßt ihr beide Hände). Liebe Mutter, schimpft nicht auf sie; sie ist unschuldig, der Offizier hat ihr den Kopf verrückt. Seht einmal, wie sie mir sonst geschrieben hat. Ich muß den Verstand verlieren darüber. Solch ein gutes Herz!

Mutter (steht auf und stampft mit dem Fuß). Solch ein Luder – Gleich zu Bett mit dir, ich befehl' es dir. Was soll daraus werden, was soll da herauskommen. Ich will dir weisen, junger Herr, daß ich deine Mutter bin.

Stolzius (an seine Brust schlagend). Marieel – nein, sie ist es nicht mehr, sie ist nicht dieselbige mehr, – (springt auf) Laßt mich –

Mutter (weint). Wohin, du Gottsvergessener?

Stolzius. Ich will dem Teufel, der sie verkehrt hat – (fällt kraftlos auf die Bank, beide Hände in die Höhe) Oh du sollst mirs bezahlen. (kalt) Ein Tag ist wie der andere, was nicht heut kommt, kommt Morgen, und was langsam kommt, kommt gut. Wie heißt's in dem Liede, Mutter: wenn ein Vögelein von einem Berge alle Jahr ein Körnlein wegtrüge, endlich würde es ihm doch gelingen.

Mutter. Ich glaube, du phantasierst schon, (greift ihm an den Puls) leg' dich zu Bett, Karl, ich bitte dich um Gotteswillen. Ich will dich warm zudecken – was wird da herauskommen, du großer Gott, das ist ein hitziges Fieber – um solch eine Metze –

Stolzius. Endlich – endlich – – alle Tage ein Sandkorn, ein Jahr hat zehn zwanzig dreißig hundert (die Mutter will ihn fortleiten) Laßt mich, Mutter, ich bin gesund.

Mutter. Komm' nur, komm', (ihn mit Gewalt fortschleppend) Narre! – Ich werd' dich nicht loslassen, das glaub' mir nur. (ab)

Ebd. S. 283 f.

Lenz, »Die Soldaten« IV/11:

In Armentieres.

Stolzius (geht vor einer Apotheke herum. Es regnet). Was zitterst du? – Meine Zunge ist so schwach, daß ich fürchte, ich werde kein einziges Wort hervorbringen können. Er wird mirs ansehen – Und müssen denn die zittern, die Unrecht leiden, und die allein fröhlich seyn, die Unrecht thun! – – Wer weiß, zwischen welchem Zaun sie jetzt verhungert. Herein, Stolzius. Wenns nicht für ihn ist, so ists doch für dich. Und das ist ja alles, was du wünschest – – (geht hinein)

Ebd. S. 308.

d) Episodenfigur des zwanghaften Philosophen

Mit dem Offizier Pirzel (Szene II/2 und III/4) zeigt Lenz zwanghaftes Philosophieren als zweite deformierende Wirkung des Offiziersdaseins. Büchner ließ sich hiervon anregen zu den Reden des Marktschreiers in H 1,2 und des Barbiers in H 1,10, zu einzelnen Gesten und Wendungen in H 4,8 und zu der Figur des Hauptmanns in H 4,5.

Lenz, »Die Soldaten« II/2:

Pirzel (faßt seine Hand mit viel Energie). Woher kommts, Herr Pfarrer? Daß die Leute nicht denken. (steht auf in einer sehr mahlerischen Stellung, halb nach der Gruppe zugekehrt) Es ist ein vollkommenstes Wesen: dieses vollkommenste Wesen kann ich entweder beleidigen, oder nicht beleidigen.

Einer aus der Gesellschaft (kehrt sich um). Nun fängt er schon wieder an?

Pirzel (sehr eifrig). Kann ich es beleidigen, (kehrt sich ganz gegen die Gesellschaft) so würde es aufhören, das Vollkommenste zu seyn.

Ein anderer aus der Gesellschaft. Ja, ja, Pirzel, du hast Recht, du hast ganz Recht.

Pirzel (kehrt sich geschwind zum Feldprediger). Kann ich es nicht beleidigen – (faßt ihn an der Hand, und bleibt stockstill in tiefen Gedanken).

Zwei drei aus dem Haufen. Pirzel, zum Teufel! redst du mit uns?

Pirzel (kehrt sich sehr ernsthaft zu ihnen). Meine lieben Kameraden, ihr seyd verehrungswürdige Geschöpfe Gottes, also kann ich euch nicht anders als respektiren und hochachten; ich bin auch ein Geschöpf Gottes, also müßt ihr mich gleichfalls in Ehren halten.

Einer. Das wollten wir dir auch rathen.

Pirzel (kehrt sich wieder zum Pfar⟨r⟩er). Nun –

Eisenhardt. Herr Hauptmann, ich bin in allen Stücken Ihrer Meinung. Nur war die Frage, wie es den Leuten in den Kopf gebracht werden könnte, vom armen Stolzius abzulassen, und nicht Eifersucht und Argwohn in zwei Herzen zu werfen, die vielleicht auf ewig einander glücklich gemacht haben würden.

Pirzel (der sich mittlerweile gesetzt hatte, steht wieder sehr hastig auf). Wie ich Ihnen die Ehre und das Vergnügen hatte zu sagen, Herr Pfarrer! das macht, weil die Leute nicht denken. Denken, denken, was der Mensch ist, das ist ja meine Rede. (faßt ihn an der Hand) Sehen Sie, das ist Ihre Hand, aber was ist das? Haut, Knochen, Erde, (klopft ihm auf den Puls) da, da steckt es, das ist nur die Scheide, da steckt der Degen drein, im Blut, im Blut – (sieht sich plötzlich um, weil Lärm wird).

Ebd. S. 273 f.

Lenz, »Die Soldaten« III/4:

In Armentieres

(Ein Spaziergang auf dem eingegangenen Stadtgraben).
Eisenhardt (und) Pirzel (spazieren).

Eisenhardt. Herr von Mary will das Semester in Lille zubringen, was mag das zu bedeuten haben? Er hat doch dort keine Verwandte, so viel ich weiß.

Pirzel. Er ist auch keiner von denen, die es weghaben. Flüchtig, flüchtig – Aber der Obristlieutenant, das ist ein Mann.

Eisenhardt (bei Seite). Weh mir, wie bring' ich den Menschen aus seiner Metaphysik zurück – (laut) Um den Menschen zu kennen, müßte man meines Erachtens bei dem Frauenzimmer anfangen.

(Pirzel schüttelt mit dem Kopf).

Eisenhardt (bei Seite). Was die andern zu viel sind, ist der zu wenig. O Soldatenstand, furchtbare Ehlosigkeit, was für Carikaturen machst du aus den Menschen!

Pirzel. Sie meinen, beim Frauenzimmer – das wär' grad, als ob man bei den Schaafen anfinge. Nein, was der Mensch ist – (den Finger an der Nase).

Eisenhardt (bei Seite). Der philosophirt mich zu tode. (laut) Ich habe die Bemerkung gemacht, daß man in diesem Monat keinen Schritt vor's Thor thun kann, wo man nicht einen Soldaten mit einem Mädchen karessiren sieht.

Pirzel. Das macht, weil die Leute nicht denken.

Eisenhardt. Aber hindert Sie das Denken nicht zuweilen im Exerciren?

Pirzel. Ganz und gar nicht, das geht so mechanisch. Haben doch die andern auch nicht die Gedanken beisammen, sondern schweben ihnen alleweile die schönen Mädchens vor den Augen.

Eisenhardt. Das muß seltsame Bataillen geben. Ein ganzes Regiment mit verrückten Köpfen muß Wunderthaten thun.

Pirzel. Das geht alles mechanisch.

Eisenhardt. Ja, aber Sie laufen auch mechanisch. Die preußischen Kugeln müssen Sie bisweilen sehr unsanft aus Ihren süßen Träumen geweckt haben. (gehen weiter).

Ebd. S. 288 f.

Dokument 18

Goethe, »Faust« I.

Büchner übernahm aus Goethes Drama als Anregungen Elemente der Verführungshandlung (a), der Gewissensqualen der Frau (b) sowie einzelne Schauermotive (vgl. hier die

Erläuterungen zu 12,4 *Es schauert mich*, zu 38,13–21 *Aber was hast du an deiner Hand? ⟨...⟩ Ich hab's abgewischt* und zu 39,18 f. *Marie? Was hast du eine rothe Schnur um den Hals?*

a) Verführung

Der Verführer Faust begegnet Margarete in der Öffentlichkeit und äußert sich über sie (V. 2609–38; vgl. H 2,5), während diese ihrerseits über die Begegnung mit dem Verführer nachdenkt (vgl. H 1,3). Zu Beginn der ›Schmuckszene‹ (V. 2790–2804) singt Margarete; sie überlegt: »Wie sollte mir die Kette stehn?« (V. 2794; vgl. dazu die gestrichene Passage in H 4,4 Diff. Text *Wie wird mir's beym Tanz stehn?*), betrachtet sich dann geschmückt mit Kette und ›Ohrring‹ in einem Spiegel, vergleicht sich mit dem Anblick von Adligen, von denen sie sich als Angehörige der ›Armen‹ getrennt weiß.

V. 2605–20:

Straße.

Faust. Margarete (vorüber gehend).

Faust. Mein schönes Fräulein, darf ich wagen,
Meinen Arm und Geleit Ihr anzutragen?
Margarete. Bin weder Fräulein, weder schön,
Kann ungeleitet nach Hause gehn.
(Sie macht sich los und ab).
Faust. Beim Himmel, dieses Kind ist schön!
So etwas hab ich nie gesehn.
Sie ist so sitt- und tugendreich,
Und etwas schnippisch doch zugleich.
Der Lippe Roth, der Wange Licht,
Die Tage der Welt vergess' ich's nicht!

Wie sie die Augen niederschlägt,
Hat tief sich in mein Herz geprägt;
Wie sie kurz angebunden war,
Das ist nun zum Entzücken gar!
Mephistopheles (tritt auf).
Faust. Hör, du mußt mir die Dirne schaffen!
Mephistopheles. Nun, welche?
Faust. Sie ging just vorbei.

Goethe's Werke. Vollständige Ausgabe letzter Hand. Bd. 12. Stuttgart/Tübingen: Cotta, 1828. S. 133 f.

V. 2678–83:

Margarete (ihre Zöpfe flechtend und aufbindend).
Ich gäb' was drum, wenn ich nur wüßt'
Wer heut der Herr gewesen ist!
Er sah gewiß recht wacker aus,
Und ist aus einem edlen Haus;
Das konnt' ich ihm an der Stirne lesen –
Er wär' auch sonst nicht so keck gewesen.

Ebd. S. 138

V. 2753–58:

Margarete (mit einer Lampe).
Es ist so schwül, so dumpfig hie
(Sie macht das Fenster auf).
Und ist doch eben so warm nicht drauß'.
Es wird mir so, ich weiß nicht wie –
Ich wollt', die Mutter käm' nach Haus.
Mir läuft ein Schauer über'n ganzen Leib –
Bin doch ein thöricht furchtsam Weib!

(Sie fängt an zu singen, indem sie sich auszieht).

Ebd. S. 141 f.

Gretchen findet das Werbungsgeschenk Fausts in einem Kästchen, V. 2790–2804:

Margarete. 〈…〉 Was ist das? Gott im Himmel! Schau,
So was hab' ich mein' Tage nicht gesehn!
Ein Schmuck! Mit dem könnt' eine Edelfrau
Am höchsten Feyertage gehn.
Wie sollte mir die Kette stehn?
Wem mag die Herrlichkeit gehören?
(Sie putzt sich damit auf und tritt vor den Spiegel).
Wenn nur die Ohrring' meine wären!
Man sieht doch gleich ganz anders drein.
Was hilft euch Schönheit, junges Blut?
Das ist wohl alles schön und gut,
Allein man läßt's auch alles seyn,
Man lobt euch halb mit Erbarmen.
Nach Golde drängt,
Am Golde hängt
Doch alles. Ach wir Armen!

Ebd. S. 143.

b) Gewissensbisse

Margarete und Marie versuchen, sich vor Gott zu rechtfertigen. Jene, in der katholischen Kulturtradition stehend, bittet Maria, sich ihr zuzuwenden und »von Schmach und Tod« zu retten; diese als Angehörige der protestantischen Kulturtradition beugt sich in ihrem Zimmer über Bibelstellen, beklagt ihre Gefühlsleere und bittet den ›Herrgott‹, sie in ihrer Sündhaftigkeit nicht anzusehen.

V. 3587–3601:

Zwinger.

In der Mauerhöhle ein Andachtsbild der Mater dolorosa,
Blumenkrüge davor.

Gretchen (steckt frische Blumen in die Krüge). Ach neige,
Du Schmerzenreiche,
Dein Antlitz gnädig meiner Noth!

Das Schwert im Herzen,
Mit tausend Schmerzen
Blickst auf zu deines Sohnes Tod.

Zum Vater blickst du,
Und Seufzer schickst du
Hinauf um sein' und deine Noth.

Wer fühlet,
Wie wühlet
Der Schmerz mir im Gebein?
Was mein armes Herz hier banget,
Was es zittert, was verlanget,
Weißt nur du, nur du allein!

Ebd. S. 189.

3. William Shakespeare

Dokument 19

Shakespeare, »Macbeth«.

Anregungen aus Shakespeares »Macbeth« (Szene II/1 und V/1) gehen vor allem zurück auf Macbeths Vision eines Messers, das ihm den Mord zu befehlen scheint (vgl. H 4,13 und H 1,7), mglw. auch auf das vieldeutige »Wohinaus«

(vgl. H 1,14), das Motiv des fatalen Zeitpunkts (vgl. ebd.), die Unfähigkeit zu beten (vgl. H 4,16), das Waschen-Müssen (vgl. H 1,20) und das unmotivierte Blutriechen (vgl. H 1,5).

Shakespeare, »Macbeth« II/1:

Macbeth.
⟨...⟩ Ist das ein Dolch, was ich vor mir erblicke,
Der Griff mir zugekehrt? Komm, laß dich packen: –
Ich fass' dich nicht, und doch seh' ich dich immer.
Bist du, Unglücksgebild, so fühlbar nicht
Der Hand, gleich wie dem Aug'? oder bist du nur
Ein Dolch der Einbildung, nichtig Phantom,
Das aus dem heiß gequälten Hirn erwächst?
Ich seh' dich noch, so greifbar von Gestalt
Wie der, den jetzt ich zücke:
Du gehst mir vor, den Weg, den ich will schreiten,
Und solch ein Werkzeug wollt' ich auch gebrauchen.
Mein Auge ward der Narr der andern Sinne,
Oder mehr als alle werth: – Ich seh' dich stets,
Und dir an Griff und Klinge Tropfen Bluts,
Was erst nicht war. – Es ist nicht wirklich da:
Es ist die blut'ge Arbeit, die mein Auge
So in die Lehre nimmt. – Jetzt auf der halben Erde
Scheint todt Natur, und den verhangnen Schlaf
Quälen Versucherträume. Hexenkunst
Begeht den Dienst der bleichen Hecate;
Und dürrer Mord,
Durch seine Schildwach aufgeschreckt, den Wolf,
Der ihm das Wachtwort heult, – so dieb'schen Schrittes,
Mit wilder Brunst Tarquins, dem Ziel entgegen,
Schreitet gespenstisch. –
O du verwundbar, fest gefugte Erde,
Hör' meine Schritte nicht, was sie auch wandeln,

Daß nicht ausschwatzen selber deine Steine
Mein Wohinaus, und von der Stunde nehmen
Den jetz'gen stummen Graus, der so ihr ziemt. –
Hier droh' ich, er lebt dort;
Für heiße That zu kalt das müß'ge Wort!
(die Glocke wird angeschlagen.)
Ich geh', und 's ist gethan; die Glocke mahnt.
Hör' sie nicht, Duncan, 's ist ein Grabgeläut,
Das dich zu Himmel oder Höll' entbeut.
(er steigt hinauf.)
⟨...⟩
Doch warum
Konnt' ich nicht Amen sprechen? War mir doch
Die Gnad' am meisten noth, und Amen stockte
Mir in der Kehle.
⟨...⟩
Was ist das mit mir,
Daß jeder Ton mich schreckt? Ha! welche Hände! –
Sie reißen mir die Augen aus –
Kann wohl des großen Meergotts Ocean
Dies Blut von meiner Hand rein waschen? Nein;
Weit eh'r kann diese meine Hand mit Purpur
Die unermeßlichen Gewässer färben,
Und Grün in Roth verwandeln. –

Shak⟨e⟩speare's dramatische Werke. Uebers. von August Wilhelm von Schlegel, erg. und erl. von Ludwig Tieck. Bd. 9. Berlin: Reimer, 1833. S. 296–299.

Shakespeare, »Macbeth« V/1:

(Lady Macbeth kommt, eine Kerze in der Hand.)

⟨...⟩
Arzt. Seht, ihre Augen sind offen.
Kammerfrau. Ja, aber ihre Sinne geschlossen.

Arzt. Was macht sie nun? Schaut, wie sie sich die Hände reibt.

Kammerfrau. Das ist ihre gewöhnliche Geberde, daß sie thut, als wüsche sie sich die Hände; ich habe wohl gesehen, daß sie es eine Viertelstunde hintereinander that.

Lady Macbeth. Da ist noch ein Fleck.

Arzt. Horch, sie spricht: Ich will aufschreiben, was sie sagt, um hernach meine Erinnerung daraus zu ergänzen.

Lady Macbeth. Fort, verdammter Fleck! fort, sag' ich! – Eins, Zwei: Nun, dann ist es Zeit, es zu thun. – Die Hölle ist finster! – Pfui, mein Gemahl, pfui! ein Soldat und furchtsam! Was haben wir zu fürchten wer es weiß, da niemand unsre Gewalt zur Rechenschaft ziehn darf? – Aber wer hätte gedacht, daß der alte Mann noch so viel Blut in sich hätte?

Arzt. Hört Ihr wohl?

Lady Macbeth. Der Than von Fife hatte ein Weib: Wo ist sie nun? – Wie, wollen diese Hände denn nie rein werden? – Nichts mehr davon, mein Gemahl, nichts mehr davon; du verdirbst alles mit diesem Auffahren.

Arzt. Ei, ei; Ihr habt erfahren, was Ihr nicht solltet!

Kammerfrau. Gesprochen hat sie, was sie nicht sollte, das ist gewiß: Gott weiß, was sie erfahren hat.

Lady Macbeth. Noch immer riecht es hier nach Blut: Alle Wohlgerüche Arabiens würden diese kleine Hand nicht wohlriechend machen. Oh! oh! oh!

⟨...⟩

Lady Macbeth. Wasch' deine Hände, leg' dein Nachtkleid an; sieh doch nicht so blaß aus ⟨...⟩.

Ebd. S. 337 f.

Dokument 20

Shakespeare, »Othello«.

Die möglichen Anregungen aus »Othello« betreffen zwei punktuelle Motive und zwei strukturelle Komplexe. Die bramabarsierende Drohung von Othellos Leutnant Cassio »Der Schurke! Pflicht mich lehren? Warte, in eine Korbflasche prügl' ich ihn hinein, den Wicht!« (II/3) entspricht der des Tambourmajors: *Ich will ihm die Nas ins Arschloch prügeln* (vgl. H 4,14). Daß die ›heiße Hand‹ einer Frau sexuelle Begierden anzeige, sagt in III/4 der schon eifersüchtige Othello (»Diese Hand ist warm. / 〈...〉 / Heiß, heiß und feucht! Solch einer Hand geziemt / Abtödtung von der Welt, Gebet und Fasten / 〈...〉 / Denn jung und brennend wohnt ein Teufel hier, / Der leicht sich auflehnt«) und in H 4,10 Woyzeck (*Was sie heiße Händ haben*; vgl. auch H 4,11 *Das Weib ist heiß, heiß!* und H 1,15 *heiß, heißer Hurenathem*). Strukturell übereinstimmend sind die Komplexe (a) Anschwärzen der Frau durch eine vierte Person und eifersüchtige Ungewißheit des Mannes (Szene III/3; vgl. H 4,7 sowie H 2,7 und H 2,8) und (b) Ermordung der noch immer geliebten Frau, Betrachten der Getöteten (Szene V/2; vgl. H 1,15 und H 1,19).

a) Eifersüchtige Ungewißheit

Eine vierte Person, Jago, entfacht Othellos Eifersucht wegen der angeblichen Liebe seiner Frau Desdemona zu Leutnant Cassio. Othello preist seine frühere Unbefangenheit (»Ich fand nicht Cassio's Küss‹ auf ihren Lippen«; vgl. H 2,7 *auf Paar Lippen eins finden*; H 4,7 *Keine Blasen drauf?*), verwünscht die jetzige Ungewißheit, bedroht den Denunzianten und fordert Beweise. Häufig wiederholt wird die Forderung nach dem Sichtbaren: »S e h' n will ich, eh' ich zweifle«; »schaff mir den sichtlichen Beweis / 〈...〉 /

Laß mich es sehn«. In »Woyzeck« heißt es in H 1,4: *Ich muß fort, muß sehen*; in H 2,8: *man sieht nichts, man müßt's doch sehen*, was in H 4,7 erweiternd übernommen wird (*Ich seh nichts, ich seh nichts. O, man müßt's sehen, man müßt's greifen können mit Fäusten*). Othello fordert »solche Probe / An der kein Häkchen sey, den kleinsten Zweifel / Zu hängen dran«; in Variation dieses Bildes (»Häkchen« / »Kloben«; ›Zweifel dran hängen‹ / *sich* wegen eines Zweifels *dran zu hängen*) sinniert Woyzeck (vgl. H 2,7) über seine *Lust*, in den Himmel *einen Kloben hineinzuschlagen und sich daran zu hängen, nur wegen des Gedankenstrichels zwischen Ja, und nein.* Dieses Rätseln über *Ja, und nein, ja – und nein* drückt Othello in den Worten aus: »Ich denk' mein Weib ist treu und ist es nicht; / Ich denke du bist brav und bist es nicht; / Ich will Beweis.« Othello und Woyzeck bedrohen jeweils den Denunzianten (vgl. H 2,7: *Herr Hauptmann, wenn Sie Spaß machen 〈…〉 er ersticht mich mit seinen Augen*), der seinerseits seine guten Absichten beteuert (»Jago. 〈…〉 merk' auf, o Welt! / Aufrichtig seyn und redlich bringt Gefahr«; *Hauptmann. 〈…〉 ich mein es gut mit ihm*). Jago kann den sichtbaren Beweis für Desdemonas Untreue nicht erbringen (»Unmöglich ist es, dieß mit anzusehn, / Und wären sie wie Geiß und Affen wild / Hitzig, wie brünstge Wölfe«) und verspricht Indizienbeweise. Woyzeck findet den sichtbaren Beweis bei der Tanzszene im Wirtshaus (vgl. H 4,11: *daß Alles in Unzucht sich übereinanderwälzt, Mann und Weib, Mensch und Vieh*).

Shakespeare, »Othello« III/3:

Othello. Ha! Ha! Mir treulos! Mir! –
Jago. Nun, faßt Euch, General! Nichts mehr davon.
Othello.
Fort! Heb' dich weg! Du warfst mich auf die Folter: –

Ich schwör', 's ist besser sehr betrogen seyn,
Als nur ein wenig wissen.
Jago. Wie, Gen'ral?
Othello. Was ahndet' ich von ihren stillen Lüsten? –
Ich sah's nicht, dacht' es nicht, war ohne Harm;
Schlief wohl die nächste Nacht, aß gut, war frei und froh;
Ich fand nicht Cassio's Küss' auf ihren Lippen:
Wenn der Beraubte nicht vermißt den Raub,
Sagt Ihr's ihm nicht, so ist er nicht beraubt.
Jago. Es schmerzt mich, dieß zu hören.
Othello. Noch wär' ich glücklich, wenn das ganze Lager,
Troßbub' und Alles ihren süßen Leib genoß,
Und ich erfuhr es nicht. O nun, auf immer
Fahr' wohl, des Herzens Ruh'! Fahr' wohl mein Friede!
Fahr' wohl, du wallender Helmbusch, stolzer Krieg,
⟨...⟩
Fahr' wohl! Othello's Tag'werk ist gethan! –
Jago. Ist's möglich? – Gnäd'ger Herr –
Othello.
Beweise Schurk' mir, daß mein Weib verbuhlt,
Thu's ja, schaff' mir den sichtlichen Beweis;
Sonst, bei dem Leben meiner ew'gen Seele,
Besser wär' dir's, ein Hund geboren seyn,
Als meinem Grimm dich stellen.
Jago. Dahin kam's?
Othello. Laß mich es sehn; wo nicht, gieb solche Probe,
An der kein Häkchen sey, den kleinsten Zweifel
Zu hängen d'ran, sonst wehe deiner Seele! –
Jago. Mein edler Herr! –
Othello.
Wenn du sie frech verläumd'st und folterst mich,
Dann bete nie mehr; schließ die Rechnung ab;
Auf höchsten Gräuel häufe neuen Gräul;
Mach', daß der Himmel weint, die Erde bebt;
Denn nichts zum ew'gen Fluche kannst du fügen,
Das größer sey.

Jago. O! Gnad'! o Himmel! schützt mich! –
Seyd Ihr ein Mann? habt Ihr Vernunft und Sinn? –
Fahrt wohl denn! Nehmt mein Amt. – Ich blöder Thor,
Deß Lieb' und Redlichkeit als Laster gilt! –
O! schnöde Welt! merk' auf, merk' auf, o Welt!
Aufrichtig seyn und redlich bringt Gefahr.
Dank für die Warnung; keinen Freund von jetzt
Lieb' ich hinfort, da Liebe so verletzt.
Othello. Nein bleib, du solltest doch wohl ehrlich seyn.
Jago. Klug sollt' ich seyn; denn Gradheit ist 'ne Thörin,
Die das verfehlt, wonach sie strebt.
Othello. Bei Gott!
Ich denk' mein Weib ist treu und ist es nicht;
Ich denke, du bist brav und bist es nicht;
Ich will Beweis. Ihr Name, einst so hell
Wie Dianens Antlitz, ist nun wüst und schwarz
Wie mein Gesicht. – Wenn's Messer giebt und Stricke,
Gift, Feuer, oder Ströme zum Ersäufen,
Ich duld' es nicht. – O wär' ich überzeugt! –
Jago. Ich sehe, wie Euch Leidenschaft verzehrt;
Mich reut, daß ich Euch Anlaß gab: So möchtet
Ihr überzeugt seyn? –
Othello. Möchte? Nein, ich will's.
Jago. Und könnt. Doch wie? Wie überzeugt, o Herr?
Wollt Ihr mit offnem Blick die Frechheit schaun?
Sie seh'n gepaart?
Othello. Ha Tod und Teufel! o! –
Jago. Ein schwierig Unternehmen, denk ich mir,
Sie so zur Schau zu bringen: ›s wär zu toll,
Wenn mehr noch als vier Augen Zutritt fänden
Bei solchem Lustspiel! Was denn also? Wie?
Was soll ich thun? Wo Ueberzeugung finden?
Unmöglich ist es, dieß mit anzusehn,
Und wären sie wie Geiß' und Affen wild,
Hitzig, wie brünstge Wölfe, plump und sinnlos
Wie trunkne Dummheit. Dennoch sag' ich Euch,

Wenn Schuldverdacht und Gründe trift'ger Art,
Die gradhin führen zu der Wahrheit Thor,
Euch Ueberzeugung schafften, solche hätt' ich.

Ebd. Bd. 8. 1832. S. 234–236.

b) Ermordung der geliebten Frau

Othello küßt Desdemona ein letztes Mal (»noch einen und den letzten«; vgl. H 1,15 *und doch möcht' ich den Himmel geben sie noch einmal zu küssen*). Während draußen schon geklopft wird, ermordet er die Frau und sagt dabei: »Was für ein Lärm? Nicht todt? Noch nicht ganz todt? – / 〈...〉 (ersticht sie mit dem Dolch.) 〈...〉 / Jetzt ist sie todt.« In »Woyzeck« H 1,15 heißt es: *noch nicht noch nicht? Immer noch? (stößt zu) 〈...〉 Todt! Todt! (es kommen Leute 〈...〉)*. Othellos folgende Sätze: »Still, wie das Grab. 〈...〉 Mir däucht, sie rührt sich« entsprechen »Woyzeck« H 1,19 (vgl. Diff. Text) [*Sie rührt*] *Es rührt sich was. Still. 〈...〉 Still. Alles still!*, wobei Woyzecks anschließende Frage *Was bist du so bleich, Margreth?* durch die Wendung in Othellos späterer Rede: »Ach, wie siehst du nun aus, o Kind des Jammers / Bleich wie dein Tuch!« angeregt sein mag. Wie die hinzukommende Emilie Desdemonas Schrei (»Gott! Welch ein Schrei war das?«) hört, so hören die vom Teich her hinzukommenden Leute Maries Todesstöhnen (vgl. H 1,16 *Uu! da! Was ein Ton*). Auch Othellos Erwartung einer kosmischen Verfinsterung nach dem Mord (»Nun, dächt' ich, müßt ein groß Verfinsterung sein«) hat mglw. Woyzecks gleiche Erwartung (vgl. H 4,11 *Warum bläßt Gott nicht die Sonn aus*) nach der Entdeckung von Maries Untreue angeregt.

Shakespeare, »Othello« V/2:

Schlafzimmer.

Desdemona schlafend, im Bett. Ein Licht brennt neben ihr.

(Othello tritt herein.)

Othello. Die Sache will's, die Sache will's, mein Herz!
Laßt sie mich euch nicht nennen, keusche Sterne! –
Die Sache will's. – Doch nicht ihr Blut vergieß' ich;
Noch ritz' ich diese Haut, so weiß wie Schnee,
Und sanft, wie eines Denkmals Alabaster. –
(er legt seinen Degen ab.)
Doch sterben muß sie, sonst betrügt sie andre.
Thu' aus das Licht, und dann – Thu' aus das Licht; –
Ja, lösch' ich dich, du flammenheller Diener –
Kann ich dein vorig Licht dir wiedergeben,
Sollt' ich's bereu'n; – doch dein Licht ausgethan,
Du reizend Muster herrlichster Natur,
Nie find' ich den Prometheusfunken wieder,
Dein Licht zu zünden. Pflückt' ich deine Rose,
Nie kann ich ihr den Lebenswuchs erneu'n,
Sie muß, muß welken; dufte mir vom Stamm! –
(küßt sie.)
O würz'ger Hauch, der selbst Gerechtigkeit
Ihr Schwert zu brechen zwingt! – Noch einen! einen!
Sey wann du todt bist so, dann tödt' ich dich
Und liebe dich nachher – noch einen und den letzten!
⟨...⟩
Othello. Ist's gethan,
Braucht's keines Zögerns.
Desdemona. Nur bis ich noch gebetet!

Othello. 'S ist zu spät.
(er erstickt sie.)
Emilie. (draußen)
Mein gnäd'ger Herr! He! Holla! Gnäd'ger Herr!
Othello.
Was für ein Lärm? Nicht todt? Noch nicht ganz todt? –
Ich bin zwar grausam, aber doch barmherzig;
Nicht möcht' ich dir verlängern deine Qual. –
(ersticht sie mit dem Dolch.)
So, so.
Emilie. He, holla! Gnäd'ger Herr!
Othello. Wer da?
Emilie. O bester Herr, nur auf ein Wort mit Euch. –
Othello. Ha, 's ist Emilie. Gleich! – Jetzt ist sie todt. –
Gewiß, sie kommt und meldet Cassio's Tod;
Der Lärm war groß. – Ha! Regst du dich nicht mehr?
Still, wie das Grab. – Darf sie herein? – Wär's gut? –
Mir däucht, sie rührt sich. – Nein. – Was ist das Beste?
Kommt sie, wird sie nach meinem Weibe fragen –
Mein Weib! Mein Weib! – Welch' Weib? Ich hab' kein Weib.
O, unerträglich! O, furchtbare Stunde!
Nun, dächt' ich, müßt' ein groß Verfinstern seyn
An Sonn' und Mond, und die erschreckte Erde
Sich aufthun vor Entsetzen.
Emilie. Ich bitt' Euch dringend, gönnt mir nur ein Wort, O bester Herr!
⟨...⟩
Emilie. Gott! Welch ein Schrei war das?
Othello. Das? Was?
Emilie. O heil'ger Gott! Die Stimme meiner Frau!
⟨...⟩
Othello.
Ach, wie siehst du nun aus, o Kind des Jammers,
Bleich wie dein Tuch!

Ebd. Bd. 8. 1832. S. 269–277.

VI. Büchners Äußerungen zur Poetik und zur Entstehung von »Woyzeck«

Dokument 21

Büchner, »Danton's Tod« II/3:

Camille. Ich sage Euch, wenn sie nicht Alles in hölzernen Copien bekommen, verzettelt in Theatern, Concerten und Kunstausstellungen, so haben sie weder Augen noch Ohren dafür. Schnizt Einer eine Marionette, wo man den Strick hereinhängen sieht, an dem sie gezerrt wird und deren Gelenke bey jedem Schritt in fünffüßigen Jamben krachen, welch ein Character, welche Consequenz! Nimmt Einer ein Gefühlchen, eine Sentenz, einen Begriff und zieht ihm Rock und Hosen an, macht ihm Hände und Füße, färbt ihm das Gesicht und läßt das Ding sich 3 Acte hindurch herumquälen, bis es sich zulezt verheirathet oder sich todtschießt – ein Ideal! Fiedelt Einer eine Oper, welche das Schweben und Senken im menschlichen Gemüth wiedergiebt wie eine Thonpfeife mit Wasser die Nachtigall – ach die Kunst!
Sezt die Leute aus dem Theater auf die Gasse: ach, die erbärmliche Wirklichkeit!
Sie vergessen ihren Herrgott über seinen schlechten Copisten. Von der Schöpfung, die glühend, brausend und leuchtend, um und in ihnen, sich jeden Augenblick neu gebiert, hören und sehen sie nichts. Sie gehen in's Theater, lesen Gedichte und Romane, schneiden den Fratzen darin die Gesichter nach und sagen zu Gottes Geschöpfen: wie gewöhnlich!
⟨...⟩

Danton. Und die Künstler gehn mit der Natur um wie David, der im September die Gemordeten, wie sie aus der

Force auf die Gasse geworfen wurden, kaltblütig zeichnete und sagte: ich erhasche die letzten Zuckungen des Lebens in dießen Bösewichtern.

Dokument 22

Büchner, »Lenz« (S. 16–18):

⟨...⟩ Über Tisch war Lenz wieder in guter Stimmung, man sprach von Literatur, er war auf seinem Gebiete; die idealistische Periode fing damals an, Kaufmann war ein Anhänger davon, Lenz widersprach heftig. Er sagte: Die Dichter, von denen man sage, sie geben die Wirklichkeit, hätten auch keine Ahnung davon, doch seyen sie immer noch erträglicher, als die, welche die Wirklichkeit verklären wollten. Er sagte: Der liebe Gott hat die Welt wohl gemacht wie sie seyn soll, und wir können wohl nicht was Besseres klecksen, unser einziges Bestreben soll seyn, ihm ein wenig nachzuschaffen. Ich verlange in allem Leben, Möglichkeit des Daseins, und dann ist's gut; wir haben dann nicht zu fragen, ob es schön, ob es häßlich ist, das Gefühl, daß Was geschaffen sey, Leben habe, stehe über diesen Beiden, und sey das einzige Kriterium in Kunstsachen. Übrigens begegne es uns nur selten, in Shakespeare finden wir es und in den Volksliedern tönt es einem ganz, in Göthe manchmal entgegen. Alles Übrige kann man ins Feuer werfen. Die Leute können auch keinen Hundsstall zeichnen. Da wolle man idealistische Gestalten, aber Alles, was ich davon gesehen, sind Holzpuppen. Dieser Idealismus ist die schmählichste Verachtung der menschlichen Natur. Man versuche es einmal und senke sich in das Leben des Geringsten und gebe es wieder, in den Zuckungen, den Andeutungen, dem ganzen feinen, kaum bemerkten Mienenspiel; er hätte dergleichen versucht im »Hofmeister« und den »Soldaten«. Es sind die prosaischsten Menschen unter der Sonne; aber die Gefühlsader ist in fast allen Menschen gleich, nur ist die Hülle mehr oder weniger dicht, durch die sie brechen muß. Man muß nur Aug und Ohren dafür haben. Wie ich gestern neben am Thal hinaufging, sah ich auf einem Steine zwei Mädchen sitzen, die eine band ihre Haare auf, die andre half ihr; und das goldne Haar hing herab, und ein ernstes bleiches Gesicht, und doch so jung, und die schwarze Tracht und die andre so sorgsam bemüht. Die schönsten, innigsten Bilder der altdeutschen Schule geben kaum eine Ahnung davon. Man möchte manchmal ein Medusenhaupt seyn, um so eine Gruppe in Stein verwandeln zu können, und den Leuten zurufen. Sie standen auf, die schöne Gruppe war zerstört; aber wie sie so hinabstiegen, zwischen den Felsen war es wieder ein anderes Bild. Die schönsten Bilder, die schwellendsten Töne, gruppiren, lösen sich auf. Nur eins bleibt, eine unendliche Schönheit, die aus einer Form in die andre tritt, ewig aufgeblättert, verändert, man kann sie aber freilich nicht immer festhalten und in Museen stellen und auf Noten ziehen und dann Alt und Jung herbeirufen, und die Buben und Alten darüber radotiren und sich entzücken lassen. Man muß die Menschheit lieben, um in das eigenthümliche Wesen jedes einzudringen, es darf einem keiner zu gering, keiner zu häßlich seyn, erst dann kann man sie verstehen; das unbedeutendste Gesicht macht einen tiefern Eindruck als die bloße Empfindung des Schönen, und man kann die Gestalten aus sich heraustreten lassen, ohne etwas vom Äußern hinein zu kopiren, wo einem kein Leben, keine Muskeln, kein Puls entgegen schwillt und pocht. Kaufmann warf ihm vor, daß er in der Wirklichkeit doch keine Typen für einen Apoll von Belvedere oder eine Raphaelische Madonna finden würde. Was liegt daran, versetzte er, ich muß gestehen, ich fühle mich dabei sehr todt, wenn ich in mir arbeite, kann ich auch wohl was dabei fühlen, aber ich thue das Beste daran. Der Dichter und Bildende ist mir der Liebste, der mir die Natur am Wirklichsten giebt, so daß ich über seinem Gebild fühle, Alles Übrige stört mich. ⟨...⟩

Dokument 23

Brief Büchners an die Eltern:

Straßburg, 28. Juli 1835.

⟨...⟩ der dramatische Dichter ist in meinen Augen nichts, als ein Geschichtschreiber, steht aber über Letzterem dadurch, daß er uns die Geschichte zum zweiten Mal erschafft und uns gleich unmittelbar, statt eine trockne Erzählung zu geben, in das Leben einer Zeit hinein versetzt, uns statt Charakteristiken Charaktere, und statt Beschreibungen Gestalten gibt. Seine höchste Aufgabe ist, der Geschichte, wie sie sich wirklich begeben, so nahe als möglich zu kommen. Sein Buch darf weder sittlicher noch unsittlicher sein, als die Geschichte selbst; aber die Geschichte ist vom lieben Herrgott nicht zu einer Lectüre für junge Frauenzimmer geschaffen worden, und da ist es mir auch nicht übel zu nehmen, wenn mein Drama ebensowenig dazu geeignet ist. ⟨...⟩
Der Dichter ist kein Lehrer der Moral, er erfindet und schafft Gestalten, er macht vergangene Zeiten wieder aufleben, und die Leute mögen dann daraus lernen, so gut, wie aus dem Studium der Geschichte und der Beobachtung dessen, was im menschlichen Leben um sie herum vorgeht. Wenn man so wollte, dürfte man keine Geschichte studiren, weil sehr viele unmoralische Dinge darin erzählt werden, müßte mit verbundenen Augen über die Gasse gehen, weil man sonst Unanständigkeiten sehen könnte, und müßte über einen Gott Zeter schreien, der eine Welt erschaffen, worauf so viele Liederlichkeiten vorfallen. Wenn man mir

übrigens noch sagen wollte, der Dichter müsse die Welt nicht zeigen wie sie ist, sondern wie sie sein solle, so antworte ich, daß ich es nicht besser machen will, als der liebe Gott, der die Welt gewiß gemacht hat, wie sie sein soll. Was noch die sogenannten Idealdichter anbetrifft, so finde ich, daß sie fast nichts als Marionetten mit himmelblauen Nasen und affectirtem Pathos, aber nicht Menschen von Fleisch und Blut gegeben haben, deren Leid und Freude mich mitempfinden macht, und deren Thun und Handeln mir Abscheu oder Bewunderung einflößt. Mit einem Wort, ich halte viel auf Goethe und Shakspeare, aber sehr wenig auf Schiller. ⟨...⟩

Dokument 24

Brief Büchners vermutlich an Wilhelm Büchner:

Straßburg, den 2. September 1836.

⟨...⟩ Ich habe mich jetzt ganz auf das Studium der Naturwissenschaften und der Philosophie gelegt, und werde in Kurzem nach Zürich gehen, um in meiner Eigenschaft als überflüssiges Mitglied der Gesellschaft meinen Mitmenschen Vorlesungen über etwas ebenfalls höchst Ueberflüssiges, nämlich über die philosophischen Systeme der Deutschen seit Cartesius und Spinoza, zu halten. – Dabei bin ich gerade daran, sich einige Menschen auf dem Papier todtschlagen oder verheirathen zu lassen, und bitte den lieben Gott um einen einfältigen Buchhändler und ein groß Publikum mit so wenig Geschmack, als möglich. Man braucht einmal zu vielerlei Dingen unter der Sonne Muth, sogar, um Privatdocent der Philosophie zu sein. ⟨...⟩

Dokument 25

Brief Büchners an die Eltern:

Straßburg, im September 1836

⟨...⟩ Ich habe meine zwei Dramen noch nicht aus den Händen gegeben, ich bin noch mit Manchem unzufrieden und will nicht, daß es mir geht, wie das erste Mal. Das sind Arbeiten, mit denen man nicht zu einer bestimmten Zeit fertig werden kann, wie der Schneider mit seinem Kleid. ⟨...⟩

Dokument 26

Ludwig Büchner, »Georg Büchner«:

⟨...⟩ Was das erwähnte Trauerspielfragment anlangt, so ist dasselbe zum größten Theile mit blasser Tinte geschrieben und durchaus unleserlich; die einzelnen Scenen, die entziffert werden konnten, sind durch das Ausfallende so wenig unter einander in Zusammenhang zu bringen, daß nichts davon in der Sammlung mitgetheilt werden konnte.
Mit Anfang des Jahres 1837 scheint Büchner's Stimmung trüber geworden zu sein, wohl nur durch das Unangenehme der längeren Trennung von seiner Braut, da mit seinen sonstigen Angelegenheiten Alles nach Wunsch ging. Aus den in den letzten Wochen vor seinem Tod an seine Braut geschriebenen Briefen heben wir die folgenden Stellen aus:
Vom 13. Januar 1837: »Mein lieb Kind! ..... Ich zähle die Wochen bis zu Ostern an den Fingern. Es wird immer öder. So im Anfange ging's: neue Umgebungen, Menschen, Verhältnisse, Beschäftigungen – aber jetzt, da ich an Alles ge-

wöhnt bin, Alles mit Regelmäßigkeit vor sich geht, man vergißt sich nicht mehr. Das Beste ist, meine Phantasie ist thätig, und die mechanische Beschäftigung des Präparirens läßt ihr Raum. Ich sehe dich immer so halb durch zwischen Fischschwänzen, Froschzehen etc. Ist das nicht rührender, als die Geschichte von Abälard, wie sich ihm Heloise immer zwischen die Lippen und das Gebet drängt? O, ich werde jeden Tag poetischer, alle meine Gedanken schwimmen in Spiritus. Gott sei Dank, ich träume wieder viel Nachts, mein Schlaf ist nicht mehr so schwer.«

Vom 20. Januar: »Ich habe mich verkältet und im Bett gelegen. Aber jetzt ist's besser. Wenn man so ein wenig unwohl ist, hat man ein so groß Gelüsten nach Faulheit; aber das Mühlrad dreht sich als fort ohne Rast und Ruh. ... Heute und gestern gönne ich mir jedoch ein wenig Ruhe und lese nicht; morgen geht's wieder im alten Trab, du glaubst nicht, wie regelmäßig und ordentlich. Ich gehe fast so richtig, wie eine Schwarzwälder Uhr. Doch ist's gut: auf all das aufgeregte, geistige Leben Ruhe, und dabei die Freude am Schaffen meiner poetischen Produkte. Der arme Shakspeare war Schreiber den Tag über und mußte Nachts dichten, und ich, der ich nicht werth bin, ihm die Schuhriemen zu lösen, hab's weit besser. – ...... Lernst Du bis Ostern die Volkslieder singen, wenn's Dich nicht angreift? Man hört hier keine Stimme; das Volk singt nicht, und Du weißt, wie ich die Frauenzimmer lieb habe, die in einer Soiree oder einem Concerte einige Töne todtschreien oder winseln. Ich komme dem Volk und dem Mittelalter immer näher, jeden Tag wird mir's heller – und gelt, du singst die Lieder? Ich bekomme halb das Heimweh, wenn ich mir eine Melodie summe. .... Jeden Abend sitz' ich eine oder zwei Stunden im Casino; Du kennst meine Vorliebe für schöne Säle, Lichter und Menschen um mich.« ⟨...⟩

Georg Büchner: Nachgelassene Schriften. ⟨Hrsg. und eingel. von Ludwig Büchner.⟩ Frankfurt a. M.: Sauerländer, 1850. S. 40–42. ⟨Einleitung.⟩

VII. Dokumente zur Wirkungsgeschichte

Dokument 27

KARL EMIL FRANZOS:

⟨...⟩
Die Verhältnisse, unter denen Büchner den »Wozzeck« schrieb, sind der alleinige Schlüssel zu einer Eigenthümlichkeit des Werkes, die sonst ganz räthselhaft wäre. Neben den genialen, tragischen Scenen finden sich da, wie erwähnt, bizarre, theils drollige, theils satyrische, theils cynische Excurse, die wenig zum Ganzen passen. Sie sind fast sämmtlich chirurgisch-anatomischen Inhalts. Ihre Existenz wird nur dann begreiflich, wenn wir erwägen, daß Büchner den »Wozzeck« zu einer Zeit schrieb, wo er immer »am Tage mit dem Scalpell saß« und wo »alle seine Gedanken in Spiritus schwammen.« Was ihn fortwährend beschäftigte, ging ihm eben auch in seinen poetischen Freistunden nicht aus dem Kopfe, und der geniale Mensch empfand das Bedürfniß, auch einmal phantastisch und satyrisch mit jenen Dingen zu spielen, mit denen er sich in bitterem Ernste bis zum Ueberdrusse plagen mußte. So ist die Figur des Doctors entstanden, der über den linken Backenzahn eines Infusoriums mit Hülfe des Mikroskops gelehrte Forschungen anstellt, der nur dann außer sich geräth, wenn ihm »ein Proteus unpäßlich wird,« der mit dem armen Helden so überaus absonderliche Experimente anstellt. Die Figur ist breit, mit vielem Witz und vielem Behagen ausgemalt. Das ist an sich ein Vorzug und nur relativ etwas störend. Aber man darf nicht vergessen, daß »Wozzeck« ein Fragment ist; nach der Vollendung hätte sich diese Figur und Alles, was drum und dran hängt, nur eben als eine kleine, lustige Episode dargestellt. Mindestens ist das sehr wahrscheinlich.

Auch die Schwermuth, die Büchner zu jener Zeit erfüllte – ihn quälten die Trennung von der Braut und Ahnungen eines frühen Todes – findet im Fragment ihren Ausdruck. Insbesondere aber geht durch dasselbe ein Hauch der politischen und socialistischen Ueberzeugungen, welche ihn damals beseelten. Tiefstes Erbarmen mit den Armen und Elenden erfüllte sein Herz und der glühendste Wunsch, ihnen zu helfen. Dieses Erbarmen ist denn auch der Grundton, welcher – oft bizarr, fast cynisch und dennoch so ergreifend! – die Volksscenen des »Wozzeck« durchbebt. In knappsten Zügen findet sich da die beredte Schilderung der Noth, welche den Menschen in dumpfer Rohheit gebannt hält. »Wenn ich ein vornehmer Herr wär',« klagt der Held, »und könnt' vornehm reden, ich wollt' schon tugendhaft sein! Es muß was Schönes sein um die Tugend – aber ich bin ein armer Kerl!« Und kann sich die bittere Resignation des Armen erschütternder ausprägen, als in dem Ausrufe: »Ich glaub', wenn wir in den Himmel kämen, so müßten wir donnern helfen!« – »Wir arme Leute!« Dieser Stoßseufzer ist der schmerzliche Refrain der Dichtung.

Aber nicht bloß von großer Liebe für das Volk zeugt »Wozzeck«, sondern auch von genauester Kenntniß des Volkslebens. Ein Bild des Volkslebens zu bieten, das – und das allein! – war sicherlich der Zweck der Dichtung. An ein regelrechtes Trauerspiel dachte Büchner auch diesmal nicht, wie nie vorher. Formregeln waren ihm überhaupt höchst gleichgültig. Aber wie er nicht aus Muthwillen, sondern nur aus innerster Nothwendigkeit die Gesetze seines Staates verletzt hatte, so trieben ihn auch nur seine heiligsten Ueberzeugungen von Zweck und Zielen des Poeten, sich über die Gesetze des Aristoteles hinwegzusetzen. Georg Büchner huldigte bedingungslos dem Realismus. Die Natur, die Wirklichkeit war ihm das ausschließliche Vorbild, und derjenige der größte Poet, der die Wirklichkeit am Getreuesten nachschaffe. ⟨...⟩ Was Büchner über die »Soldaten« des Lenz sagt, paßt auch auf die Gestalten in »Wozzeck«: »Es sind die prosaischsten Menschen unter der Sonne, aber die Gefühlsader ist fast in allen Menschen gleich; nur ist die Hülle mehr oder weniger dicht, durch die sie brechen muß. Man muß nur Aug' und Ohr dafür haben. Es darf Einem Keiner zu gering, Keiner zu häßlich sein, erst dann kann man sie verstehen. Das unbedeutendste Gesicht macht einen tieferen Eindruck als die bloße Empfindung des Schönen.«

Wozzeck. Ein Trauerspiel-Fragment von Georg Büchner. Mitgetheilt von Karl Emil Franzos. ⟨Einleitung.⟩ In: Mehr Licht! Eine deutsche Wochenschrift für Literatur und Kunst. Nr. 1. 5. Oktober 1878. S. 6 f.

Dokument 28

Max Herrmann-Neisse:

⟨...⟩ es muß dem Proletariat gezeigt werden, was es jetzt schon an für es brauchbarer Kunst gibt, Literatur, die von der Bürgerpresse und der bürgerlichen Literaturgeschichte verheimlicht, totgeschwiegen, in entlegene Archive vergraben wird. Da sind die nicht beliebten Außenseiter: Der Franzose François Villon aus dem fünfzehnten Jahrhundert, der immer außerhalb der Gesellschaft und im Kleinkrieg mit ihr lebte, sich mit Diebesbanden herumtrieb, öfter im Gefängnis, sogar dem Galgen nah war und Gedichte schrieb, die wildgewachsen den Zauber eines rebellischen Lebens haben, z. B. »Ballade, in der Villon jedermann Abbitte leistet« mit dem erschütternden »Geleit« für die »Wachtsoldatenhunde«: »Man schlage ihnen ihre Fressen mit schweren Eisenhämmern ein. Im übrigen will ich vergessen und bitte sie, mir zu verzeihn!« Der Franzose Rabelais aus dem sechzehnten Jahrhundert, dessen Fabelbücher »Gargantua« und »Pantagruel« gewaltige, eigenwillige Satire sind auf Papsttum, Klerus und alle offizielle Duckmäuserei. Der Engländer Swift, aus der ersten Hälfte des achtzehnten Jahrhunderts, ein ganz überlegener und unabhängiger Geist, ein Temperament, das von jedem Unrecht bis aufs Blut gebrannt und sofort zum energischsten Protest gestachelt wurde, ein Mann, der damals schon leidenschaftlich in den politischen Kampf eingriff. Man lese immer wieder das radikalste Buch »Gullivers Reisen«, aber in einer vollständigen Ausgabe, nicht in der üblichen Milderung als Kindermärchen, ein Werk, das mit jeder Sentimentalität und Phrase bricht und sich großartig über die »Laster und Verderbtheiten der eignen Rasse erhebt«. Man lese die bitterste Anklageschrift »Ein bescheidener Vorschlag, wie man die Kinder der Armen hindern kann, ihren Eltern oder dem Lande zur Last zu fallen, und wie sie vielmehr eine Wohltat für die Öffentlichkeit werden können«, eine Abhandlung, worin Swift voll beißender Ironie den Vorschlag macht, die Kinder der Armen den reichen Leuten als Nahrungsmittel zu verkaufen, sie als besondere Delikatesse für die Tafel der Verwöhnten zu verwenden. Der Deutsche Georg Büchner, der 1837 vierundzwanzigjährig starb. Er hatte sich am Aufstand gegen die aristokratisch-liberale Bourgeoisie praktisch beteiligt, war ein wirklicher Instinkt-Revolutionär gewesen, schon gewiß, »daß nur die Bewegung der geknechteten, hungernden Massen den politischen und wirtschaftlichen Umsturz herbeiführen könne«. Sein »Hessischer Landbote« war 1834 die erste sozialistische Flugschrift, sie prangerte mit vernichtendem Zahlen- und Tatsachenmaterial den Gegensatz zwischen dem Elend der Armen und dem Wohlleben der Mächtigen an (in Hessen bestand das Proletariat damals aus den entrechteten Bauern), verkündete zum erstenmal in Deutschland den Klassenkampf unter der wirksamen Parole: »Friede den Hütten! Krieg den Palästen!« Seine stärkste revolutionäre Dichtung ist nicht das historische Drama »Dantons Tod«, das die französische Revolution darstellt, sondern seine Szenenreihe »Woyzeck«, die unbändigste Tragödie der Armut, eines der aufreizendsten Dokumente, das ganz unbeschönigend die Rechtlosigkeit der ewig unterdrückten besitzlosen Kreatur zeigt am Jämmerlichkeitsgeschick eines gemeinen Soldaten, der wehrlos der Schinderlaune menschenverbrauchender Machthaber ausgeliefert, Material ihres Herrentums ist. Hierbei entscheidet eben nicht die Stoffwahl, nicht das Äußere, sondern die gesamte innere Tendenz; revolutionäre Dichtung ist am wenigsten dort, wo mit tumultuarischen Schlagworten herumgeworfen, wo am meisten Lärm gemacht wird. Revolutionäre Dichtung ist alle Dichtung, die – abgesehen, ob sie einen Aufstand beschreibt oder nicht – in allem, was sie darstellt, den revolutionären Zug hat: es kommt auf den unbändigsten Freiheitsdrang reinen Herzens und reiner Gesinnung an. ⟨…⟩

Max Herrmann-Neiße: Die bürgerliche Literaturgeschichte und das Proletariat ⟨1922⟩. In: M. H.-N.: Gesammelte Werke. Hrsg. von Klaus Völker bei Zweitausendeins. ⟨Bd. 10:⟩ Die neue Entscheidung. Aufsätze und Kritiken. Frankfurt a. M.: Zweitausendeins, 1988. S. 228–230. – © 1988 Zweitausendeins, Frankfurt a. M.

Dokument 29

FRIEDRICH GUNDOLF:

⟨…⟩ Büchners Dramen sind volksliedartig oder balladisch entstandene Szenenreihen. ⟨…⟩
Auf Stimmung beruht das Werk, nicht auf Handlung, nicht auf Charakteren. ⟨…⟩
Das echteste, büchnerischste seiner Werke ist »Woyzeck«. Hier hat ihn kein Muster abgelenkt, keine Vorlage belastet. Das Trauerspiel skizziert in wenigen gedrängten Szenen den Zustand eines armen Soldaten, der von seinen Vorge-

setzten mißbraucht und mißhandelt, von seiner Liebsten getäuscht, zum Mörder wird. Die Zeitungsnotiz von dem Verbrechen und der Hinrichtung eines gewissen Woyzeck gab Büchner den Wink. Ihn reizte wohl bei diesem Falle zunächst das kreatürliche Mitleid. Der Menschheit Jammer faßte ihn an und wies ihm das Opfer mit seinem öden Tagewerk und kargen Glück, echt, dumpf, eng, gedrückt und gestoßen von Zufallsgeschöpfen – das ganze Drum und Dran des bösen, niederen, albernen und unergründbar wirklichen Alltags. Büchner kam gerade von Lenz her, der zuerst in schlichten Leidensfiguren die Schicksalsluft bürgerlicher Gemeinheit gezeigt hatte, ohne Freiheitslärm und Rührseligkeit. Er war empfänglich für die Harfnerstimmung: »Ihr laßt den Armen schuldig werden.« Doch: mag Büchner auch zuerst eine soziale Anklage gemeint haben: entstanden ist weder ein Tendenzstück noch eine Elendsstudie, sondern ein Schicksalstraum aus unterer Sphäre. Die Gesellschaftsschicht ist im Woyzeck eine Stimmung, wie im Macbeth das Schottland, im Romeo der Süden, im Sturm die Zauberinsel, entledigt aller Zwecke, der Politik, der Moral, ja selbst der Vernunft. Hier wacht nur die Schicksalslandschaft mit ihren Seelenwesen. Diese simple Dichtung wirkt durch den szenischen Zauber einer echten Vision, ebenso verschieden von der erlernbaren Bühnenkunst wie von der unerlernbaren Gesinnungs- oder Bildungssprache großer Geister. Mit beiden kann er vereinigt sein, an sich ist er davon unabhängig und im »Woyzeck« wirkt er mit ausschließlicher Eigenheit.

Die balladenhafte Empfängnis, die beim »Danton« noch viel spröden Bildungsstoff trug, erscheint beim »Woyzeck« unbeschwert von außer- oder vorbüchnerischem Gehalt. Hier ist seine nachtwandlerische Sicherheit in der Wahl des stimmungsbannenden »Augenblicks« aufs höchste gesteigert. Kein psychologisches Bohren, kein schilderndes Raumabtasten, kein sinnvolles Verknüpfen, sondern ein Traum, der befiehlt und im knappsten Wort seinen sicheren

Vollzug findet: alles Gesagte schafft hier unmittelbare Seelen- und Sinnenerscheinung, ohne zu begründen, zu verknüpfen, zu deuten. Auch hier lebt wie im »Lenz« und im »Danton« der gesichtige Nu aus sich selbst, nicht aus der Mythe wie bei den Alten, nicht aus dem Menschenall wie bei Shakespeare, nicht aus einer durchwaltenden Gesinnung wie bei Lessing oder Schiller, nicht aus einem bildnerischen Gefüge wie bei Goethe. Jede Szene ist ein selbstgenugsames Gesamt: wirklich ohne ein Vor- oder Nachher, denn nicht der Zusammenhang, sondern die Gegenwart gibt ihr den Sinn. ⟨…⟩

Man gewahrt den Kerl, seine verführerische Mannspracht, und das sinnliche Wanken des Weibchens in zwei Worten gedrungener Daseinskraft – das läßt sich nicht machen. Daß überall Volkslied und Bibel anklingt, ist nicht Stilmache, sondern echte Verwandtschaft des Ursprungs. Seherisch wie die Propheten, animalisch wie das Volkslied – so zieht Büchners Trauerspiel Woyzeck unwillkürlich die Fluida aus deren Dunstkreis an oder erregt sie neu. Bis in die genauen Fratzen des Doktors, des Hauptmanns hinein, in die wimmelnde, lärmige Tierbude, in den stickigen Kramladen greift und fährt das mimische Wort des Dichters und beleuchtet als begnadeter Wink, als herrischer Einfall eine Gegend ringsum, ein Schicksal vor und nach, ein Geschöpf durch und durch. ⟨…⟩

So entspringen echte Volkslieder, so ist mitten in später Bildung der »Woyzeck« entstanden: kein literarisches Volksstück, sondern mimischer Traum dumpfen Volkes im Wort eines hellen Genies. ⟨…⟩

Friedrich Gundolf: Georg Büchner. Ein Vortrag. In: Zeitschrift für Deutschkunde 43 (1929) H. 1. S. 7–12. –

Dokument 30

Hans Mayer:

⟨...⟩ Büchner schwankt zwischen Wunsch und Hoffnung zur Freiheit – und Durchdrungensein von der Gebundenheit. Ergreifend formulierte es jener Brief an die Braut, der ein Programm, rückhaltloses Aussprechen der zutiefst quälenden Fragen ist: »Ich finde in der Menschennatur eine entsetzliche Gleichheit, in den menschlichen Verhältnissen eine unabwendbare Gewalt, allen und keinem verliehen!« Und weiter: »Das Muß ist eines von den Verdammungsworten, womit der Mensch getauft worden. Der Ausspruch: es muß ja Ärgernis kommen, aber wehe dem, durch den es kommt – ist schauderhaft.« Und so endet jenes Bekenntnis in der Frage nach der Kraft und Eigenart dessen, »was in uns lügt, mordet, stiehlt«.

So ist im Danton die Problemstellung. Er greift sie auf bis in die wörtliche Wiederholung jener Briefstelle hinein, und in den nächtlichen Visionen und qualvollen Betrachtungen Dantons erscheinen sie wieder, das Wort vom Ärgernis und der Ausruf: »Wer will der Hand fluchen, auf die das Muß gefallen? Wer hat das Muß gesprochen, wer? Was ist das, was in uns hurt, lügt, stiehlt und mordet?«

Wieder aber steht die gleiche Frage über dem Drama vom Mörder Franz Woyzeck, der seine Geliebte erstach. Wieder ist gefragt, im nackten Handeln des Einzelnen, jenseits aller kollektiven Aktion: »Was ist das, was in uns hurt, lügt, stiehlt und mordet?« Neben der gesellschaftlichen Determiniertheit der politischen Agitation, neben der ursächlichen Bestimmtheit und inneren Gebundenheit ganzer Geschichtsepochen steht die Gebundenheit der individuellen Tat, des Verbrechens.

Mag sein, daß es zunächst das klinische Bild des historischen Woyzeck war, das Büchner bei der Lektüre des Gutachtens Clarus' fesselte, die Wiedergabe der Visionen, Stimmen, Angstvorstellungen von Freimaurern und dergleichen. Der Mediziner Büchner mochte zunächst an der Krankengeschichte haften bleiben, wie er später durch Oberlins Bericht von Lenzens Weg in die Umnachtung ergriffen wurde, – um auch diesem Stoff weit mehr als die Darstellung klinischer Zustände abzugewinnen. Mag auch sein, wie Viëtor in seiner schönen Woyzeckstudie andeutet⟨,⟩ daß die Erbitterung Büchners über jenen lehrhaften Bildungsdünkel im selbstgefälligen Gutachten des Hofrats Clarus erste Antriebskraft zur Beschäftigung mit dem Woyzeckstoff abgab, daß hier ein »Gericht über die Richter« gehalten werden sollte. Allein die Blickrichtung auf den Kriminalfall Woyzeck wechselt sogleich, wenn neben die psychiatrische Anteilnahme auch die große Lebensfrage nach Freiheit und Gebundenheit menschlichen Handelns, die Frage des Determinismus gestellt wird. Sie bestimmt letztlich die besondere Erfassung und Gestaltung des Woyzeckfalles durch Büchner. Was treibt Woyzeck ins Verbrechen? – so wird hier gefragt. Die mögliche Antwort des Psychiaters: der Wahnsinn, kann nicht gelten; sie löst nur die neue und tiefere Frage aus: und was treibt diesen Menschen Woyzeck in die Verstrickung und Umnachtung des Geistes? Mit aller Schonungslosigkeit und Helligkeit aber antwortet das Drama, indem sein Held die Antwort gleichsam vorlebt: die Armut, die »Umstände« seines materiellen Lebens treiben jenen Woyzeck in die Umdüsterung, in die Auflösung seiner Bindung zur Umwelt, ins Verbrechen. »Es liegt in niemands Gewalt, kein Dummkopf oder kein Verbrecher zu werden,« so hatte der Woyzeckdichter in seiner großen Konfession aus Gießen an die Eltern geschrieben. Sein Drama stellt den Satz in Handlung und Vollführung dar. ⟨...⟩

Die Frage nach dem, was »in uns« das Verbrechen erzeugt, wird mit brutaler Schärfe an das gesellschaftliche Sein, an die Antinomien des Besitzes und der Bildung verwiesen. Die Deutung scheint ins Helle zu führen.

Aber sie führt sogleich zurück ins Dunkle. Der Hintergrund, die geheime Triebkraft des Verbrechens wird entschleiert; allein es bleibt die Frage nach der Natur und Macht jener sozialen Zustände, die ins Verderben treiben. Wer hat sie eingesetzt, wer kann sie verändern, wenn es die Menschen nicht können? Welche Macht verteilt die Schicksale, jene auf der Lichtseite, die der Moral und des Besitzes froh sind, und jene im Schatten, die ins Verbrechen getrieben werden, – wenn das »Verbrechen« ist, was aus sozialer Not und Kampf gegen unangreifbare Mächte geboren wurde? Und welcher Trost könnte diesen tödlich Verstrickten gespendet werden? Wenn nichts sichtbar und spürbar ist, was retten und ändern könnte, so bleiben bloß Mitleid und Liebe zur leidenden Kreatur. Davon aber ist das Herz dieses großen Dichters allezeit voll. Liebe zu den Entbehrenden und Leidenden ist ihm stets so selbstverständlich, Grundmotiv seines Lebens und Dichtens, wie ihr Gegenpol: der Haß gegen die Privilegien und Anmaßungen der Gebildeten und Besitzenden. Jener wundervolle Gießener Brief an die Eltern vereinigte zum ersten Mal beide Motive. Neben das Bekenntnis zum Haß gegen jene, »die die große Masse ihrer Brüder ihrem verachtenden Egoismus opfern« tritt die Kraft mitleidiger Liebe, die bekennt: »Ich hoffe noch immer, daß ich leidenden, gedrückten Gestalten mehr mitleidige Blicke zugeworfen, als kalten vornehmen Herzen bittere Worte gesagt habe.« Und wenn Lenz in Büchners Novelle das Prinzip seines Dichtertums enthüllt und es heißt: »Dieser Idealismus ist die schmählichste Verachtung der menschlichen Natur. Man versuche es einmal und senke sich in das Leben des Geringsten und gebe es wieder in den Zuckungen, den Andeutungen, dem ganzen, feinen, kaum bemerkten Mienenspiel,« so wird auch hier nichts anderes ausgesprochen als Büchners Konfession, als das Grundmotiv auch des »Woyzeck«. Alle Liebe ihres Dichters umfaßt die Welt des Franz Woyzeck und der gleich ihm Gedrückten und Leidenden, die Welt der »Natur«; aller Haß und

enthüllende Hohn zeichnet die Moralischen und die Idealischen. Hier spürt man die höchste Einheit von Büchners Politik und Ästhetik, seines Lebens und Dichtens. Aber man spürt, bei allem Mitleiden, keinen wirklichen Trost, den der Dichter zu geben hätte. So bleibt die letzte Frage: jene nach dem Ausweg aus solchem Sein. Gibt es nur die Reaktion des Verbrechers? Nicht auch eine andere? Es handeln doch nicht alle Menschen in gleicher Lage wie Woyzeck. Der Weg führt zurück ins Dunkel. Über dem ganzen Werk könnte als Motto der Aufschrei Woyzecks stehen: »Jeder Mensch ist ein Abgrund; es schwindelt einem, wenn man hinabsieht.«
⟨…⟩

Hans Mayer: Georg Büchner und seine Zeit. Wiesbaden: Limes-Verlag, 1946. S. 328–335. – Mit Genehmigung von Hans Mayer, Tübingen

Dokument 31

WOLFGANG MARTENS:

⟨…⟩ Auch im »Woyzeck« bleibt die bürgerlich-idealistische Gesellschaft, vertreten durch Doktor und Hauptmann, am Rande, ein dummes, bösartiges, kaltherziges Publikum eher als aktiv in die verhängnisvollen Vorgänge eingreifend. Nicht ein Exponent der »vornehmen«, der bürgerlichen Gesellschaft bricht in Woyzecks armseligen Besitz an Liebe ein – die soziale Spannung von Beaumarchais' »Mariage de Figaro« oder Lenz' »Soldaten« besteht hier nicht in abgewandelter Form. Woyzecks Nebenbuhler, der Tambourmajor, ist selbst ein primitiver Vertreter des niederen Volks, der »gemeinen Leut« – seine Sprache weist ihn aus. Nicht sozial, sondern physisch-sexuell ist er der Stärkere. Die eigentliche Erschütterung erfährt Woyzeck an der Triebunterworfenheit Maries im eigenen Bereich. – (Der Anteil der bürgerlichen Gesellschaft an der Zerstörung Woyzecks ist ein Zusätzliches. Die Tugendpredigten und Hänseleien des Hauptmanns verstören den Angstvollen noch tiefer, die Experimente des Doktors peinigen den Gejagten aufs neue. Vor allem aber: Er, der nirgendwo mehr einem verstehenden gütigen Menschen begegnet, sondern nur der Brutalität des Tambourmajors, der Geldgier des Juden, dem Blödsinn des Narren, der Betrunkenheit der Handwerksburschen, der Stumpfheit Andres', ja, dessen Liebkosungsversuch auch von seinem eigenen kleinen Sohn abgewehrt wird – Woyzeck stößt auch bei Hauptmann und Doktor, zu denen er treuherzig aufsieht, auf die Mauer der Mitleidlosigkeit. Das Kind in dem Märchen der Großmutter, das verloren in einer heil- und liebeleeren Welt steht, ist das Symbol seiner Existenz.)

Woyzecks Verzweiflung ist damit primär kein soziales Faktum, sein Martyrium nicht das Martyrium einer Klassenzugehörigkeit, sondern – in der Sphäre der Armut – ein menschliches Martyrium. Woyzecks Sein und das, was sein Schicksal ausmacht, läßt sich in Kategorien der materiellen Besitzverhältnisse nicht zureichend fassen. Ja, die Bezeichnung »Proletarier« dürfte mit den Nebentönen aus dem Bereich des Massenwesens, des Klassenkampfes eher das Wesentliche verdecken. Woyzeck ist nicht Proletarier, sondern: ein Armer – ein Armer in dem viel umfassenderen und tieferen Sinne, den das Christentum dem Wort verliehen hat. Seine Gestalt erscheint vorgeprägt im Bild jener Besessenen, Geschlagenen und Aussätzigen, von denen die Bibel spricht.

Ein Gleiches jedoch – und damit gewinnt Büchners pessimistisches Menschenbild erst seine ganze Tiefe –, ein Gleiches gilt für Marie – in der Kraft und Echtheit ihres Handelns und ihres Gewissens in der Tat eine Gestalt von biblischem Wuchs; die Szene, da sie die Schriftstelle von Christus und der Sünderin nachliest, spricht für sich. – Und

selbst ein Wesen in seiner demütig-offenen Unbedingtheit wie Marion scheint uns in diesen Zusammenhang zu gehören. Woyzeck, Marie, Marion sind gezeichnet mit der Wahrheit der Armen, Verachteten, der Huren, Zöllner und Sünder der Bibel, und das heißt zugleich auch: nicht als gesunde, unschuldige, unverbildete »Natur«-Wesen »aus dem Volk«, sondern als Geschöpfe, die des Erbarmens, der Heilung, der Erlösung bedürftig sind (wie denn fast alle Gestalten Büchners nach Erlösung rufen).
⟨...⟩

Wolfgang Martens: Zum Menschenbild Georg Büchners. »Woyzeck« und die Marion-Szene in »Dantons Tod«. In: Wirkendes Wort 8 (1957/58) S. 19f. – Mit Genehmigung von Wolfgang Martens, Murnau

Dokument 32

GEORGE STEINER:

⟨...⟩ Büchner kennt die Prosaszene im »Faust« und zitiert in »Leonce und Lena« eine der höhnischen Erwiderungen Mephistos. Er ist auch mit dem wirksamen, allerdings ziemlich groben Gebrauch der Prosa in Schillers »Räubern« vertraut. Doch der Stil des »Woyzeck« ist nahezu autonom; er ist eine jener seltenen Leistungen, wo ein Schriftsteller den Möglichkeiten der Sprache eine neue Stimme hinzufügt. Van Gogh lehrte das Auge, die Flamme im Innern des Baumes zu sehen, und Schönberg hat dem Ohr neue Bereiche erschlossen, in denen es Entzücken finden kann. Büchners Werk gehört in diese Ordnung der Bereicherung. Er revolutionierte die Sprache des Theaters und bot Definitionen der Tragödie Trotz, die seit Aischylos gültig gewesen waren. Durch einen jener seltenen Zufälle, die bisweilen in der Geschichte der Künste auftreten, kam Büchner im rechten Augenblick. Es bestand das dringende Bedürfnis nach einer neuen Konzeption der tragischen Form, da weder die Antike noch Shakespeare mit den großen Veränderungen in der modernen Weltanschauung und den sozialen Verhältnissen harmonieren wollten. »Woyzeck« erfüllte dieses Bedürfnis. Doch es ging weit über die historische Forderung hinaus, und vieles von dem, was es enthüllte, ist bis jetzt noch unerforscht. Die exakteste Parallele ist die eines Zeitgenossen von Büchner, des Mathematikers Galois. Galois zeichnete am Vorabend seines Todes in einem lächerlichen Duell mit zwanzig Jahren die Grundlagen der Topologie auf. Seine fragmentarischen Behauptungen und Beweise, große Sprünge über die Grenzen der klassischen Theorie hinaus, gehören noch heute zur Vorhut der modernen Mathematik. Außerdem blieben Galois' Erkenntnisse fast zufällig erhalten. Ebenso steht es mit »Woyzeck«; das Stück ist unvollendet und ging fast verloren. Doch jetzt wissen wir, daß es eine der Angeln ist, an denen sich das Drama der Zukunft dreht.

»Woyzeck« ist die erste wirkliche Tragödie des gewöhnlichen Lebens. Sie weist eine Behauptung zurück, die ausdrücklich oder stillschweigend im griechischen, elisabethanischen und klassizistischen Drama aufgestellt wurde: die Behauptung, daß tragisches Leiden das düstere Vorrecht jener sei, die auf hohem Platz stehen. ⟨...⟩

Büchner wendete als erster die Feierlichkeit und das Mitleid der Tragödie auf die niedrigste Menschenschicht an. Er hatte Nachfolger: Tolstoj, Gorkij, Synge und Brecht. Doch keiner erreichte die alpdruckhafte Kraft des »Woyzeck«. Drama ist Sprache unter so hohem Gefühlsdruck, daß die Worte notwendigerweise die Geste unmittelbar in sich tragen. Und Büchner ragt dadurch hervor, daß er diesen Druck steigert. Er schuf einen Stil, der anschaulicher ist als alles andere seit dem »Lear«, und sah wie vor ihm Shakespeare, daß der Geist im Übermaß des Leidens die Bande der rationalen Syntax zu lockern sucht. Woyzecks Sprachvermögen ist der

Tiefe seines Kummers auf drastische Weise unangemessen. Das ist das Entscheidende in diesem Stück. Während so viele Gestalten in der klassischen und Shakespearischen Tragödie weit besser zu sprechen scheinen, als sie es eigentlich vermögen, weil sie von Vers und Rhetorik hochgetragen werden, hämmert Woyzecks gequälter Geist vergeblich an die Tore der Sprache. Die Redegewandtheit seiner Folterer, des Doktors und des Hauptmanns, ist um so entsetzlicher, weil das, was sie zu sagen haben, der literarischen Sprache nicht würdig sein sollte. Alban Bergs Opernfassung »Wozzeck« ist sowohl als Musik wie als Drama hervorragend. Doch sie verzerrt Büchners ursprüngliche Absicht. Die Musik macht Woyzeck beredt; die kluge Instrumentierung verleiht seiner Seele Sprache. Im Stück ist diese Seele nahezu stumm, und gerade die Unvollkommenheit von Woyzecks Worten vermittelt sein Leiden. ⟨...⟩

George Steiner: Der Tod der Tragödie. Ein kritischer Essay. ⟨Engl.: The Death of Tragedy. New York 1961. Übers. von Jutta und Theodor Knust.⟩ München/Wien: Langen Müller, 1962. S. 227–229.

Dokument 33

ELIAS CANETTI:

⟨...⟩

Woyzeck, Soldat, wie der Aff des Marktschreiers »unterste Stuf von menschliche Geschlecht«, von Stimmen wie von Befehlen gehetzt, ein Gefangener, der frei herumläuft, zum Gefangenen vorbestimmt, auf Gefangenenkost gesetzt, immer dasselbe, Erbsen, vom Doktor zum Tier degradiert, der ihm zu sagen wagt: »Woyzeck, der Mensch ist frei, in dem Menschen verklärt sich die Individualität zur Freiheit«, und

damit nicht mehr meint, als daß Woyzeck fähig sein müßte, sich den Harn zu verhalten, – Freiheit zur Ergebenheit in jede Art von Mißbrauch seiner menschlichen Natur, Freiheit zur Versklavtheit um dreier Groschen willen, die er für seine Fütterung mit Erbsen bekommt. Und wenn man staunend aus dem Mund des Doktors vernimmt: »Woyzeck, Er philosophiert wieder«, – wie die Huldigung des Budenbesitzers an das dressierte Pferd, – so reduziert sich diese Huldigung schon im nächsten Satz zu einer »Aberratio« und im wieder nächsten, wissenschaftlich präzisiert, zu einer »Aberratio mentalis partialis«, mit Zulage.
Der Hauptmann aber, der gute, gute Mensch, der sich gut vorkommt, weil es ihm zu gut geht, der sich vorm geschwinden Rasieren wie vor allem Geschwinden um der ungeheuren Zeit, um der Ewigkeit willen fürchtet, hält Woyzeck vor: »Du denkst zu viel, das zehrt, du siehst immer so verhetzt aus.«
Auf eine andere, verborgenere Weise hat Büchners Befassung mit den Einzellehren der Philosophen auf die Gestaltung des »Woyzeck« miteingewirkt. Ich denke an die frontale Präsentation wichtiger Figuren, etwas, was man als ihre Selbstanprangerung bezeichnen könnte.
Die Sicherheit, mit der sie alles ausschließen, was nicht sie selber ist, das aggressive Bestehen auf sich, bis in die Wahl ihrer Worte, der unbekümmerte Verzicht auf die eigentliche Welt, in der sie aber kräftig und gehässig um sich schlagen, – das alles hat etwas von der beleidigenden Selbstbehauptung der Philosophen. Schon in ihren ersten Sätzen stellen sich diese Figuren ganz dar. Der Hauptmann so gut wie der Doktor und erst recht der Tambourmajor erscheinen als Ausrufer ihrer eigenen Person. Höhnisch oder prahlerisch oder neidisch ziehen sie ihre Grenzen und ziehen sie gegen ein- und dasselbe verachtete Geschöpf, das sie unter sich sehen und das dazu da ist, ihnen als ein Unteres zu dienen.
Woyzeck ist das Opfer aller drei. Der angelernten Philosophie des Doktors, des Hauptmanns, hat er wahrhaftige Ge-

danken entgegenzusetzen. Seine Philosophie ist konkret, an Angst und Schmerz und Anschauung gebunden. Er fürchtet sich, wenn er denkt⟨,⟩ und die Stimmen, von denen er gehetzt ist, sind wirklicher als die Rührung des Hauptmanns über seinen Rock, der dahängt, und die unsterblichen Erbsen-Experimente des Doktors. Im Gegensatz zu ihnen wird er nicht frontal präsentiert, von Anfang zu Ende besteht er aus lebendigen, oft unerwarteten Reaktionen. Da er immer ausgesetzt ist, ist er immer wach, und die Worte, die er in seiner Wachheit findet, sind noch Worte im Stande der Unschuld. Sie sind nicht zerrieben und mißbraucht, sie sind nicht Münze, Waffe, Vorrat, es sind Worte, als wären sie eben entstanden. Selbst wenn er sie unbegriffen übernommen hat, gehen sie in ihm ihre eigenen Wege: die Freimaurer höhlen ihm die Erde aus: »Hohl, hörst du? Alles hohl da unten! Die Freimaurer!«

In wieviel Menschen ist die Welt im »Woyzeck« aufgespalten! In »Dantons Tod« haben die Figuren noch vielzuviel gemein, von einer hinreißenden Beredsamkeit sind sie alle, und es ist keineswegs Danton allein, der Geist hat. Man mag das damit zu erklären versuchen, daß es eine beredte Zeit ist, und die Wortführer der Revolution, unter denen das Stück spielt, sind schließlich alle durch den Gebrauch von Worten zu Ansehen gekommen. Aber dann erinnert man sich an die Geschichte der Marion – auch sie ein Plädoyer, wie es perfekter in ihrer Sache nicht zu denken wäre, und findet sich nicht ohne Widerstreben damit ab: »Dantons Tod« ist ein Stück aus der Schule der Rhetorik, allerdings der unermeßlichsten dieser Schulen, der Shakespeares.

Von den Stücken anderer Schüler unterscheidet es sich durch Dringlichkeit und Rapidität, und durch eine besondere Substanz, wie es sie in der deutschen Literatur kein zweites Mal gibt, die aus Feuer und Eis zu gleichen Teilen gemischt ist. Es ist ein Feuer, das einen zum Laufen zwingt, und ein Eis, in dem alles durchsichtig scheint, und man

läuft, um Schritt mit dem Feuer zu halten, und verharrt, um ins Eis zu schauen.
Keine zwei Jahre später ist Büchner mit dem »Woyzeck« der vollkommenste Umsturz in der Literatur gelungen: die Entdeckung des Geringen. Diese Entdeckung setzt Erbarmen voraus, aber nur wenn dieses Erbarmen verborgen bleibt, wenn es stumm ist, wenn es sich nicht ausspricht, ist das Geringe intakt. Der Dichter, der sich mit seinen Gefühlen spreizt, der das Geringe mit seinem Erbarmen öffentlich aufbläst, verunreinigt und zerstört es. Von Stimmen und von den Worten der Anderen ist Woyzeck gehetzt, doch vom Dichter ist er unberührt geblieben. In dieser Keuschheit fürs Geringe ist bis zum heutigen Tage niemand mit Büchner zu vergleichen.
⟨...⟩

Elias Canetti: Rede zur Verleihung des Georg-Büchner-Preises 1972. In: Deutsche Akademie für Sprache und Dichtung. Jahrbuch 1972. Heidelberg/Darmstadt: Schneider, 1973. S. 62–65. –

Dokument 34

ALFONS GLÜCK:

I.

⟨...⟩
Dem »Woyzeck« liegt – wie dem »Hessischen Landboten« – ein System zugrunde: das System der Ausbeutung, Unterdrückung und Entfremdung. Ausbeutung ist der Zweck, Unterdrückung das Mittel, Entfremdung die Folge.
Ausbeutung: Seine Herren haben ihn restlos nutzbar gemacht. Seine Existenz gleicht der eines Zugtiers. Es ist seine Armut, die ihn ausliefert, und es ist die – im Menschenver-

such ins Extrem gesteigerte – entfremdete Arbeit, die ihn ruiniert. Das ist das Fundament seiner Tragödie – und nicht eine mystische Fatalität, die über »den« Menschen schlechthin verhängt wäre.
Unterdrückung: das Aggregat der Mittel, die für den Systemzweck Ausbeutung eingesetzt werden, die Herrschaft auf allen Ebenen, vom Militärregiment bis zu den subtilen Techniken der Bewußtseinslenkung.
Entfremdung: die Folgen der Ausbeutung und Unterdrükkung für die Objekte und Opfer des Systems, das, was es für den Füsilier und seinesgleichen bereithält, vom Hunger angefangen bis zur Bewußtseinsverödung und zur Psychose und dem, was aus der Psychose erwächst, dem Mord, dem Schafott und dem verwaist zurückgelassenen Kind.

II.

Die Auswirkungen des Systems gleichen einem konzentrischen Angriff, durch den das Subjekt Woyzeck gesprengt und dem Erdboden gleichgemacht wird. Welche Faktoren wirken auf ihn ein? 1. Armut – 2. entfremdete Arbeit – 3. das Militärregiment – 4. ein Menschenversuch – 5. Ideologie und Indoktrination – und 6. (nach der gespielten Handlung) Strafverfolgung.
1. Armut: Sie ist unausgesetzt gegenwärtig. Einige Fälle, wie sie dramatisch realisiert ist:
In H 4,4 besieht sich Marie nicht in einem Spiegel, sondern in einem »Stück« Spiegel. Und in derselben Szene ist das Kind auf einen Stuhl gebettet, es hat kein Bettchen, keine Wiege.
H 4,17, in der Testamentsszene, sehen wir Woyzeck seine Habseligkeiten verteilen: »Das Kamisolche Andres, ist nit zur Montur, du kannst's brauche Andres. Das Kreuz is meiner Schwester ⟨...⟩«. Praktisch nichts. Ein »Kamisolche« = ein Unterhemd ist alles, was er in fünfzehn Jahren Arbeit

(er ist dreißig) zusammengebracht hat. Ein armseligeres Testament wird man in der gesamten Literatur nicht auffinden.

Woyzeck verkauft seinen Körper zu medizinischen Experimenten. Dafür nimmt er pro Tag 2 Groschen ein (H 4,8), das sind nach heutigem Kaufwert etwa 7 Mark. Diese Versuche dauern 90 Tage, dann ist er gesundheitlich ruiniert – für 630 Mark! Ein solcher Preis wirft ein Licht auf die Not dessen, der ihn akzeptieren mußte.

2. Arbeit: Mit der Not unzerreißbar verknüpft, ihre logische Folge, ist die entfremdete Arbeit, der Zwang, sich im Dienste anderer lebenslang und restlos zu verausgaben, degradiert zu einem Mittel und geknechtet bis zur Herrschaft über die Körperfunktionen.

Büchner stellt – erstmals in der Geschichte der Tragödie überhaupt – im »Woyzeck« Arbeit als Arbeit dar, als brutales Faktum »Maloche«, und als die Grundtatsache von Woyzecks Leben. Woyzeck selbst hat ein Bewußtsein, wie sie sein Leben durch und durch bestimmt und aufzehrt. Als er in H 4,4 auf der Stirn des schlafenden Kindes Schweißperlen bemerkt, seufzt er: »Alles Arbeit unter der Sonn, sogar Schweiß im Schlaf. Wir arme Leut!« Und in H 4,5 befürchtet er, diese Fron werde sich noch im Jenseits fortsetzen, wo er und seinesgleichen dann donnern müßten.

⟨…⟩

Man kann sagen: Dieser Mann wird restlos verwertet … Er führt ein sklavenähnliches Dasein und seine schon reflexartigen Bewegungen und Reaktionen nähern sich dem ›Ideal‹ der Knechtung, dem Roboter oder den Automaten, die nicht umsonst in Büchners Werken eine so große Rolle spielen.

Arbeit als brutales Faktum im Zentrum einer Tragödie hat es vor Büchner, soviel ich weiß, noch nicht gegeben. Ich rede von entfremdeter Arbeit, »Maloche«, nicht von einer Arbeit wie Odysseus baut sich ein Floß oder den ›Arbeiten‹ des Herakles oder mythischer Schmiede wie Hephaistos.

Das brutale Faktum Arbeit kommt überhaupt in der hohen Literatur kaum vor, und wenn, dann am Rand, sozusagen in Horizontnähe; gewöhnlich wird vorausgesetzt, sie sei – von anderen – abgemacht. Oder sie kommt verschleiert vor, in mythologisch-poetischen Kulissen, wie in der »Pandora« oder im zweiten Teil des »Faust«, oder sublimiert, als »Arbeit des Denkens« in Hegels »Phänomenologie des Geistes«, und da sogar im Zentrum. Daß die Maloche und überhaupt die Lebensbedingungen der arbeitenden Klassen, von verschwindenden Ausnahmen (wie den »Wanderjahren« und »Anton Reiser«) abgesehen, in der hohen Literatur kein Thema sind, ist wie eine ideologische Mauer, die die Voraussetzungen des eigenen privilegierten Daseins von der Bewußtwerdung abhält.

3. Militärregiment: Woyzeck ist »Füsilier«, Infanterist. Er steht unter dem Druck der Militärdisziplin und unterliegt der abstumpfenden Routine des Dienstes, dem Exerzieren mechanischer Griffe und Schritte, dem öden Wacheschieben (H 4,13), Antreten zum Appell (H 4,1), vorschriftsmäßigem Salutieren usf. Sein Tagesablauf zwischen Reveille und Zapfenstreich ist durch Vorschriften bis ins Einzelne reglementiert.

⟨...⟩

Alfons Glück: Der »Woyzeck«. Tragödie eines Paupers. In: Georg Büchner 1813–1837. Revolutionär, Dichter, Wissenschaftler. Der Katalog ⟨zur⟩ Ausstellung Mathildenhöhe, Darmstadt, 2. August bis 27. September 1987. Basel / Frankfurt a. M.: Verlag Stroemfeld / Roter Stern, 1987. S. 325–332.

Dokument 35

HEINER MÜLLER:

1

Immer noch rasiert Woyzeck seinen Hauptmann, ißt die verordneten Erbsen, quält mit der Dumpfheit seiner Liebe seine Marie, staatgeworden seine Bevölkerung, umstellt von Gespenstern: Der Jäger Runge ist sein blutiger Bruder, proletarisches Werkzeug der Mörder von Rosa Luxemburg; sein Gefängnis heißt Stalingrad, wo die Ermordete ihm in der Maske der Kriemhild entgegen tritt; ihr Denkmal steht auf dem Mamaihügel, ihr deutsches Monument, die Mauer, in Berlin, der Panzerzug der Revolution, zu Politik geronnen. DEN MUND AN DIE SCHULTER DES SCHUTZMANNES GEDRÜCKT, DER LEICHTFÜSSIG IHN DAVONFÜHRT, hat Kafka ihn von der Bühne verschwinden sehn, nach dem Brudermord MIT MÜHE DIE LETZTE ÜBELKEIT VERBEISSEND. Oder als den Patienten, dem der Arzt ins Bett gelegt wird, mit der Wunde offen wie ein Bergwerk, aus der die Würmer züngeln. Goyas Riese war seine erste Erscheinung, der auf den Bergen sitzend die Stunden der Herrschaft zählt, Vater der Guerilla.

Auf einem Wandbild in einer Klosterzelle in Parma habe ich seine abgebrochenen Füße gesehn, riesig in einer arkadischen Landschaft. Irgendwo schwingt vielleicht auf den Händen sein Körper sich weiter, von Lachen geschüttelt vielleicht, in eine unbekannte Zukunft, die vielleicht seine Kreuzung mit der Maschine ist, gegen die Schwerkraft getrieben im Rausch der Raketen. Noch geht er in Afrika seinen Kreuzweg in die Geschichte, die Zeit arbeitet nicht mehr für ihn, auch sein Hunger ist vielleicht kein revolutionäres Element mehr, seit er mit Bomben gestillt werden kann, während die Tambourmajore der Welt den Planeten verwüsten, Schlachtfeld des Tourismus, Piste für den Ernstfall, kein Blick für das Feuer, das der Armierungssoldat Franz Johann Christoph Woyzeck beim Steckenschneiden für den Spießrutenlauf um den Himmel bei Darmstadt fahren sah. Ulrike Meinhof, Tochter Preußens und spätgeborene Braut eines andern Findlings der deutschen Literatur, der sich am Wannsee begraben hat, Protagonistin im letzten Drama der bürgerlichen Welt, der bewaffneten WIEDERKEHR DES JUNGEN GENOSSEN AUS DER KALKGRUBE, ist seine Schwester mit dem blutigen Halsband der Marie.

2

Ein vielmal vom Theater geschundener Text, der einem Dreiundzwanzigjährigen passiert ist, dem die Parzen bei der Geburt die Augenlider weggeschnitten haben, vom Fieber zersprengt bis in die Orthografie, eine Struktur wie sie beim Bleigießen entstehen mag, wenn die Hand mit dem Löffel vor dem Blick in die Zukunft zittert, blockiert als schlafloser Engel den Eingang zum Paradies, in dem die Unschuld des Stückeschreibens zu Hause war. Wie harmlos der Pillenknick der neueren Dramatik, Becketts WARTEN AUF GODOT, vor diesem schnellen Gewitter, das mit der Geschwindigkeit einer anderen Zeit kommt, Lenz im Gepäck, den erloschenen Blitz aus Livland, Zeit Georg Heyms im utopielosen Raum unter dem Eis der Havel, Konrad Bayers im ausgeweideten Schädel des Vitus Bering, Rolf Dieter Brinkmanns im Rechtsverkehr vor SHAKESPEARES PUB, wie schamlos die Lüge vom POSTHISTOIRE vor der barbarischen Wirklichkeit unserer Vorgeschichte.

3

DIE WUNDE HEINE beginnt zu vernarben, schief; WOYZECK ist die offene Wunde. Woyzeck lebt, wo der Hund begraben liegt, der Hund heißt Woyzeck. Auf seine Auferstehung warten wir mit Furcht und/oder Hoffnung, daß der Hund als Wolf wiederkehrt. Der Wolf kommt aus dem Süden. Wenn die Sonne im Zenith steht, ist er eins mit unserm Schatten, beginnt, in der Stunde der Weißglut, Geschichte. Nicht eh Geschichte passiert ist, lohnt der gemeinsame Untergang im Frost der Entropie, oder, politisch verkürzt, im Atomblitz, der das Ende der Utopien und der Beginn einer Wirklichkeit jenseits des Menschen sein wird.

Heiner Müller: Die Wunde Woyzeck. In: Insel-Almanach auf das Jahr 1987. Georg Büchner. Hrsg. von Thomas Michael Mayer. Frankfurt a. M.: Insel Verlag, 1987. S. 160 f. – © Suhrkamp Verlag Frankfurt am Main

Dokument 36

Durs Grünbein:

Was haben die Schädelnerven der Wirbeltiere mit Dichtung zu tun? Was sucht die vergleichende Anatomie im Monolog des dramatischen Helden? Welcher Weg führt von der Kiemenhöhle der Fische zur menschlichen Komödie, von rhythmisierter Prosa zur Ausstülpung des Gehirns in den Gesichtsnerv? Seltsame Fragen, sie allein zeigen an, wohin es führen mußte, wenn Literatur sich auf das Reale einließ, wenn den Stil das Naturstudium prägte, der zoologische Fakt und das ärztliche Gutachten Einzug hielten in Novelle und Drama … bis das Genre gesprengt lag, Fragmente die Folge, fieberhafte Notate, somatische Poesie. Einer der wenigen, die diese Fragen hätten beantworten können, ist tot, jung gestorben an Typhus, infiziert, wie man annimmt, beim Aufschneiden von Fischpräparaten, ein Dichter, einzigartig, sein Name Georg Büchner. Ich gebe zu, daß mir die Knie gezittert haben bei dem Gedanken, aus solchem Anlaß über ihn sprechen zu müssen, jetzt ist es soweit, und ich versuche, ruhig Blut zu sein.

Denn es steht hier, zumindest aus meiner Sicht, mehr auf dem Spiel als die jährliche Visite eines unklassischen Klassikers. Es geht, denkt man Büchner zu Ende, um einen Wendepunkt in der Literatur, um eine Drehung der Perspektiven in genau dem Augenblick, da ein deutscher Philosoph ein Gespenst an die Wand malte. Und dieses Gespenst hieß ›Der Tod der Kunst‹.

Wenn der Urteilsspruch stimmt, dann war Büchner einer der ersten am Grab, dann ist sein Werk der früheste Kommentar zum eröffneten Testament. Büchner hat – und das ließe sich zeigen, ich will es hier nur behaupten – einen Ausfall gewagt, einen Befreiungsschlag in höchster Bedrängnis. Mit einem Salto mortale hat er die Dichtung von der Zumutung befreit, hinwegspielen zu müssen gleichermaßen über das elende Reale wie über das reale Elend. Was ihm gelang, war nichts Geringeres als eine vollständige Transformation: Physiologie aufgegangen in Dichtung. 〈…〉

Es war ein langer Weg bis dahin, in Riesenschritten hat er ihn, am Druck der Verhältnisse stärker werdend, zurückgelegt, schneller parierend mit jedem Stück, weiter greifend mit jedem neuen Entwurf. »Dantons Tod«, der große Abschiedsgesang, auf mehrere Stimmen verteilt, die Phrase vom Stoßseufzer durchbohrt, Lebenshunger und Todessehnsucht verkörpert in zwei, drei unsterblichen Figuren. Oder »Lenz«, atemloser Bericht einer Selbstauflösung, ein Ich, das wie Wasserdampf im Gebirge zerstiebt. »Woyzeck«, der Kriminalfall als Krankengeschichte, mit einem Symptom so groß wie das ganze Kleinstaatendeutschland

der Zeit. Wie beschämend für Spätere ist das Tempo, in dem er die Formen durcheilte. Es ist, als hätte er alle literarischen Genres schnell hinter sich bringen wollen, um sich ganz dem Naturstudium zu widmen … als sei nur hier Aufschluß zu erwarten gewesen über den wahren Antrieb, die Energien im Innern der Körper: Affekte, der Stoff, aus dem Geschichte gemacht ist.
⟨…⟩

Durs Grünbein: Den Körper zerbrechen. Rede zur Entgegennahme des Georg-Büchner-Preises 1995. Frankfurt a. M.: Suhrkamp, 1995. S. 7–10. – © 1995 Suhrkamp Verlag Frankfurt am Main

VIII. Literaturverzeichnis

Eine Bibliographie der Büchner-Forschung bis 1965 bietet:

Werner Schlick: Das Georg Büchner-Schrifttum bis 1965. Eine internationale Bibliographie. Hildesheim 1968.

Sie wird ergänzt durch die folgende kritisch kommentierte Auswahlbibliographie:

Gerhard P. Knapp: Kommentierte Bibliographie zu Georg Büchner. In: Georg Büchner I/II. Hrsg. von Heinz Ludwig Arnold. München ²1982. (text+kritik. Sonderband.) S. 426–455.

Für die Folgejahre s. den bibliographischen Anhang im *Georg Büchner Jahrbuch* 1 (1981), 4 (1984), 6 (1986/87), 7 (1988/89) und 9 (1995–99, i. Vorb.).

Abgekürzt zitierte Literatur

Adelung — J. Chr. Adelung: Grammatisch-kritisches Wörterbuch der Hochdeutschen Mundart. 4 Bde. Wien 1811. → L9

AT — Altes Testament → L2a, Bibel

BCL — Bilder-Conversations-Lexikon für das deutsche Volk. 4 Bde. Leipzig 1837–41.

Brockhaus — Brockhaus 1817–19: Allgemeine deutsche Real-Encyklopädie für die gebildeten Stände. (Conversations-Lexicon.) In zehn Bänden. Vierte Originalauflage. Leipzig 1817–19.

Brockhaus 1830: Allgemeine deutsche Real-Encyklopädie für die gebildeten Stände. (Conversations-Lexikon.) In zwölf Bänden. Siebente Originalauflage. (Zweiter durchgesehener Abdruck.) Leipzig 1830.

Brockhaus 1833–37: Allgemeine deutsche Real-Encyklopädie für die gebildeten Stände. (Conversations-Lexikon.) In zwölf Bänden. Achte Originalauflage. Leipzig 1833–37.

Brockhaus 1843–48: Allgemeine deutsche Real-Encyklopädie für die gebildeten Stände. (Conversations-Lexikon.) In funfzehn Bänden. Neunte Originalauflage. Leipzig 1843–48.

Campe — J. H. Campe (Hrsg.): Wörterbuch der Deutschen Sprache. 6 Bde. Braunschweig 1807–13. → L9

Clarus — J. Chr. A. Clarus: Die Zurechnungsfähigkeit des Mörders Johann Christian Woyzeck, nach Grundsätzen der Staatsarzneikunde aktenmäßig erwiesen. In: Zeitschrift für die Staatsarzneikunde 5 (1825). 4. Erg.-H. S. 1–97. → L12a

DR — Dienstreglement für die Großherzoglich Hessischen Truppen. Darmstadt 1825. → L10

DWb — J. und W. Grimm: Deutsches Wörterbuch. 16 Bde. Leipzig 1854–1954. → L9

GB I/II — Georg Büchner I/II. München ^{2}1982. → L4

GBJb — Georg Büchner Jahrbuch (1981 ff.).

GHRB — Großherzoglich Hessisches Regierungsblatt. Darmstadt 1819–41.

HA — Georg Büchner: Sämtliche Werke und Briefe. Historisch-kritische Ausgabe mit Kommentar. Hrsg. von W. R. Lehmann. Bd 1 ff. Hamburg 1967 ff. → L1

Hufeland — Encyclopädisches Wörterbuch der medicinischen Wissenschaften. Hrsg. von C. W. Hufeland ⟨u. a.⟩. 37 Bde. Berlin 1828-49. → L9

HWdA — Handwörterbuch des deutschen Aberglaubens. Hrsg. von H. Bächtold-Stäubli. 9 Bde., 1 Reg.-Bd. Berlin/Leipzig 1927–42. → L9

Katalog Darmstadt — Georg Büchner 1813–1837. Revolutionär, Dichter, Wissenschaftler. Der Katalog ⟨zur⟩ Ausstellung Mathildenhöhe, Darmstadt, 2. August bis 27. September 1987. Basel / Frankfurt a. M. 1987.

Katalog Marburg — Georg Büchner. Leben, Werk, Zeit. Katalog ⟨der⟩ Ausstellung zum 150. Jahrestag des »Hessischen Landboten«. Unter Mitw. von B. Bischoff, B. Dedner ⟨u. a.⟩ bearb. von Th. M. Mayer. 3. Aufl. Marburg 1987.

KHM — Kinder- und Hausmärchen. Gesammelt durch die Brüder Grimm. Nachdr. hrsg. von H. Rölleke. Göttingen 1986. → L2a

MCL — Militär-Conversations-Lexikon. Hrsg. von H. E. W. v. d. Lühe. 8 Bde. Leipzig 1833–41. → L9

NT — Neues Testament → L2a, Bibel

RCL Rheinisches Conversations-Lexicon oder encyclopädisches Handwörterbuch für gebildete Stände. 12 Bde. Köln 1837–45. → L9

ShWb Südhessisches Wörterbuch. Begr. von Fr. Maurer. Bd. 1 ff. Marburg 1965 ff. → L9

Vogt C. Vogt: Aus meinem Leben. Stuttgart 1896. → L13

Wagner G. W. J. Wagner: Statistisch-topographisch-historische Beschreibung des Großherzogthums Hessen. Bd. 4. Darmstadt 1831. → L10

Wander Deutsches Sprichwörter-Lexikon. Hrsg. von K. F. W. Wander. 5 Bde. Leipzig 1867. → L9

1. Werke Büchners

a) Gesamtausgaben und »Woyzeck«-Editionen

Nachgelassene Schriften. ⟨Hrsg. und eingel. von Ludwig Büchner.⟩ Frankfurt a. M.: Sauerländer, 1850.

Wozzeck. Ein Trauerspiel-Fragment von Georg Büchner. Mitgetheilt von Karl Emil Franzos. In: Mehr Licht! Eine deutsche Wochenschrift für Literatur und Kunst. Nr. 1. 5. Okt. 1878. S. 5–7 ⟨Einleitung⟩; Nr. 2. 12. Okt. 1878. S. 21–24; Nr. 3. 19. Okt. 1878. S. 39–42. – Reprint in: Georg Büchner: Gesammelte Werke. Erstdrucke und Erstausgaben in Faksimiles. Hrsg. von Thomas Michael Mayer. Frankfurt a. M.: Athenäum-Verlag, 1987. Bd. 10.

Sämmtliche Werke und handschriftlicher Nachlaß. Erste kritische Gesammt-Ausgabe. Eingel. und hrsg. von Karl Emil Franzos. Frankfurt a. M.: Sauerländer, 1879 ⟨recte: 1880⟩.

Woyzeck. Nach den Handschriften des Dichters hrsg. von Georg Witkowski. Leipzig: Insel-Verlag, 1920.

Woyzeck. Eine Tragödie. Nach den neu entzifferten Handschriften für Leser und Bühne hergest. von Ernst Hardt. Leipzig: Insel-Verlag, ⟨1922⟩. (Insel-Bücherei. 92.)

Sämtliche Werke und Briefe. Auf Grund des handschriftlichen Nachlasses hrsg. von Fritz Bergemann. Leipzig: Insel-Verlag, 1922. Nachdr. Frankfurt a. M.: Insel-Verlag, 1965. – *Ab der zweiten Auflage mit veränderter Textgrundlage:*

Werke und Briefe. Gesamtausgabe. Hrsg. von Fritz Bergemann. Leipzig: Insel-Verlag, ^{2}1926; ^{3}1940; ^{4}1949; ^{5}1952; ^{6}1956. – *Revidierte und im Kommentar erweiterte Ausgabe:*

Werke und Briefe. Gesamtausgabe. Hrsg. von Fritz Bergemann. Neue, durchges. Ausg. Wiesbaden: Insel-Verlag, 1958 ⟨u. ö.⟩ / Leipzig: Insel-Verlag, 1968 ⟨u. ö.⟩.

Sämtliche Werke nebst Briefen und anderen Dokumenten. Hrsg. und erl. von Hans Jürgen Meinerts. Einl. von Werner Bökenkamp. Gütersloh: Mohn, 1963 ⟨u. ö.⟩.

Sämtliche Werke und Briefe. Historisch-kritische Ausgabe mit Kommentar. Hrsg. von Werner R. Lehmann. 2 Bde. ⟨Mehr nicht ersch.⟩ Hamburg: Wegner ⟨Neuaufl. ab 1974: München: Hanser⟩, 1967 ff.
Bd. 1: Dichtungen und Übersetzungen. Mit Dokumentationen zur Stoffgeschichte. 1967.
Bd. 2: Vermischte Schriften und Briefe. 1971.

Woyzeck. Kritisch hrsg. von Egon Krause. Frankfurt a. M.: Insel-Verlag, 1969.

Woyzeck. Kritische Lese- und Arbeitsausgabe. Hrsg. von Lothar Bornscheuer. Stuttgart: Reclam, 1972. (Universal-Bibliothek. 9347.)

Woyzeck. Faksimileausgabe der Handschriften. Bearb. von Gerhard Schmid. Wiesbaden: Reichert, 1981 (manu scripta. 1.) / Leipzig: Edition Leipzig, 1981.

Woyzeck. Nach den Handschriften neu hrsg. und komm. von Henri Poschmann. Frankfurt a. M.: Insel-Verlag, 1985. (insel taschenbuch. 846.)

Werke und Briefe. Münchner Ausgabe. Hrsg. von Karl Pörnbacher, Gerhard Schaub, Hans-Joachim Simm und Edda Ziegler. München: Hanser, 1988.

Woyzeck. Ein Dramenfragment. Lese- und Bühnenfassung. Eingerichtet von Thomas Michael Mayer. In: Georg Büchner: Woyzeck. Gezeichnet von Dino Battaglia. ⟨Berlin⟩: Altamira-Verlag, 1990. S. 24–46.

Sämtliche Werke, Briefe und Dokumente. Hrsg. von Henri Poschmann. 2 Bde. Frankfurt a. M.: Deutscher Klassiker Verlag, 1992–99. (Bibliothek deutscher Klassiker. 84. 169.)
Bd. 1: Dichtungen.
Bd. 2: Schriften, Briefe, Dokumente.

b) Zitierte Ausgaben

Danton's Tod. Entwurf einer Studienausgabe. ⟨Hrsg.⟩ von Thomas Michael Mayer. In: Peter von Becker (Hrsg.): Georg Büchner: Dantons Tod. Kritische Studienausgabe des Originals mit Quellen, Aufsätzen und Materialien. Frankfurt a. M. ²1985. S. 7–74. – *Stellenweise korrigiert nach Band 3 der im Herbst 2000 erscheinenden »Historisch-kritischen Ausgabe der Sämtlichen Werke und Schriften Georg Büchners«.*

Lenz. Neu hergest., komm. und mit zahlreichen Materialien vers. von Burghard Dedner. Frankfurt a. M. 1998. (Suhrkamp BasisBibliothek. 4.)

Leonce und Lena. Ein Lustspiel. Kritische Studienausgabe. Hrsg. von Thomas Michael Mayer. In: Burghard Dedner (Hrsg.): Georg Büchner: Leonce und Lena. Kritische Studienausgabe, Beiträge zu Text und Quellen von Jörg Jochen Berns, Burghard Dedner, Thomas Michael Mayer und E. Theodor Voss. Frankfurt a. M. 1987. (Büchner-Studien. 3.). S. 7–87.

Die philosophischen Skripten werden zitiert nach HA (s. o.), die Briefe nach den Handschriften oder nach dem Erstdruck.

2. Werke anderer Autoren

a) Textsammlungen

Die Bibel oder die ganze Heilige Schrift Alten und Neuen Testaments nach der Uebersetzung D. Martin Luthers. ⟨...⟩ bearb. und hrsg. von Nicolaus Funk. Altona 1815.

Böhme, Franz Magnus (Hrsg.): Deutsches Kinderlied und Kinderspiel. Volksüberlieferungen aus allen Landen deutscher Zunge. Leipzig 1897.

Des Knaben Wunderhorn. Alte deutsche Lieder. Ges. von Achim von Arnim und Clemens Brentano. Studienausgabe in neun Banden. Hrsg. von Heinz Rölleke. Stuttgart ⟨u. a.⟩ 1979.

Deutsche Volkslieder aus Oberhessen. Ges. und mit kunsthist.-ethnograph. Einl. hrsg. von Otto Böckel. Marburg 1885.

Deutscher Liederhort. Auswahl der vorzüglicheren Deutschen Volkslieder, nach Wort und Weise aus der Vorzeit und Gegenwart ges. und erl. von Ludwig Erk. Neubearb. und fortges. von Franz M. Böhme. 3 Bde. Leipzig 1893–94.

Freylinghausen, Johann Anastasius: Geistreiches Gesang-Buch, den Kern alter und neuer Lieder in sich haltend: Jetzo von neuen so eingerichtet ⟨...⟩. Hrsg. von Gotthilf August Francken. Halle 1741.

Kinder- und Hausmärchen. Ges. durch die Brüder Grimm. Vergr. Nachdr. der zweibändigen Erstausg. von 1812 und 1815. Mit einem Ergänzungsheft. In Verb. mit Ulrike Marquardt hrsg. von Heinz Rölleke. Göttingen 1986.

Lewalter, Johann: Deutsche Volkslieder. In Niederhessen aus dem Munde des Volkes gesammelt. 5 Hefte. Hamburg 1890–1894.

Semmer, Gerd (Hrsg.): »Ça ira«. 50 Chansons, Chants, Couplets und Vaudevilles aus der Französischen Revolution 1789–1795. 2. Aufl. Ahrensburg ⟨1961⟩.

Stöber, August (Hrsg.): Elsässisches Volksbüchlein. Kinder- und Volksliedchen, Spielreime, Sprüche und Mährchen. Straßburg 1842.

– (Hrsg.): Elsässisches Volksbüchlein. Kinderwelt und Volksleben, in Liedern, Sprüchen, Räthseln, Spielen, Märchen, Schwänken, Sprichwörtern u. s. w., mit Erläuterungen und Zusammenstellungen, einem Sachregister und einem Wörterbuche. Zweite stark vermehrte Aufl. Bd. 1 ⟨mehr nicht ersch.⟩. Mülhausen 1859.

Wehrhan, Karl (Hrsg.): Frankfurter Kinderleben in Sitte und Brauch, Kinderlied und Kinderspiel. Wiesbaden 1929. (Veröffentlichungen des Volksliedausschusses für das Land Nassau, die Stadt Frankfurt a. M. und den Kreis Wetzlar. 1.)

b) Werk- und Einzelausgaben

Arnim, Ludwig Achim von: Die Kronenwächter. Bd. 1. Berlin 1817.

Augustinus, Aurelius: Über die Psalmen. Ausgew. und übertr. von Hans Urs von Balthasar. Einsiedeln 1983. (Christliche Meister. 20.)

Eichendorff, Joseph von: Werke. In sechs Bänden. Hrsg. von Wolfgang Frühwald, Brigitte Schillbach und Hartwig Schultz. Bd. 1: Gedichte, Versepen. Frankfurt a. M. 1987.

Goethe's Werke. Vollständige Ausgabe letzter Hand. 60 Bde., 1 Reg.-Bd. ⟨Bd. 41–60 unter dem Haupttitel: Nachgelassene Werke⟩. Stuttgart/Tübingen 1827–42.
Bd. 8: Götz von Berlichingen.
Bd. 12: Faust.
Bd. 24–26: Dichtung und Wahrheit.

Grabbe, Christian Dietrich: Napoleon oder die hundert Tage. Ein Drama in fünf Aufzügen. Frankfurt a. M. 1831.

Grillparzer, F⟨ranz⟩: Die Ahnfrau. Ein Trauerspiel in fünf Aufzügen. Wien 1817.

Heine, Heinrich: Die Harzreise. Die Nordsee. Zweite Abtheilung. In: H. H.: Reisebilder. 1. Theil. 2. Aufl. Hamburg 1830.
– Ideen. Das Buch Le Grand. In: H. H.: Reisebilder. 2. Theil. 2. Aufl. Hamburg ⟨1831⟩.
Jean Paul ⟨d. i. Jean Paul Friedrich Richter⟩: Das heimliche Klagelied der jetzigen Männer. In: J. P.: Sämmtliche Werke. Bd. 39. Berlin 1827.
Lenz, Jakob Michael Reinhold: Gesammelte Schriften. Hrsg. von Ludwig Tieck. 3 Bde. Berlin 1828.
Bd. 1: Der Hofmeister oder Vortheile der Privaterziehung. Eine Komödie. – Die Soldaten. Eine Komödie. – Die Freunde machen den Philosophen. Eine Komödie.
Bd. 2: Anmerkungen übers Theater.
Lessing, Gotthold Ephraim: Sämmtliche Schriften. Achtzehnter Theil: Nathan der Weise. Berlin 1793.
Niebergall, Ernst Elias: Des Burschen Heimkehr oder der tolle Hund. Lustspiel in vier Aufzügen. In der Mundart der Darmstädter verfaßt von E. Streff ⟨d. i. E. E. Niebergall⟩. Darmstadt 1915.
Novalis ⟨d. i. Friedrich von Hardenberg⟩: Schriften. Hrsg. von Ludwig Tieck und Friedrich Schlegel. Zweiter Theil: Die Lehrlinge zu Sais. Wien 1820.
Pfeffel, Gottlieb Conrad: Poetische Versuche. Dritter Theil. Tübingen 1803.
Plutarch: Lives. In eleven Volumes. Bd. 1. With an engl. transl. by Bernadotte Perrin. London / Cambridge (Mass.) 1959.
– Moralia. In fifteen Volumes. Bd. 3. With an engl. transl. by Frank Cole Babbitt. London / Cambridge (Mass.) 1961.
Schiller, Friedrich: Ueber naive und sentimentalische Dichtung. In: Friedrichs von Schiller sämmtliche Werke. Bd. 18. Stuttgart/Tübingen 1826. S. 205–348.
Shak⟨e⟩speare's dramatische Werke. Übers. von August Wilhelm Schlegel. 9 Bde. Neue Aufl. Berlin 1821–30.
Bd. 3: Hamlet.
Bd. 6: Heinrich IV.
Shak⟨e⟩speare's dramatische Werke. Uebers. von August Wilhelm von Schlegel, erg. und erl. von Ludwig Tieck. 9 Bde. Berlin 1825–1833.
Bd. 3: Viel Lärmen um Nichts.
Bd. 4: Der Kaufmann von Venedig.

Bd. 8: Othello. – König Lear.
Bd. 9: Romeo und Julia. – Macbeth.
Tieck, Ludwig: Der Aufruhr in den Cevennen. Eine Novelle in vier Abschnitten. Erster und zweiter Abschnitt. Berlin 1826.
– Das alte Buch und die Reise in's Blaue hinein. Eine Märchen-Novelle. In: Urania für 1835. ⟨Leipzig⟩ 1835.
– Schriften. 28 Bde. Berlin 1828.
Bd. 2: Leben und Tod der heiligen Genoveva. Ein Trauerspiel. – Der Abschied. Ein Trauerspiel in zwei Aufzügen.
Bd. 3: Fortunat. Ein Mährchen in fünf Aufzügen.
Bd. 4: Der blonde Eckbert (Phantasus. Erster Theil).
Bd. 6/7: William Lovell.
Bd. 8: Das grüne Band. Eine Erzählung.
Bd. 9: Die sieben Weiber des Blaubart.
Werner, Friedrich Ludwig Zacharias: Der vierundzwanzigste Februar. Eine Tragödie in einem Akt. Leipzig/Altenburg 1815.

3. Gesamtdarstellungen zu Leben und Werk

Baumann, Gerhart: Georg Büchner. Die dramatische Ausdruckswelt. Göttingen 1961. 2., durchges. und erg. Aufl. Göttingen 1976.
Benn, Maurice B.: The Drama of Revolt. A Critical Study of Georg Büchner. Cambridge / London / New York / Melbourne 1976.
Dedner, Burghard: Georg Büchner. In: Gunter E. Grimm / Frank Rainer Max (Hrsg.): Deutsche Dichter. Leben und Werk deutschsprachiger Autoren. Bd. 5. Stuttgart 1989 (Reclams Universal-Bibliothek. 8615.). S. 571–594.
Georg Büchner. Leben, Werk, Zeit. Katalog ⟨der⟩ Ausstellung zum 150. Jahrestag des »Hessischen Landboten«. Unter Mitw. von Bettina Bischoff, Burghard Dedner ⟨u. a.⟩ bearb. von Thomas Michael Mayer. 3. Aufl. Marburg 1987.
Georg Büchner 1813–1837. Revolutionär, Dichter, Wissenschaftler. Der Katalog ⟨zur⟩ Ausstellung Mathildenhöhe, Darmstadt, 2. August bis 27. September 1987. Basel / Frankfurt a. M. 1987.
Hauschild, Jan-Christoph: Georg Büchner. Mit Selbstzeugnissen und Bilddokumenten dargestellt. Reinbek 1992. (rowohlts monographien. 503.)
– Georg Büchner. Biographie. Stuttgart/Weimar 1993.

Hilton, Julian: Georg Büchner. London/Basingstoke 1982.
Hinderer, Walter: Büchner-Kommentar zum dichterischen Werk. München 1977.
Interpretationen. Georg Büchner. Dantons Tod – Lenz – Leonce und Lena – Woyzeck. Stuttgart 1990. (Reclams Universal-Bibliothek. 8415.)
Jancke, Gerhard: Georg Büchner. Genese und Aktualität seines Werkes. Einführung in das Gesamtwerk. Kronberg i. Ts. 1975. (Scriptor Taschenbücher. S 56. Literaturwissenschaft.)
Johann, Ernst: Georg Büchner. In Selbstzeugnissen und Bilddokumenten dargestellt. Hamburg 1958. (rowohlts monographien. 18.)
Knapp, Gerhard P.: Georg Büchner. 2., neu bearb. Aufl. Stuttgart 1984. (Sammlung Metzler. 159.)
Kobel, Erwin: Georg Büchner. Das dichterische Werk. Berlin / New York 1974.
Landau, Paul: Georg Büchners Leben und Werke. In: P. L. (Hrsg.): Georg Büchners gesammelte Schriften. 2 Bde. Berlin 1909. Bd. 1. S. 7–169.
Mayer, Hans: Georg Büchner und seine Zeit. Wiesbaden 1946; ^{2}1960. – Berlin 1947; ^{2}1960. – Frankfurt a. M. 1972. (suhrkamp taschenbuch. 58.)
Mayer, Thomas Michael: Georg Büchner. Eine kurze Chronik zu Leben und Werk. In: GB I/II. S. 357–425.
Poschmann, Henri: Georg Büchner. Dichtung der Revolution und Revolution der Dichtung. Berlin/Weimar ^{2}1985.
Richards, David Gleyre: Georg Büchner and the Birth of the Modern Drama. Albany 1977.
Sengle, Friedrich: Georg Büchner (1813–1837). In: Fr. S.: Biedermeierzeit. Deutsche Literatur im Spannungsfeld zwischen Restauration und Revolution. Bd. 3. Stuttgart 1980. S. 265–331.
Thorn-Prikker, Jan: Revolutionär ohne Revolution. Interpretationen der Werke Georg Büchners. Stuttgart 1978. (Literaturwissenschaft – Gesellschaftswissenschaft. 33.)
Viëtor, Karl: Georg Büchner. Politik, Dichtung, Wissenschaft. Bern 1949.
Wiese, Benno von: Georg Büchner. Die Tragödie des Nihilismus. In: B. v. W.: Die deutsche Tragödie von Lessing bis Hebbel. 2. Teil: Tragödie und Nihilismus. Hamburg 1948. S. 309–333.

Wittkowski, Wolfgang: Georg Büchner. Persönlichkeit, Weltbild, Werk. Heidelberg 1978. (Reihe Siegen. Beiträge zur Literatur- und Sprachwissenschaft. 10.)

4. Thematische Untersuchungen zu Büchners Gesamtwerk

Anz, Heinrich: »Leiden sey all mein Gewinnst«. Zur Aufnahme und Kritik christlicher Leidenstheologie bei Georg Büchner. In: GBJb 1 (1981) S. 160–168.

Armstrong, William Bruce: »Arbeit« und »Muße« in den Werken Georg Büchners. In: Georg Büchner III. Hrsg. von Heinz Ludwig Arnold. München 1981. (text+kritik. Sonderband.) S. 63–98.

Bark, Joachim: Bibelsprache in Büchners Dramen. Stellenkommentar und interpretatorische Hinweise. In: Burghard Dedner / Günter Oesterle (Hrsg.): Zweites Internationales Georg Büchner Symposium 1987. Frankfurt a. M. 1990. S. 476–505.

Eskelund, Jacob: Wahnsinn in Georg Büchners Werken: Fatalismus oder gesellschaftliche Determination? In: Augias. Nr. 6. Aarhus 1982. S. 27–51.

Fischer, Heinz: Georg Büchner. Untersuchungen und Marginalien. Bonn 1972. (Studien zur Germanistik, Anglistik und Komparatistik. 14.)

Georg Büchner I/II. Hrsg. von Heinz Ludwig Arnold. München 1979; ^{2}1982. (text+kritik. Sonderband.)

Henkelmann, Thomas: Der Arzt und Dichter Georg Büchner. Diss. Heidelberg 1976. ⟨Masch.⟩

Holmes, Terence M.: Die Befreiung der Maschine: Büchners Kritik der bürgerlichen Teleologie. In: Burghard Dedner / Günter Oesterle (Hrsg.): Zweites Internationales Georg Büchner Symposium 1987. Frankfurt a. M. 1990. S. 53–62.

Klotz, Volker: Geschlossene und offene Form im Drama. München 1960; ^{4}1969.

Krapp, Helmut: Der Dialog bei Georg Büchner. Darmstadt 1958.

Kruse, Joseph A.: Romantische Weltuntergänge - auch bei Büchner und Heine. In: Burghard Dedner / Ulla Hofstaetter (Hrsg.): Romantik im Vormärz. Marburg 1992. (Marburger Studien zur Literatur. 4.) S. 13–29.

Kubik, Sabine: Krankheit und Medizin im literarischen Werk Georg Büchners. Stuttgart 1991.
Ludwig, Peter: »Es gibt eine Revolution in der Wissenschaft«. Naturwissenschaft und Dichtung bei Georg Büchner. St. Ingbert 1998. (Saarbrücker Beiträge zur Literaturwissenschaft. 63.)
Lukács, Georg: Der faschisierte und der wirkliche Georg Büchner. Zu seinem hundertsten Todestag 19. Februar 1937. In: Das Wort 2 (1937) H. 2. S. 7–26. – Wiederabdr. in: Dieter Goltschnigg (Hrsg.): Büchner im »Dritten Reich«. Mystifikation – Gleichschaltung – Exil. Eine Dokumentation. Bielefeld 1990. S. 185–203. Veränd. Wiederabdr. in: G. L.: Deutsche Realisten des 19. Jahrhunderts. Berlin 1951. S. 66–88.
Maaß, Christian: Georg Büchner und Johann Bernhard Wilbrand. Medizin in Gießen um 1833/34. In: Katalog Darmstadt. S. 148–155.
Martens, Wolfgang (Hrsg.): Georg Büchner. Darmstadt 1965. (Wege der Forschung. LIII.)
Mayer, Thomas Michael: Büchner und Weidig – Frühkommunismus und revolutionäre Demokratie. Zur Textverteilung des »Hessischen Landboten«. In: GB I/II. S. 16–298.
– Über den Alltag und die Parteiungen des Exils. Anläßlich von Büchners Briefen an Braubach und Geilfus. In: Erika Gillmann / Thomas Michael Mayer / Reinhard Pabst / Dieter Wolf (Hrsg.): Georg Büchner an »Hund« und »Kater«. Unbekannte Briefe des Exils. Marburg 1993. S. 41–146.
Müller-Seidel, Walter: Natur und Naturwissenschaft im Werk Georg Büchners. In: Festschrift für Klaus Ziegler. Hrsg. von Eckehard Catholy und Winfried Hellmann. Tübingen 1968. S. 205–232.
Porep, Rüdiger: War der Dichter Georg Büchner »Arzt«? In: Medizinische Monatsschrift 23 (1969) H. 2. S. 72–76.
Poschmann, Henri / Malende, Christine (Hrsg.): Wege zu Georg Büchner. Internationales Kolloquium der Akademie der Wissenschaften (Berlin-Ost). Berlin ⟨u. a.⟩ 1992.
Reuchlein, Georg: Bürgerliche Gesellschaft, Psychiatrie und Literatur. Zur Entwicklung der Wahnsinnsthematik in der deutschen Literatur des späten 18. und frühen 19. Jahrhunderts. München 1986.
Schings, Hans-Jürgen: Im Zeichen des Mitleids. Zum Realismus Georg Büchners. In: H.-J. Sch.: Der mitleidigste Mensch ist der

beste Mensch. Poetik des Mitleids von Lessing bis Büchner. München 1980. S. 68–84.
Schmidt, Henry J.: Satire, Caricature and Perspectivism in the Works of Georg Büchner. Den Haag / Paris 1970. (Stanford Studies in Germanics and Slavics. 8.)
Ueding, Cornelie: Denken – Sprechen – Handeln. Aufklärung und Aufklärungskritik im Werk Georg Büchners. Bern / Frankfurt a. M. 1976. (Tübinger Studien zur deutschen Literatur. 2.)
Voss, E. Theodor: Arkadien in Büchners »Leonce und Lena«. In: Burghard Dedner (Hrsg.): Georg Büchner: Leonce und Lena. Kritische Studienausgabe. Beiträge zu Text und Quellen von Jörg Jochen Berns, Burghard Dedner, Thomas Michael Mayer und E. Theodor Voss. Marburg 1987. (Büchner-Studien. 3.)
Wittkowski, Wolfgang: Georg Büchners Ärgernis. In: Jahrbuch der Deutschen Schillergesellschaft 17 (1973) S. 362–383.

5. Spezialliteratur zu »Woyzeck«

Abels, Norbert: Die Citadelle der Vernunft. Zur Entfunktionalisierung des Wahnsinns in Büchners »Woyzeck«. In: Arnold Petersen (Hrsg.): Georg Büchner: Woyzeck. ⟨Mannheim⟩ 1989. S. 12–32, 49–53.
Armstrong, William Bruce: Nackt und gebückt: Work in the »Hessische Landbote« and »Woyzeck«. In: Neue Germanistik. The Graduate Journal of Germanic Studies (Minneapolis, MN) 2 (1/2) 1981 Fall – 1982 Spring. S. 7–10.
Bieber, Hugo: Wozzeck und Woyzeck. In: Das literarische Echo 16 (1914) H. 17. Sp. 1188–91.
Bornscheuer, Lothar (Hrsg.): Erläuterungen und Dokumente. Georg Büchner: Woyzeck. Stuttgart 1972. (Reclams Universal-Bibliothek. 8117.)
Crighton, James: The Case of Gardist Jünger. Possible Implications for the Genesis of »Woyzeck«. In: Ken Mills / Brian Keith-Smith (Hrsg.): Georg Büchner. Tradition and Innovation. Fourteen Essays. Bristol 1990. S. 109–120.
de Angelis, Enrico: »Woyzeck«: Büchners erstes Drama. In: Germanisch-Romanische Monatsschrift 47 (1997) S. 91–100.
Dedner, Burghard: Die Handlung des »Woyzeck«: wechselnde Orte – »geschlossene Form«. In: GBJb 7 (1988/89) S. 144–170.

– Gießener Erfahrungen in Büchners »Woyzeck«. In: Gerhard R. Kaiser / Gerhard Kurz (Hrsg.): Literarisches Leben in Oberhessen. Gießen 1993. (Gießener Diskurse. 11.) S. 104–125.
Diersen, Inge: Louis und Franz. Margreth, Louisel, Marie. Zur Genesis des Figurenkreises und des Motivgefüges in den »Woyzeck«-Texten. In: Hans-Georg Werner (Hrsg.): Studien zu Georg Büchner. Berlin/Weimar 1988. S. 147–192.
Dunne, Kerry: Woyzeck's Marie: »Ein schlecht Mensch«? The Construction of Female Sexuality in Büchner's »Woyzeck«. In: Seminar. A Journal of Germanic Studies 26 (1990) Nr. 4. S. 294–308.
Eibl, Karl: »Ergo todtgeschlagen«. Erkenntnisgrenzen und Gewalt in Büchners »Dantons Tod« und »Woyzeck«. In: Euphorion 75 (1981) S. 411–429.
Fischer, Heinz: Georg Büchner und Alexis Muston. Untersuchungen zu einem Büchner-Fund. München 1987.
Fritsch, Hildegard: Mundart und umgangssprachliche Syntax in Georg Büchners »Woyzeck«. In: Germanic Notes 17 (1986) H. 4. S. 54–56.
Füllner, Karin: Wahnsinn als Anklage. Sozialkritik in Georg Büchners »Woyzeck« und Richard Huelsenbecks »Azteken oder die Knallbude. Eine militärische Novelle«. In: GBJb 5 (1985) S. 320–327.
Glück, Alfons: Der »ökonomische Tod«: Armut und Arbeit in Georg Büchners »Woyzeck«. In: GBJb 4 (1984) S. 167–226.
– Militär und Justiz in Georg Büchners »Woyzeck«. In: GBJb 4 (1984) S. 227–247.
– »Herrschende Ideen«: Die Rolle der Ideologie, Indoktrination und Desorientierung in Georg Büchners »Woyzeck«. In: GBJb 5 (1985) S. 52–138.
– Der Menschenversuch: Die Rolle der Wissenschaft in Georg Büchners »Woyzeck«. In: GBJb 5 (1985) S. 139–182.
– Der »Woyzeck«. Tragödie eines Paupers. In: Katalog Darmstadt. S. 325–332.
– Woyzeck – Clarus – Büchner (Umrisse). In: Burghard Dedner / Günter Oesterle (Hrsg.): Zweites Internationales Georg Büchner Symposium 1987. Frankfurt a. M. 1990. S. 425–440.
– Woyzeck. Ein Mensch als Objekt. In: Interpretationen. Georg Büchner. Dantons Tod – Lenz – Leonce und Lena – Woyzeck. Stuttgart 1990. (Reclams Universal-Bibliothek. 8415.) S. 177–215.

Gray, Richard T.: The Dialectic of Enlightenment in Büchner's »Woyzeck«. In: The German Quarterly 61 (1988) Nr. 1. S. 78–96.

Grimm, Reinhold: Der Abstieg des Helden in den Ruhm. Büchners »Woyzeck« und seine Verwandten. In: Büchner – Zeit, Geist, Zeit-Genossen. Darmstadt 1989. (THD Schriftenreihe Wissenschaft und Technik. 46.) S. 197–224.

Guntermann, Georg: Auf der Suche nach Büchners Weltanschauung. Edition und Interpretation des »Woyzeck«. In: Lenau-Forum 15 (1989) S. 101–116.

Hamann, Holger: Zum Namen der weiblichen Hauptperson in Büchners »Woyzeck«. In: Orbis Litterarum 25 (1970) S. 259 f.

Harding, James M.: The Preclusions of Progress: Woyzeck's Challenge to Materialism and Social Change. In: Seminar. A Journal of Germanic Studies 29 (1993) Nr. 1. S. 28–42.

Hartung, Günter: Woyzecks Wahn. In: Weimarer Beiträge 34 (1988) S. 1102–17.

– Die Technik der »Woyzeck«-Entwürfe. In: Henri Poschmann / Christine Malende (Hrsg.): Wege zu Georg Büchner. Berlin ⟨u. a.⟩ 1992. S. 204–233.

Hölter, Achim: ›Blau pfeifen‹ – Rätsel um eine Redensart bei Büchner und Grimm. In: Proverbium. Yearbook of International Proverbium Scholarship 9 (1992) S. 67–80.

Hornby, Richard: Büchner: Woyzeck. In: R. H.: Drama, Metadrama, and Perception. Lewisburg ⟨u. a.⟩ 1986. S. 148–157.

Jäger, Hans-Wolf: »Wie ein blutig Eisen«. Eine Miszelle. In: GBJb 8 (1990–94) S. 291–293.

James, Dorothy: The ›Interesting Case‹ of Büchner's »Woyzeck«. In: D. J. ⟨u. a.⟩ (Hrsg.): Patterns of Change. German Drama and the European Tradition. Essays in Honour of Ronald Peacock. New York / Bern ⟨u. a.⟩ 1990. (Studies in European Thought. 1.) S. 104–119.

Khattab, Aleya: Sprachliche Variation im Dienste sozialer Charakterisierung in Georg Büchners Drama »Woyzeck«. In: Kairoer Germanistische Studien 3 (1988) S. 23–61.

Kittsteiner, Heinz-Dieter / Lethen, Helmut: Ich-Losigkeit, Entbürgerlichung und Zeiterfahrung. Über die Gleichgültigkeit zur »Geschichte« in Büchners »Woyzeck«. In: GBJb 3 (1983) S. 240–269.

Kreis, Rudolf: Georg Büchner: Woyzeck. In: R. K.: Die verborgene Geschichte des Kindes in der deutschen Literatur. Deutschunterricht als Psychohistorie. Stuttgart 1980. S. 122–137.

Lamberechts, Luc: Zur Struktur von Büchners »Woyzeck«. Mit einer Darstellung des dramaturgischen Verhältnisses Büchner – Brecht. In: Amsterdamer Beiträge zur neueren Germanistik 1 (1972) S. 119–148.
– Georg Büchners »Woyzeck« als trost-lose Tragödie. In: Communication & Cognition 9 (1976) Nr. 1/2. S. 95–111.
– Zur sozialen Grundlage der Idealismuskritik in Georg Büchners »Woyzeck«. In: Luc Lamberechts / J. Nowé (Hrsg.): Bild-Sprache. Texte zwischen Dichten und Denken. Festschrift für Prof. Dr. Ludo Verbeeck. Löwen 1990. (Symbolae. Facultatis Litterarum et Philosophiae Lovaniensis. Series D Litteraria. 5.) S. 109–121.
Larsen, Svend Erik: The Symbol of the Knife in Büchner's »Woyzeck«. In: Orbis Litterarum 40 (1985) S. 258–281.
– Die Macht der Machtlosen. Über Lenz und Woyzeck. In: Klaus Bohnen / Ernst-Ullrich Pinkert (Hrsg.): Georg Büchner im interkulturellen Dialog. Kopenhagen ⟨u. a.⟩ 1988. (Text & Kontext. Sonderreihe. 25. Publications of the Department of Languages and Intercultural Studies 2, University of Aalborg.) S. 176–194.
Martens, Wolfgang: Zum Menschenbild Georg Büchners. »Woyzeck« und die Marionszene in »Dantons Tod«. In: Wirkendes Wort 8 (1957/58) S. 13–20. – Wiederabdr. in: W. M. (Hrsg.): Georg Büchner. Darmstadt 1965. (Wege der Forschung. LIII.) S. 373–385.
– Der Barbier in Büchners »Woyzeck«. Zugleich ein Beitrag zur Motivgeschichte der Barbiersfigur. In: Zeitschrift für deutsche Philologie 79 (1960) S. 361–383.
– Über Georg Büchners »Woyzeck«. In: Jahrbuch des Wiener Goethe-Vereins 84/85 (1980/81) S. 145–156.
Martin, Laura: ›Schlechtes Mensch / gutes Opfer‹: The Role of Marie in Georg Büchner's »Woyzeck«. In: German Life & Letters 50 (1997) S. 429–444.
Mautner, Franz H.: Wortgewebe, Sinngefüge und »Idee« in Büchners »Woyzeck«. In: Deutsche Vierteljahrsschrift für Literaturwissenschaft und Geistesgeschichte 35 (1961) S. 521–557. – Wiederabdr. in: Wolfgang Martens (Hrsg.): Georg Büchner. Darmstadt 1965. (Wege der Forschung. LIII.) S. 507–554.
Mayer, Hans: Georg Büchner: Woyzeck. Vollständiger Text und Paralipomena. Dokumentation. Frankfurt a. M. / Berlin 1963. (Dichtung und Wirklichkeit.)

McInnes, Edward: Georg Büchner: Dantons Tod; Woyzeck. In: E. McI.: Das deutsche Drama des 19. Jahrhunderts. Berlin 1983. (Grundlagen der Germanistik. 26.) S. 75–98.
– Büchner: Woyzeck. Glasgow 1991. (Glasgow introductory guides to German literature. 9.)
Meier, Albert: Georg Büchner: Woyzeck. München 1980. (Uni-Taschenbücher. 975.)
Mills, Ken: Moon, Madness and Murder. The Motivation of Woyzeck's Killing of Marie. In: German Life & Letters 41 (1987/88) S. 430–436.
Müller-Seidel, Walter: Georg Büchner: Woyzeck. In: Klassische Deutsche Dichtung in 22 Bänden. Hrsg. von Fritz Martini ⟨u.a.⟩. Bd. 15: Bürgerliches Trauerspiel und soziales Drama. Freiburg i. Br. / Basel / Wien 1964. S. 263–315.
Oesterle, Günter: Das Komischwerden der Philosophie in der Poesie. Literatur-, philosophie- und gesellschaftsgeschichtliche Konsequenzen der ›voie physiologique‹ in Georg Büchners »Woyzeck«. In: GBJb 3 (1983) S. 200–239.
Oesterle, Ingrid: Verbale Präsenz und poetische Rücknahme des literarischen Schauers. Nachweise zur ästhetischen Vermitteltheit des Fatalismusproblems in Georg Büchners »Woyzeck«. In: GBJb 3 (1983) S. 168–199.
Pabst, Reinhard: Zwei unbekannte Berichte über die Hinrichtung Johann Christian Woyzecks. In: GBJb 7 (1988/89) S. 338–350.
Patterson, Michael: Contradictions concerning Time in Büchner's »Woyzeck«. In: German Life & Letters 32 (1978/79) S. 115–121.
Petersen, Jürgen H.: Die Aufhebung der Moral im Werk Georg Büchners. In: Deutsche Vierteljahrsschrift für Literaturwissenschaft und Geistesgeschichte 47 (1973) S. 245–266.
Pinkert, Ernst-Ullrich: Die Freiheit, kein Verbrecher zu werden. Das Gesellschaftsbild in Büchners Dramenfragment »Woyzeck«. In: E.-U. P.: Freiheit, die Brecht meinte. Aufsätze zur deutschen Literatur. Aalborg 1980. S. 63–87.
Pongs, Hermann: Georg Büchners »Woyzeck«. In: H. P.: Das Bild in der Dichtung. Bd. 3: Der symbolische Kosmos der Dichtung. Marburg 1969. S. 618–663.
Poschmann, Henri: »Wer das lesen könnt«. Zur Sprache natürlicher Zeichen im »Woyzeck«. In: Burghard Dedner / Günter Oesterle (Hrsg.): Zweites Internationales Georg Büchner Symposium 1987. Frankfurt a. M. 1990. S. 441–452.

Rath, Gernot: Georg Büchners »Woyzeck« als medizinisches Zeitdokument. In: Grenzgebiete der Medizin 2 (1949) S. 469 f.

Reuchlein, Georg: Das Problem der Zurechnungsfähigkeit bei E. T. A. Hoffmann und Georg Büchner. Zum Verhältnis von Literatur, Psychiatrie und Justiz im frühen 19. Jahrhundert. Frankfurt a. M. / Bern / New York 1985.

Richards, David G.: Georg Büchners »Woyzeck«. Interpretation und Textgestaltung. Bonn [2]1989. (Abhandlungen zur Kunst-, Musik- und Literaturwissenschaft. 188.)

Roth, Udo: Das Forschungsprogramm des Doktors in Georg Büchners »Woyzeck« unter besonderer Berücksichtigung von H 2,6. In: GBJb 8 (1990–94) S. 254–278.

– Georg Büchners »Woyzeck« als medizinhistorisches Dokument. In: GBJb 9 ⟨i. Vorb.⟩.

Schafer, Elisabeth: The male gaze in »Woyzeck«: re-presenting Marie and madness. In: James Redmond (Hrsg.): Madness in Drama. Cambridge 1993. (Themes in Drama. 15.) S. 55–64.

Schmidt, Christian: »Sa! sa!«, »Sa! ra!« und »Ça ira!« oder: Warum singt Marie angesichts großherzoglicher Soldaten französische Revolutionslieder? In: GBJb 8 (1990–94) S. 279–290.

Schulz, Christian: »Links über die Lochschneise in dem Wäldchen, am rothen Kreuz«. Der Tatort im »Woyzeck«, sein Vorbild im ›Bessunger Forst‹ und weitere Darmstädter Anregungen. In: GBJb 9 ⟨i. Vorb.⟩.

Ullman, Bo: Der unpolitische Georg Büchner. Zum Büchner-Bild der Forschung, unter besonderer Berücksichtigung der »Woyzeck«-Interpretationen. In: Stockholm Studies in Modern Philology 4 (1972) S. 86–130.

– Die sozialkritische Thematik im Werk Georg Büchners und ihre Entfaltung im »Woyzeck«. Mit einigen Bemerkungen zu der Oper Alban Bergs. Stockholm 1972. (Acta Universitatis Stockholmiensis. Stockholmer Germanistische Forschungen. 10.)

Völker, Ludwig: Woyzeck und die »Natur«. In: Revue des Langues Vivantes / Tijdschrift voor Levende Talen 32 (1966) S. 611–632.

Werner, Hans-Georg: Dichtungssprache als Analyseobjekt. Büchners »Woyzeck«. In: H.-G. W.: Text und Dichtung. Analyse und Interpretation. Zur Methodologie literaturwissenschaftlicher Untersuchungen. Berlin/Weimar 1984. S. 236–270.

Wiese, Benno von: Der »arme« Woyzeck. Ein Beitrag zur Umwertung des Heldenideals im 19. Jahrhundert. In: Manfred Durzak /

Eberhard Reichmann / Ulrich Weisstein (Hrsg.): Texte und Kontexte. Studien zur deutschen und vergleichenden Literaturwissenschaft. Festschrift für Norbert Fuerst zum 65. Geburtstag. Bern 1973. S. 309–326.

Winkler, Hans: Georg Büchners »Woyzeck«. Greifswald 1925.

Wittkowski, Wolfgang: Stufenstruktur und Transzendenz in Büchners »Woyzeck« und Grillparzers Novelle »Der arme Spielmann«. In: GBJb 3 (1983) S. 147–165.

Zagari, Luciano: Segni apocalittici e critica delle ideologie nel »Woyzeck« di Büchner. In: Annali. Studi Tedeschi 19 (1976) H. 2. S. 121–237.

Zemella, Teresina: »Woyzeck«: l'elemento popolare come maschera. In: Fausto Cercignani (Hrsg.): Studia Büchneriana. Georg Büchner 1988. Mailand 1990. S. 183–191.

6. Zur Edition des »Woyzeck«

Bockelmann, Eske: Von Büchners Handschrift oder Aufschluß, wie der »Woyzeck« zu edieren sei. In: GBJb 7 (1988/89) S. 219–258.

Bornscheuer, Lothar: Neue Beurteilung der »Woyzeck«-Handschriften. In: Germanisch-Romanische Monatsschrift 22 (1972) S. 113–123.

Buch, Wilfried: »Woyzeck«. Fassungen und Wandlungen. Dortmund 1970.

Elema, J.: Der verstümmelte »Woyzeck«. In: Neophilologus 49 (1965) S. 131–156.

Kanzog, Klaus: Wozzeck, Woyzeck und kein Ende. Zur Standortbestimmung der Editionsphilologie. In: Deutsche Vierteljahrsschrift für Literaturwissenschaft und Geistesgeschichte 47 (1973) S. 420–442.

– Faksimilieren, transkribieren, edieren. Grundsätzliches zu Gerhard Schmids Ausgabe des »Woyzeck«. In: GBJb 4 (1984) S. 280–294.

Lehmann, Werner R.: Textkritische Noten. Prolegomena zur Hamburger Büchner-Ausgabe. Hamburg 1967.

– Repliken. Beiträge zu einem Streitgespräch über den »Woyzeck«. In: Euphorion 65 (1971) S. 58–83.

Mayer, Thomas Michael: »Wozzeck«, »Woyzeck«, Woyzeck und Marie. Zum Titel des Fragments. In: GBJb 1 (1981) S. 210–212.

Mayer, Thomas Michael: Zu einigen neuen Lesungen und zur Frage des »Dialekts« in den »Woyzeck«-Handschriften. In: GBJb 7 (1988/89) S. 172–218.

– Thesen und Fragen zur Konstituierung des »Woyzeck«-Textes. In: GBJb 8 (1990–94) S. 217–238.

Mori, Mitsuaki: Der Barbier und die Bogenanordnung der »Woyzeck«-Handschriften. In: Memoirs of the Faculty of General Education, Kumamoto Univ., Series of the Humanities 10 (1975) S. 157–171.

– Vergleich der Textentzifferung in den jüngsten »Woyzeck«-Ausgaben. In: Memoirs of the Faculty of General Education, Kumamoto Univ., Series of the Humanities 11 (1976) S. 115–137.

Poschmann, Henri: Die »Woyzeck«-Handschriften. Brüchige Träger einer wirkungsmächtigen Werküberlieferung. In: Katalog Darmstadt. S. 333–337.

– Textgeschichte als Lesergeschichte. Zur Entzifferung der »Woyzeck«-Handschriften. In: Henri Poschmann / Christine Malende (Hrsg.): Wege zu Georg Büchner. Berlin ⟨u. a.⟩ 1992. S. 193–203.

Richards, David G.: Zur Textgestaltung von Georg Büchners »Woyzeck«. Anmerkungen zur Hamburger Büchner-Ausgabe, den »Woyzeck« betreffend. In: Euphorion 65 (1971) S. 49–57.

Schmid, Gerhard: Zur Faksimileausgabe von Büchners »Woyzeck«. Eine nachträgliche Problemerörterung. In: Impulse. Aufsätze, Quellen, Berichte zur deutschen Klassik und Romantik. Im Auftrag der Nationalen Forschungs- und Gedenkstätten der klassischen deutschen Literatur in Weimar hrsg. von Walter Dietze und Werner Schubert. Folge 8. Berlin ⟨u. a.⟩ 1985. S. 280–295.

– Probleme der Textkonstituierung bei Büchners »Woyzeck«. In: Hans-Georg Werner (Hrsg.): Studien zu Georg Büchner. Berlin/Weimar 1988. S. 207–226.

7. Literatur zu literarischen Quellenbezügen

Costin, Dietlinde-Sigrid: Jakob Michael Reinhold Lenz »Die Soldaten« und Georg Büchners »Woyzeck« – ein Vergleich. In: Deutscher Akademischer Austauschdienst (Hrsg.): Germanistentreffen Bundesrepublik Deutschland – Bulgarien – Rumänien: 28. 2. – 5. 3. 1993. Dokumentation der Tagungsbeiträge. ⟨Bonn 1994.⟩ (DAAD Dokumentationen und Materialien. 27.) S. 79–88.

Faletti, Heidi E.: The Storm-and-Stress Idiom of Elegiacal Madness in Goethe's ›Gretchen Tragedy‹ and Büchner's »Woyzeck«. In: Euphorion 82 (1988) S. 443–457.
Fink, Gonthier-Louis: Volkslied und Verseinlage in den Dramen Büchners. In: Deutsche Vierteljahrsschrift für Literaturwissenschaft und Geistesgeschichte 35 (1961) S. 558–593. – Wiederabdr. in: Wolfgang Martens (Hrsg.): Georg Büchner. Darmstadt 1965. (Wege der Forschung. LIII.) S. 443–487.
Heald, David: A Note on Verbal Echoes in Büchner's »Woyzeck«. In: German Life & Letters 31 (1977/78) S. 179–182.
Otten, Terry: »Woyzeck« and »Othello«. The Dimensions of Melodrama. In: Comparative Drama 12 (1978) S. 123–136.
Rölleke, Heinz: »Mädel, was fangst du jetzt an«. Zu einem Volkslied-Zitat in Büchners »Woyzeck«. In: Wirkendes Wort 40 (1990) S. 330–335.
– »Leiden sei all mein Gewinst«. Zur Vor- und Wirkungsgeschichte eines Büchner-Zitats. In: Euphorion 89 (1995) S. 331–334.
Steppacher, Elvira: Büchners ›Doctor‹ und Jean Pauls ›Dr. Sphex‹. Gedanken zu einer literarischen Quelle des »Woyzeck«. In: GBJb 6 (1986/87) S. 280–295.
Waldschmidt, Ralf: Ein Passionsweg ins Nichts. Anmerkungen zur ›biblischen Sprache‹ im »Woyzeck«. In: Arnold Petersen (Hrsg.): Georg Büchner: Woyzeck. ⟨Mannheim⟩ 1989. S. 65–67.

8. Rezeption und Wirkungsgeschichte

Büchner-Preis-Reden. 1951–1971. Mit einem Vorw. von Ernst Johann. Stuttgart 1972. (Reclams Universal-Bibliothek. 9332.)
Büchner-Preis-Reden. 1972–1983. Mit einem Vorw. von Herbert Heckmann. Stuttgart 1984. (Reclams Universal-Bibliothek. 8011.)
Büchner-Preis-Reden. 1984–1994. Hrsg. von der Deutschen Akademie für Sprache und Dichtung. Vorw. von Herbert Heckmann. Stuttgart 1994. (Reclams Universal-Bibliothek. 9313.)
Dedner, Burghard (Hrsg.): Der widerständige Klassiker. Einleitungen zu Büchner vom Nachmärz bis zur Weimarer Republik. Frankfurt a. M. 1990. (Büchner-Studien. 5.)
Goltschnigg, Dietmar (Hrsg.): Materialien zur Rezeptions- und Wirkungsgeschichte Georg Büchners. Kronberg i. Ts. 1974. (Skripten Literaturwissenschaft. 12.)

Goltschnigg, Dietmar (Hrsg): Rezeptions- und Wirkungsgeschichte Georg Büchners. Kronberg i. Ts. 1975.
– (Hrsg.): Büchner im »Dritten Reich«. Mystifikation – Gleichschaltung – Exil. Eine Dokumentation. Bielefeld 1990.
Strudthoff, Ingeborg: Die Rezeption Georg Büchners durch das deutsche Theater. Berlin 1957. (Theater und Drama. 19.)

9. Wörterbücher, Nachschlagewerke

Adelung, Johann Christoph: Grammatisch-kritisches Wörterbuch der Hochdeutschen Mundart, mit beständiger Vergleichung der übrigen Mundarten, besonders aber der Oberdeutschen. Mit Dietrich Wilhelm Soltau's Beyträgen, revidirt und berichtiget von Franz Xaver Schönberger. 4 Bde. Wien 1811.
Allgemeine Encyclopädie der Wissenschaften und Künste in alphabetischer Folge von genannten Schriftstellern bearbeitet. Hrsg. von Johann Samuel Ersch und Johann Gottfried Gruber, dann von M. H. G. Meier u. a. fortgeführt. 167 Bde., 1 Suppl.-Bd. Leipzig 1818–89.
Allgemeine Realencyclopädie oder Conversationslexicon für das katholische Deutschland. Bearb. von einem Vereine katholischer Gelehrten. Hrsg. von Wilhelm Binder. 10 Bde., 2 Suppl.-Bde. Regensburg 1846–50.
Bilder-Conversations-Lexikon für das deutsche Volk. Ein Handbuch zur Verbreitung gemeinnütziger Kenntnisse und zur Unterhaltung. 4 Bde. Leipzig 1837–41.
⟨Brockhaus 1817–19⟩ Allgemeine deutsche Real-Encyklopädie für die gebildeten Stände. (Conversations-Lexicon.) In zehn Bänden. Vierte Originalauflage. Leipzig 1817–19.
⟨Brockhaus 1830⟩ Allgemeine deutsche Real-Encyklopädie für die gebildeten Stände. (Conversations-Lexikon.) In zwölf Bänden. Siebente Originalauflage. (Zweiter durchgesehener Abdruck.) Leipzig 1830.
⟨Brockhaus 1833–37⟩ Allgemeine deutsche Real-Encyklopädie für die gebildeten Stände. (Conversations-Lexikon.) In zwölf Bänden. Achte Originalauflage. Leipzig 1833–37.
⟨Brockhaus 1843–48⟩ Allgemeine deutsche Real-Encyklopädie für die gebildeten Stände. (Conversations-Lexikon.) In funfzehn Bänden. Neunte Originalauflage. Leipzig 1843–48.

Campe, Joachim Heinrich (Hrsg.): Wörterbuch der Deutschen Sprache. 6 Bde. Braunschweig 1807–13. ⟨Bd. 6 u. d. T.: Wörterbuch zur Erklärung und Verdeutschung der unserer Sprache aufgedrungenen fremden Ausdrücke. Ein Ergänzungsband zu Adelung's und Campe's Wörterbüchern.⟩ ⟨Reprint: Hildesheim / New York 1969–70.⟩

Dang, Johann Sebastian: Darmstädter Wörterbuch. 2. Aufl. Darmstadt 1953.

Deutsches Sprichwörter-Lexikon. Ein Hausschatz für das deutsche Volk. Hrsg. von Karl Friedrich Wilhelm Wander. 5 Bde. Leipzig 1867. ⟨Reprint: Kettwig 1987.⟩

Dictionnaire de l'Academie Française. Wörterbuch der Französischen Academie mit deutscher Uebersetzung. Nach der sechsten Originalauflage bearbeitet. 2 Bde. Grimma ⟨o. J.⟩.

Dictio⟨n⟩naire des sciences médicales. Hrsg. von Philibert Adelon ⟨u. a.⟩. 69 Bde. Paris 1812–22.

Dornseiff, Franz: Der deutsche Wortschatz nach Sachgruppen. 5. Aufl. Berlin 1959.

Encyclopädisches Wörterbuch der medicinischen Wissenschaften. Hrsg. von C. W. Hufeland ⟨u. a.⟩. 37 Bde. Berlin 1828–49.

Enzyklopädie des Märchens. Handwörterbuch zur historischen und vergleichenden Erzählforschung. Begr. von Kurt Ranke. Hrsg. von Rolf Wilhelm Brednich zus. mit Hermann Bausinger ⟨u. a.⟩. Bd. 8. Berlin / New York 1994.

Fischer, Paul: Goethe-Wortschatz. Ein sprachgeschichtliches Wörterbuch zu Goethes sämtlichen Werken. Leipzig 1929.

Grand dictionnaire universel du XIXe siècle. Hrsg. von Pierre Larousse. 15 Bde., 2 Suppl.-Bde. Paris 1866–88.

Grimm, Jacob und Wilhelm: Deutsches Wörterbuch. 16 Bde. und Quellenverzeichnis. Leipzig 1854–1954. ⟨Quellenverzeichnis: Stuttgart 1971. Reprint: München 1984. 33 Bde.⟩

Handwörterbuch des deutschen Aberglaubens. Hrsg. von Hanns Bächtold-Stäubli unter Mitw. von Eduard Hoffmann-Krayer. 9 Bde., 1 Reg.-Bd. Berlin/Leipzig 1927–42. ⟨Reprint: Berlin / New York 1987.⟩

Heyse, Johann Christian August: Kleines Fremdwörterbuch zur Verdeutschung und Erklärung aller in unserer Schrift- und Umgangssprache üblichen fremden Ausdrücke, mit Bezeichnung der Aussprache und Betonung, und Andeutung ihrer Herkunft. Ein reichhaltiger Auszug aus dem allgemeinen Fremdwörterbuche. Hannover 1840.

Krug's encyclopädisch-philosophisches Lexicon. Allgemeines Handwörterbuch der philosophischen Wissenschaften, nebst ihrer Literatur und Geschichte. Nach dem heutigen Standpuncte der Wissenschaft bearb. und hrsg. von Wilhelm Traugott Krug. 5 Bde. Leipzig 1827–29.

Militär-Conversations-Lexikon. Bearb. von mehreren deutschen Officieren. Redigirt und hrsg. von Hanns Eggert Willibald von der Lühe. 8 Bde. Leipzig ⟨dann Adorf⟩ 1833–41.

Nouveau dictionnaire de la langue française et allemande. Par Chrétien Frédéric Schwan. 2 Bde. Tübingen 1802–04.

Oberhessisches Wörterbuch. Auf Grund der Vorarbeiten Weigands, Diefenbachs, und Hainebachs sowie eigner Materialien bearb. von Wilhelm Crecelius. 2 Bde. Darmstadt 1897–99.

Paul, Hermann: Deutsches Wörterbuch. 9., vollständig neu bearb. Aufl. von Helmut Henne und Georg Objartel unter Mitarb. von Heidrun Kämper-Jensen. Tübingen 1992.

Rheinisches Conversations-Lexicon oder encyclopädisches Handwörterbuch für gebildete Stände. Hrsg. von einer Gesellschaft rheinländischer Gelehrten. Vierte Originalauflage. 12 Bde. Köln 1837–45.

Rössing-Hager, Monika: Wortindex zu Georg Büchner. Dichtungen und Übersetzungen. Berlin 1970. (Deutsche Wortindices. 1.)

Südhessisches Wörterbuch. Begr. von Friedrich Maurer. Nach den Vorarb. von Friedrich Maurer, Friedrich Stroh und Rudolf Mulch bearb. von Rudolf Mulch ⟨ab Bd. 3 von Rudolf Mulch und Roland Mulch⟩. Bd. 1 ff. Marburg 1965 ff.

Wörterbuch der elsässischen Mundarten. Bearb. von Ernst Martin und Hans Lienhart. 2 Bde. Straßburg 1899–1907.

10. Allgemeine Geschichte, Orts- und Landesgeschichte, Militärgeschichte

375 Jahre Universität Gießen 1607–1982. Geschichte und Gegenwart. ⟨Katalog zur⟩ Ausstellung im Oberhessischen Museum und Gail'sche Sammlungen. Gießen 1982.

Bigge, Wilhelm (Hrsg.): Geschichte des Infanterie-Regiments Kaiser Wilhelm (2. Großherzoglich Hessisches) Nr. 116. Berlin 1903.

Blanqui, Auguste: Prozeß der Volksfreunde zu Paris. Ein Vorbild des Ernstes und der Kraft. Straßburg ⟨1832⟩.

Dienstreglement für die Großherzoglich Hessischen Truppen. Erster Theil: Allgemeine Dienstbestimmungen für die Truppen aller Waffengattungen. Zweiter Theil: Besondere Dienstbestimmungen für die Truppen der einzelnen Waffengattungen. Darmstadt 1825.

Exercier-Reglement für die Großherzoglich Hessische Infanterie. 1. Abtheilung. Darmstadt 1819.

Fleck, Peter: Konskription und Stellvertretung. Die Behandlung der Kriegsdienstpflicht im hessen-darmstädtischen Landtag von 1820 bis 1866. In: Archiv für hessische Geschichte und Altertumskunde 42 (1984) S. 193–228.

Kattrein, Ludwig: Mit Gott für Ehre, Fürst und Vaterland! Ein Jahrhundert deutscher Truppengeschichte dargestellt an derjenigen des Großherzoglich Hessischen Kontingents 1806–1906. Darmstadt 1907.

Kattwinkel, Fritz: Die Geschichte der Tagelöhne im Grossherzogtum Hessen von den 1830er Jahren bis 1905. München 1912.

Keim, August: Geschichte des 4. Großherzoglich Hessischen Infanterie-Regiments (Prinz Karl) Nr. 118 und seiner Stämme 1699–1878. Berlin 1879.

Kersten, Fritz / Ortenburg, Georg: Hessisches Militär zur Zeit des Deutschen Bundes. Hrsg. im Auftrag der Deutschen Gesellschaft für Heereskunde. Beckum 1984. (Beilage der Zeitschrift für Heereskunde.)

Köhler, Carl Wilhelm: Handbuch der kirchlichen Gesetzgebung des Großherzogthums Hessen. Bd. 1. Darmstadt 1847.

⟨Linz, Ferdinand⟩: Darmstadt und seine Umgebungen. Ein Führer für Einheimische und Fremde. Darmstadt 1836.

Losch, Philipp: Geschichte des Kurfürstentums Hessen 1803–1806. Marburg 1922.

Nipperdey, Thomas: Deutsche Geschichte 1800–1866. Bürgerwelt und starker Staat. München 1983.

⟨Nodnagel, August⟩: Sagen aus Darmstadt und Umgebung nach den Aufzeichnungen August Nodnagels. Mitgeteilt von Karl Esselborn. In: Hessische Chronik 12 (1925) S. 180–192; 13 (1926) S. 27–31, 41–49.

Noellner, Friedrich: Actenmäßige Darlegung des wegen Hochverraths eingeleiteten gerichtlichen Verfahrens gegen Pfarrer D. Friedrich Ludwig Weidig, mit besonderer Rücksicht auf die rechtlichen Grundsätze über Staatsverbrechen und deutsches Strafverfahren, sowie auf die öffentlichen Verhandlungen über die politischen Processe im Großherzogthume Hessen überhaupt und die späteren Untersuchungen gegen die Brüder des D. Weidig. Darmstadt 1844.

Rausch, Ute: Das Medizinal- und Apothekenwesen der Landgrafschaft Hessen-Darmstadt und des Großherzogtums Hessen unter besonderer Berücksichtigung der Provinz Starkenburg. Darmstadt/Marburg 1978. (Quellen und Forschungen zur hessischen Geschichte. 33.)

Röder von Diersburg, Carl Christian Freiherr / Beck, Fritz (Bearb.): Geschichte des 1. Großherzoglich Hessischen Infanterie-(Leibgarde-)Regiments Nr. 115. 1621–1899. Berlin 1899.

Wagner, Georg Wilhelm Justin: Statistisch-topographisch-historische Beschreibung des Großherzogthums Hessen. Bd. 4: Statistik des Ganzen. Darmstadt 1831.

Wehler, Hans-Ulrich: Deutsche Gesellschaftsgeschichte. Bd. 2: Von der Reformära bis zur industriellen und politischen »Deutschen Doppelrevolution« 1815–1845/49. München 1987.

11. Medizin, Biologie, Chemie

Albers, Johann Friedrich Hermann: Lehrbuch der Semiotik für Vorlesungen bearbeitet. Leipzig 1834.

Arnold, Friedrich: Der Kopftheil des vegetativen Nervensystems beim Menschen in anatomischer und physiologischer Hinsicht. Heidelberg/Leipzig 1831.

Berends, C⟨arl⟩ A⟨ugust⟩ W⟨ilhelm⟩: Vorlesungen über praktische Arzneiwissenschaft. Hrsg. von Karl Sundelin. Bd. 1. Berlin 1827.

Berzelius, Jöns J⟨acob⟩: Lehrbuch der Chemie. Aus dem Schwed. übers. von F⟨riedrich⟩ Wöhler. Bd. 4/1. Dresden 1831.

Bischoff, Christ⟨ian⟩ Heinr⟨ich⟩ Ernst: Beiträge zur Staatsarzneiwissenschaft und Kunst. In: Zeitschrift für die Staatsarzneikunde 15 (1835). Bd. 29. 1. Vierteljahrheft. S. 1–82.

Blainville, Henri Marie Ducrotay de: Manuel d'Actinologie ou de zoophytologie. Paris 1834.

Büchner, E⟨rnst⟩: Versuchter Selbstmord durch Verschlucken von Stecknadeln. In: Zeitschrift. für die Staatsarzneikunde 3 (1823). Bd. 6. 4. Vierteljahrsheft. S. 305–348.

– Gutachten über den Gemüthszustand eines Soldaten im Augenblick seines Vergehens im Dienste, durch thätliches Vergreifen am

Vorgesetzten. In: Zeitschrift für die Staatsarzneikunde 5 (1825). Bd. 10. 3. Vierteljahrsheft. S. 39–72.

Cuvier, ⟨Georges⟩: Le règne animal distribué d'après son organisation, pour servir de base à l'histoire naturelle des animaux et d'introduction à l'anatomie comparée. 5 Bde. 2. Aufl. Paris 1829–30.

– Sur le Pennatula Cynomorium ⟨...⟩, et sur les coreaux en général. In: Bulletin des Sciences, par la société philomatique. Nr. 78. Fructidor, an 11 de la République (Aug./Sept. 1803). S. 133.

Edwards, William Frédéric / Balzac, B. de: Recherches expérimentales sur l'emploi de la gélatine comme substance alimentaire. In: Archives générales de Médecine. Journal complémentaire des sciences médicales. 2. Serie. Bd. 1 (1833) S. 313–340.

Ehrenberg, Christian Gottfried: Beiträge zur Kenntnis der Organisation der Infusorien und ihrer geographischen Verbreitung, besonders in Sibirien. In: Abhandlungen der Königlichen Akademie der Wissenschaften zu Berlin aus dem Jahre 1830. Berlin 1832. S. 1–88.

Elkeles, Barbara: Der moralische Diskurs über das medizinische Menschenexperiment zwischen 1835 und dem Ersten Weltkrieg. Hannover 1991.

Isis. Encyclopädische Zeitschrift, vorzüglich für Naturgeschichte, vergleichende Anatomie und Physiologie, von ⟨Lorenz⟩ Oken. Leipzig 1817 ff.

Lamarck, Jean Baptiste de: Histoire naturelle des animaux sans vertèbres. 7 Bde. Paris 1815–22.

Lehmann, Carl Gotthelf: Untersuchungen über den menschlichen Harn. In: Journal für praktische Chemie. Hrsg. von Otto Linné Erdmann. Bd. 27 (1842) S. 257–274.

Liebig, Justus: Die organische Chemie in ihrer Anwendung auf Physiologie und Pathologie. Braunschweig 1842.

Magazin für philosophische, medicinische und gerichtliche Seelenkunde. Hrsg. von J. B. Friedreich. Würzburg 1829–33 ⟨ab 1834 Heidelberg⟩.

Magendie, François: Mémoire sur les propriétés nutritives des substances qui ne contiennent pas d'azot. In: Annales de Chimie et de Physique. 2. Serie. Bd. 3 (1816) S. 66–77.

– Précis élémentaire de Physiologie. 2 Bde. 4. Aufl. Paris 1836.

Oken, Lorenz: Allgemeine Naturgeschichte für alle Stände. 7 Bde. und Register. Stuttgart 1835–42.

Pinel, Ph⟨ilippe⟩: Traité médico-philosophique sur l'aliénation mentale ou la manie. Paris 1800. – Dt.: Philosophisch-medicinische Abhandlung über Geistesverirrungen oder Manie. Aus dem Französ. übers. und mit Anm. vers. von Mich. Wagner. Wien 1801.

Pistor, Ernst Theodor: Lehrbuch der Naturwissenschaft für die Jugend. Darmstadt 1830.

Reil, Johann Christian: Ueber die Erkenntniß und Cur der Fieber. Besondere Fieberlehre. Bd. 4: Nervenkrankheiten. Zweyte vermehrte rechtmäßige Auflage. Halle 1805.

Romberg, ⟨Moritz Heinrich⟩: Ueber den Schlagfluß in pathologisch-anatomischer Hinsicht aus den neueren Untersuchungen französischer Aerzte. Dritte Fortsetzung: Schilderung der Apoplexia cerebralis. In: Archiv für medizinische Erfahrung im Gebiete der praktischen Medizin und Staatsarzneikunde. Hrsg. von Horn, Nasse und Henke. Jg. 1820, Juli/August. S. 51–88.

Roulin, ⟨François-Désiré⟩: Ueber den Gallertstoff, als Nahrungsmittel betrachtet. In: ⟨Froriep's⟩ Notizen aus dem Gebiete der Natur- und Heilkunde. Nr. 940 (Feb. 1835). S. 250–256.

Tiedemann, Friedrich / Gmelin, Leopold: Die Verdauung nach Versuchen. 2 Bde. Zweite wohlfeilere Ausgabe. Heidelberg/Leipzig 1831.

Wilbrand, Joh⟨ann⟩ Bernh⟨ard⟩: Darstellung der gesammten Organisation. 2 Bde. Gießen/Darmstadt 1809–10.

– Ueber den Ursprung und die Bedeutung der Bewegung auf Erden. Gießen 1813.

– Physiologie des Menschen. Gießen 1815.

– Das Gesetz des polaren Verhaltens in der Natur dargestellt in den magnetischen, electrischen und chemischen Naturerscheinungen; in dem Verhalten der unorganischen Natur zur organischen Schöpfung; in den Erscheinungen des Pflanzen- und Thierlebens; in dem Verhalten unsers Weltkörpers zu dem umgebenden Planetensystem. Zur Begründung einer wissenschaftlichen Physiologie. Gießen 1819.

– Handbuch der Naturgeschichte des Thierreichs. Nach der verbesserten Linne'schen Methode. Gießen 1829.

– Allgemeine Physiologie insbesondere vergleichende Physiologie der Pflanzen und der Thiere. Heidelberg/Leipzig/Wien 1833.

12. Zur zeitgenössischen Psychiatriedebatte

a) Quellen und zeitgenössische Dokumente

Amelung, Franz / Bird, Friedrich (Hrsg.): Beiträge zur Lehre von den Geisteskrankheiten. 2 Bde. Darmstadt/Leipzig 1832–36.

B. H. G.: Ueber die Zurechnungsfähigkeit des Mörders Johann Chr. Woyzeck. Zusammenstellung und Beleuchtung der hierwegen von drei angesehenen Aerzten erschienenen Schriften. In: C. H. Richter (Hrsg.): Ausgewählte Abhandlungen und Gutachten aus dem Gebiete der gerichtlichen Medicin. Stuttgart 1838. S. 408–432.

B. H. G.: ⟨Die Streitschriften von Clarus, Marc und Heinroth über die Zurechnungsfähigkeit des Mörders Woyzeck.⟩ In: Zeitschrift für die Civil- und Criminal-Rechtspflege im Königreich Hannover. 1826. Bd. 1. H. 1. S. 126–153.

Bayle, Antoine-Laurent-Jessé: Allgemeine Bemerkungen über chronische Unterleibsentzündung und die mit derselben häufig verbundene Seelenstörung. In: Magazin für philosophische, medicinische und gerichtliche Seelenkunde. 1830. H. 3. S. 150–160.

Bopp, ⟨Philipp⟩: Zurechenbarkeit oder nicht? Actenstücke und Verhandlungen. In: Zeitschrift für die Staatsarzneikunde 16 (1836). 2. Vierteljahrheft. S. 378–399.

Clarus, Johann Christian August: Die Zurechnungsfähigkeit des Mörders Johann Christian Woyzeck nach Grundsätzen der Staatsarzneikunde aktenmäßig erwiesen. Leipzig 1824.

Clarus, Johann Christian August: Die Zurechnungsfähigkeit des Mörders Johann Christian Woyzeck, nach Grundsätzen der Staatsarzneikunde aktenmäßig erwiesen. In: Zeitschrift für die Staatsarzneikunde 5 (1825). 4. Erg.-H. S. 1–97.

⟨Clarus, Johann Christian August⟩: Früheres Gutachten ⟨...⟩ über den Gemüthszustand des Mörders Joh. Christ. Woyzeck, erstattet am 16. Sept. 1821. Nebst einem Vorworte des Herausgebers. In: Zeitschrift für die Staatsarzneikunde 6 (1826). 5. Erg.-H. S. 129–149.

D. P.: ⟨Rezension von Clarus 1824.⟩ In: Jenaische Allgemeine Literatur-Zeitung. 1824. Nr. 180. Sp. 473–480; Nr. 181, Sp. 481–484.

Esquirol, Jean Etienne Dominique: Von den Geisteskrankheiten ⟨zuerst unter dem Titel »Folie« in: Dictionnaire des sciences médicales. Bd. 16. 1816. Sp. 151–240.⟩ Hrsg. und eingel. von Erwin H. Ackerknecht. Bern 1968.

Friedreich, J⟨ohannes⟩ B⟨aptist⟩: Versuch einer Literärgeschichte der Pathologie und Therapie der psychischen Krankheiten. Von den ältesten Zeiten bis zum neunzehnten Jahrhundert. Würzburg 1830. ⟨Reprint: Amsterdam 1965.⟩

Friedreich, J⟨ohannes⟩ B⟨aptist⟩: Systematisches Handbuch der gerichtlichen Psychologie für Medicinalbeamte, Richter und Vertheidiger. Leipzig 1835.

Friedreich, J⟨ohannes⟩ B⟨aptist⟩: Historisch-kritische Darstellung der Theorien über das Wesen und den Sitz der psychischen Krankheiten. Leipzig 1836.

Fröhlich, J. B.: Ueber Begriff und Eintheilung der psychischen Krankheitszustände. In: Magazin für philosophische, medicinische und gerichtliche Seelenkunde. 1830. H. 3. S. 114–117.

Grohmann, ⟨Johann Christian August⟩: Ueber die zweifelhaften Zustände des Gemüths; besonders in Beziehung auf ein von dem Herrn Hofrath Dr. Clarus gefälltes gerichtsärztliches Gutachten. In: Zeitschrift für die Anthropologie. 1825. Bd. 1. H. 2. S. 291–337.

Grohmann, ⟨Johann Christian August⟩: Einige gerichtsärztliche Erörterungen. In: Zeitschrift für die Anthropologie. 1826. H. 4. S. 221–256.

⟨Grohmann, Johann Christian August⟩: Von den Hallucinationen, als Vorspiele des Wahnsinnes und Verbrechens. In: Magazin für philosophische, medicinische und gerichtliche Seelenkunde. 1830. H. 4. S. 123–125.

Groos, Friedrich: Der Geist der psychischen Arzneiwissenschaft in nosologischer und gerichtlicher Beziehung. In: Magazin für philosophische, medicinische und gerichtliche Seelenkunde. 1831. H. 6. S. 1–48.

Heinroth, J⟨ohann⟩ C⟨hristian⟩ A⟨ugust⟩: Lehrbuch der Störungen des Seelenlebens oder der Seelenstörungen und ihrer Behandlung. Zwey Theile. Leipzig 1818.

Heinroth, Johann Christian August: System der psychisch-gerichtlichen Medizin, oder theoretisch-praktische Anweisung zur wissenschaftlichen Erkenntniß und gutachtlichen Darstellung der krankhaften persönlichen Zustände, welche vor Gericht in Betracht kommen. Leipzig 1825 ⟨= Heinroth 1825a⟩.

Heinroth, Johann Christian August: Ueber die gegen das Gutachten des Herrn Hofrath D. Clarus von Herrn D. C. M. Marc in Bamberg abgefaßte Schrift: War der am 27. August 1824 zu Leipzig

hingerichtete Mörder J. C. Woyzeck zurechnungsfähig? Leipzig 1825 ⟨= Heinroth 1825b⟩.
Henke, Adolph: Lehrbuch der gerichtlichen Medicin. Zum Behuf akademischer Vorlesungen und zum Gebrauch für gerichtliche Ärzte und Rechtsgelehrte. 6., neu durchges. und verm. Ausg. Berlin 1829.
Henke, Adolph: Über die sogenannte ›Mania sine delirio‹, in Bezug auf Psychologie, gerichtliche Medicin und Rechtspflege. In: A. H.: Abhandlungen aus dem Gebiete der gerichtlichen Medicin. Bd. 5. Leipzig 1834. S. 209–319.
⟨Hitzig, Julius Eduard⟩: Aus Hoffmann's Leben und Nachlass. Hrsg. von dem Verfasser des Lebens-Abrißes Friedrich Ludwig Zacharias Werners. Zwei Theile. Berlin 1823.
⟨Hitzig, Julius Eduard (Hrsg.)⟩: Vertheidigungsschrift zweiter Instanz für den Tabacksspinnergesellen Daniel Schmolling welcher seine Geliebte ohne eine erkennbare ›Causa facinoris‹ ermordete. Ein Beitrag zur Lehre von der Zurechnungsfähigkeit. In: Zeitschrift für die Criminal-Rechts-Pflege in den preußischen Staaten ⟨...⟩. 1825. Bd. 1. H. 2. S. 261–376.
Hitzig, Julius Eduard: Vorrede. In: Zeitschrift für die Criminal-Rechts-Pflege in den preußischen Staaten ⟨...⟩. 1826. Bd. 2. H. 4. S. I–VIII.
⟨Hitzig, Julius Eduard: Rezension von Clarus 1824 und Marc 1825.⟩ In: Zeitschrift für die Criminal-Rechts-Pflege in den preußischen Staaten ⟨...⟩. 1825. Bd. 1. H. 2. S. 487–500.
Hoffbauer, Johann Christoph: Untersuchungen über die Krankheiten der Seele und die verwandten Zustände. Dritter Theil: Über den Wahnsinn und die übrigen Arten der Verrückung, nebst Ideen über die psychische Heilung derselben. Halle 1807.
Hoffbauer, Johann Christoph: Die Psychologie in ihren Hauptanwendungen auf die Rechtspflege nach den allgemeinen Gesichtspunkten der Gesetzgebung oder die sogenannte gerichtliche Arzneywissenschaft nach ihrem psychologischen Theile. Halle 1808.
Horn, ⟨Ernst⟩: Gutachten über den Gemüthszustand des Tobacksspinnergesellen Daniel Schmolling, welcher den 25sten September 1817 seine Geliebte tödtete. In: Archiv für medizinische Erfahrung im Gebiete der praktischen Medizin und Staatsarzneikunde. Hrsg. von ⟨...⟩ Dr. Horn in Berlin, Dr. Nasse in Bonn und Dr. Henke in Erlangen. Jg. 1820 (März/April). Berlin 1820. S. 292–367.

Jacobi, Maximilian: Beobachtungen über die Pathologie und Therapie der mit Irreseyn verbundenen Krankheiten. Bd. 1. Elberfeld 1830. (Sammlungen für die Heilkunde der Gemüthskrankheiten. 3.)

Jarcke, Carl Ernst: Beiträge zur Revision der preußischen Strafgesetzgebung. In: Zeitschrift für die Criminal-Rechts-Pflege in den preußischen Staaten ⟨...⟩. 1826. Bd. 2. H. 4. S. 366–396; Bd. 3. H. 5. S. 97–154.

Jarcke, Carl Ernst: Ueber die Zurechnung und die Aufhebung derselben durch unfreie Gemüthszustände. In: Zeitschrift für die Criminal-Rechts-Pflege in den preußischen Staaten ⟨...⟩. 1829. Bd. 11. H. 21. S. 82–207; Bd. 11. H. 22. S. 306–412; Bd. 12. H. 23. S. 35–149.

Marc, C⟨arl⟩ M⟨oritz⟩: War der am 27ten August 1824 zu Leipzig hingerichtete Mörder Johann Christian Woyzeck zurechnungsfähig? Enthaltend eine Beleuchtung der Schrift des Herrn Hofrath Dr. Clarus: Die Zurechnungsfähigkeit des Mörders Joh. Christ. Woyzeck nach Grundsätzen der Staatsarzneikunde aktenmässig erwiesen. Bamberg 1825.

Marc, C⟨arl⟩ M⟨oritz⟩: ⟨A⟩n Herrn Dr. und Professor J. C. A. Heinroth in Leipzig, als Sachverwalter des Herrn Hofrathes Dr. Clarus. Die Zurechnungsfähigkeit des Mörders J. C. Woyzeck betreffend. Bamberg 1826.

Mittermaier, Carl Jos⟨eph⟩: Disquisitio de alienationibus mentis, quatenus ad jus criminalis spectant. Heidelberg 1825.

Philippi, ⟨Friedrich Wilhelm Martin⟩: Mord, und Mord-Versuch im Zustande des Wahnsinns. In: Annalen der deutschen und ausländischen Criminal-Rechts-Pflege. 1830. Bd. 8. H. 16. S. 362–448.

Pinel, Scipion: Physiologie de l'homme aliéné appliquée à l'analyse de l'homme social. Paris 1833.

Walter, Ursula: Der Fall Woyzeck. Eine Quellen-Dokumentation (Repertorium und vorläufiger Bericht). In: GBJb 7 (1988/89) S. 351–380.

b) Untersuchungen

Auhuber, Friedhelm: Das Problem der Zurechnungsfähigkeit im historischen, medizinischen und juristischen Kontext. In: GBJb 5 (1985) S. 358–369.

Dörner, Klaus: Bürger und Irre. Zur Sozialgeschichte und Wissenschaftssoziologie der Psychiatrie. Überarb. Neuaufl. Frankfurt a. M. 1984. ⟨Erstausg.: Frankfurt a. M. 1969.⟩

Doerr, Wilhelm: Georg Büchner als Naturforscher. In: Katalog Darmstadt. S. 286–291.

Dorsch, Nikolaus / Hauschild, Jan-Christoph: Clarus und Woyzeck. Bilder des Hofrats und des Delinquenten. In: GBJb 4 (1984) S. 317–323.

Engelhardt, Dietrich von: Kriminalität zwischen Krankheit und Abnormität im wissenschaftlichen Denken des 19. Jahrhunderts. In: Hans-Jürgen Kerner / Hans Göppinger / Franz Streng (Hrsg.): Kriminologie – Psychiatrie – Strafrecht. Festschrift für Heinz Leferenz zum 70. Geburtstag. Heidelberg 1983. S. 261–278.

Foucault, Michel (Hrsg.): Der Fall Rivière. Materialien zum Verhältnis von Psychiatrie und Strafjustiz. Frankfurt a. M. 1975. ⟨Frz. Erstausg.: Paris 1973.⟩

– Überwachen und Strafen. Die Geburt des Gefängnisses. Frankfurt a. M. ^{4}1981. ⟨Frz. Erstausg.: Paris 1975.⟩

Franz, Eckhart G. / Loch, Rudolf: Arzt aus Tradition und Neigung: Ernst Karl Büchner. In: Katalog Darmstadt. S. 66–73.

Glück, Alfons: Der historische Woyzeck. In: Katalog Darmstadt. S. 314–324.

Hoche, Alfred: Die Geisteskranken in der Dichtung. München 1939.

Janzarik, W.: Zur Geschichte der forensischen Psychiatrie. In: H. Göppinger / H. Witter (Hrsg.): Handbuch der forensischen Psychiatrie. Bd. 1. Berlin / Heidelberg / New York 1972. S. 604–607.

Köhler, Ernst: Arme und Irre. Die liberale Fürsorgepolitik des Bürgertums. Berlin 1977.

Kolkenbrock-Netz, Jutta: Wahnsinn der Vernunft – juristische Institution – literarische Praxis. Das Gutachten zum Fall Schmolling und die Erzählung »Der Einsiedler Serapion« von E. T. A. Hoffmann. In: J. K.-N. ⟨u. a.⟩ (Hrsg.): Wege der Literaturwissenschaft. Bonn 1985. S. 122–144.

Laengle, Rosemarie: Die Stellung der psychisch Kranken in der Psychiatrie im Zeitalter der Romantik. Diss. Heidelberg 1982. ⟨Masch.⟩

Leibbrand, Werner / Wettley, Annemarie: Der Wahnsinn. Geschichte der abendländischen Psychopathologie. Freiburg i. Br. / München 1961.

Linder, Joachim / Schönert, Jörg: Ein Beispiel: Der Mordprozeß gegen Christiane Ruthardt (1844/45). Prozeßakten, publizistische und literarische Darstellungen zum Giftmord. In: Jörg Schönert (Hrsg.): Literatur und Kriminalität. Die gesellschaftliche Erfahrung von Verbrechen und Strafverfolgung als Gegenstand des Erzählens. Deutschland, England und Frankreich 1850–1880. Tübingen 1983. S. 239–359.

Lubbers, Franz: Die Geschichte der Zurechnungsfähigkeit von Carpzow bis zur Gegenwart unter besonderer Berücksichtigung der Doktrin des gemeinen Rechts. Diss. Breslau/Neukirch 1938.

Schrenk, Martin: Über den Umgang mit Geisteskranken. Die Entwicklung der psychiatrischen Therapie vom »moralischen Regime« in England und Frankreich zu den »psychischen Curmethoden« in Deutschland. Berlin/Heidelberg 1973.

13. Volkskunde, Erinnerungen

Corvin, Otto von: Erinnerungen aus meinem Leben. 4 Bde. 3. Aufl. Neu durchgesehen und bis zur Gegenwart fortgesetzt. Leipzig 1880.

Esselborn, Karl: Darmstädter Originale. Zweite, vollst. umgearb., verm. und ill. Aufl. Darmstadt 1919.

Hamm, Wilhelm: Jugenderinnerungen. Bearb., eingel. und erl. von Karl Esselborn. Darmstadt 1926. (Hessische Volksbücher. 55–57.)

Der Jahrmarkt. Sehenswürdigkeiten und Scenen in bunter Reihe. Ein Bilderbuch mit Text 〈...〉. Esslingen 1843. 〈Reprint: Frankfurt a. M. 1978.〉

Riebeling, Heinrich: Steinkreuze und Kreuzsteine in Hessen. Ein topographisches Handbuch zur rechtlichen Volkskunde. Dossenheim/Heidelberg 1977.

Ritsert, Friedrich: Aus meiner Jugendzeit. Bearb., hrsg. und erl. von Karl Esselborn. Friedberg 1920. (Hessische Volksbücher. 44/45.)

Schultheß, Wilhelm: Zürcherisches Kleinstadtleben. Streiflichter aus dem Jahre 1837 im Spiegel des Tagblatt der Stadt Zürich. Zürich 1937.

Sieber, Siegfried: Zitronen bei Begräbnissen. In: Mitteldeutsche Blätter für Volkskunde 4 (1929) S. 68–72.

Tendlau, Abraham: Sprichwörter und Redensarten aus deutsch-jüdischer Vorzeit. Als Beitrag zur Volks-, Sprach- und Sprichwörterkunde. Aufgezeichnet aus dem Munde des Volkes und erläutert. Frankfurt a. M. 1860.

Vogt, Carl: Aus meinem Leben. Erinnerungen und Rückblicke. Stuttgart 1896.

IX. Abbildungsnachweis

47 Hauptmann und Doktor. Zeichnung Büchners in der Foliohandschrift H 2. – Nach: Insel-Almanach auf das Jahr 1987. Georg Büchner. Hrsg. von Thomas Michael Mayer. Frankfurt a. M.: Insel-Verlag, 1987. S. 134.

122 Johann Christian August Clarus. Anonymes Ölgemälde, um 1830. – Nach: Katalog Marburg. S. 246.

125 Der Tatort: die Sandgasse in Leipzig (später Ulrichsgasse, Seeburgstraße). Postkarte, Leipzig 1904. – Forschungsstelle Georg Büchner, Marburg.

139 Johann Christian Woyzeck. Anonymer Stich, 1824. – Nach: Katalog Marburg. S. 240.

166 Öffentliche Hinrichtung Johann Christian Woyzecks mit dem Schwert. Federlithographie von Christian Gottfried Heinrich Geißler, 1824. – Nach: Katalog Marburg. S. 242.

X. Namenregister

Erläuterungen und Dokumente

zu Andersch, *Sansibar oder der letzte Grund.* 171 S. UB 16036

zu Böll, *Ansichten eines Clowns.* 84 S. UB 8192 – *Gruppenbild mit Dame.* 232 S. UB 16028 – *Die verlorene Ehre der Katharina Blum.* 222 S. UB 16011

zu Borchert, *Draußen vor der Tür.* 107 S. UB 16004

zu Brecht, *Der kaukasische Kreidekreis.* 120 S. UB 16007 – *Leben des Galilei.* 231 S. UB 16020 – *Mutter Courage und ihre Kinder.* 208 S. UB 16035

zu Büchner, *Dantons Tod.* 208 S. UB 16034 – *Lenz.* 176 S. UB 8180 – *Woyzeck.* 325 S. UB 16013

zu Chamisso, *Peter Schlemihl.* 122 S. UB 8158

zu Döblin, *Berlin Alexanderplatz.* 286 S. UB 16009

zu Droste-Hülshoff, *Die Judenbuche.* 87 S. UB 8145

zu Dürrenmatt, *Der Besuch der alten Dame.* 93 S. UB 8130 – *Die Physiker.* 243 S. UB 8189 – *Romulus der Große.* 96 S. UB 8173

zu Eichendorff, *Aus dem Leben eines Taugenichts.* 120 S. UB 8198 – *Das Marmorbild.* 110 S. UB 16047

zu Fallada, *»Kleiner Mann – was nun?«* 179 S. UB 16024

zu Fontane, *Effi Briest.* 171 S. UB 8119 – *Frau Jenny Treibel.* 111 S. UB 8132 – *Irrungen, Wirrungen.* 148 S. UB 8146 – *Schach von Wuthenow.* 173 S. UB 8152

zu Frank, *Tagebuch.* 133 S. UB 16039

zu Frisch, *Andorra.* 88 S. UB 8170 – *Biedermann und die Brandstifter.* 128 S. UB 8129 – *Homo faber.* 196 S. UB 8179

zu Goethe, *Egmont.* 165 S. UB 8126 – *Faust. Der Tragödie Erster Teil.* 301 S. UB 16021 – *Faust. Der Tragödie Zweiter Teil.* 358 S. UB 16022 – *Götz von Berlichingen.* 216 S. UB 8122 – *Iphigenie auf Tauris.* 156 S. UB 16025 – *Die Leiden des jungen Werther.* 192 S. UB 8113 – *Novelle.* 158 S. UB 8159 – *Torquato Tasso.* 230 S. UB 8154 – *Urfaust.* 168 S. UB 8183 – *Die Wahlverwandtschaften.* 260 S. UB 16048 – *Wilhelm Meisters Lehrjahre.* 398 S. UB 8160

zu Gotthelf, *Die schwarze Spinne.* 112 S. UB 8161
zu Grass, *Die Blechtrommel.* 223 S. UB 16005 – *Katz und Maus.* 192 S. UB 8137 – *Das Treffen in Telgte.* 168 S. UB 16012
zu Grillparzer, *Der arme Spielmann.* 186 S. UB 8174
zu Hauptmann, *Bahnwärter Thiel.* 62 S. UB 8125 – *Der Biberpelz.* 104 S. UB 8141 – *Die Ratten.* 183 S. UB 8187 – *Die Weber.* 227 S. UB 16014
zu Hebbel, *Maria Magdalena.* 136 S. UB 16040
zu Heine, *Deutschland. Ein Wintermärchen.* 208 S. UB 8150
zu Hesse, *Demian. Die Geschichte von Emil Sinclairs Jugend.* 86 S. UB 8190 – *Der Steppenwolf.* 157 S. UB 8193 – *Unterm Rad.* 110 S. UB 8200
zu Hölderlin, *Hyperion.* 339 S. UB 16008
zu Hoffmann, *Das Fräulein von Scuderi.* 135 S. UB 8142 – *Der goldne Topf.* 176 S. UB 8157 – *Der Sandmann.* 176 S. UB 8199
zu Hofmannsthal, *Jedermann.* 88 S. UB 16003
zu Horváth, *Geschichten aus dem Wiener Wald.* 139 S. UB 16016 – *Jugend ohne Gott.* 148 S. UB 16010
zu Ibsen, *Nora (Ein Puppenheim).* 86 S. UB 8185
zu Kafka, *Der Proceß.* 224 S. UB 8197 – *Das Urteil.* 144 S. UB 16001 – *Die Verwandlung.* 196 S. UB 8155
zu Keller, *Kleider machen Leute.* 116 S. UB 8165 – *Romeo und Julia auf dem Dorfe.* 202 S. UB 16032
zu Kleist, *Amphitryon.* 160 S. UB 8162 – *Das Erdbeben in Chili.* 168 S. UB 8175 – *Das Käthchen von Heilbronn.* 164 S. UB 8139 – *Die Marquise von O...* 128 S. UB 8196 – *Michael Kohlhaas.* 140 S. UB 16026 – *Penthesilea.* 160 S. UB 8191 – *Prinz Friedrich von Homburg.* 204 S. UB 8147 – *Der zerbrochne Krug.* 159 S. UB 8123
zu Klüger, *weiter leben.* 174 S. UB 16045
zu J. M. R. Lenz, *Der Hofmeister.* 191 S. UB 8177 – *Die Soldaten.* 119 S. UB 16027
zu Lessing, *Emilia Galotti.* 159 S. UB 16031 – *Minna von Barnhelm.* 165 S. UB 16037 – *Miss Sara Sampson.* 109 S. UB 8169 – *Nathan der Weise.* 175 S. UB 8118

zu H. Mann, *Der Untertan.* 165 S. UB 8194
zu Th. Mann, *Mario und der Zauberer.* 104 S. UB 8153 – *Der Tod in Venedig.* 196 S. UB 8188 – *Tonio Kröger.* 104 S. UB 8163 – *Tristan.* 96 S. UB 8115
zu Meyer, *Das Amulett.* 68 S. UB 8140
zu Mörike, *Mozart auf der Reise nach Prag.* 119 S. UB 8135
zu Musil, *Die Verwirrungen des Zöglings Törleß.* 204 S. UB 16019
zu Novalis, *Heinrich von Ofterdingen.* 243 S. UB 8181
zu Roth, *Hiob.* 133 S. UB 16033
zu Schiller, *Don Karlos.* 240 S. UB 8120 – *Die Jungfrau von Orleans.* 160 S. UB 8164 – *Kabale und Liebe.* 174 S. UB 8149 – *Maria Stuart.* 214 S. UB 8143 – *Die Räuber.* 232 S. UB 8134 – *Wallenstein.* 294 S. UB 8136 – *Wilhelm Tell.* 111 S. UB 8102
zu Schneider, *Schlafes Bruder.* 104 S. UB 16015
zu Schnitzler, *Fräulein Else.* 118 S. UB 16023 – *Leutnant Gustl.* 118 S. UB 16017 – *Reigen.* 152 S. UB 16006
zu Seghers, *Das siebte Kreuz.* 134 S. UB 16042
zu Shakespeare, *Hamlet.* 264 S. UB 8116 – *Macbeth.* 126 S. UB 16043 – *Romeo und Julia.* 182 S. UB 16029 – *Ein Sommernachtstraum.* 153 S. UB 16041
zu Sophokles, *Antigone.* 86 S. UB 8195 – *König Ödipus.* 136 S. UB 16038
zu Stifter, *Brigitta.* 102 S. UB 8109
zu Storm, *Hans und Heinz Kirch.* 95 S. UB 8171 – *Immensee.* 88 S. UB 8166 – *Der Schimmelreiter.* 135 S. UB 8133
zu Süskind, *Das Parfum.* 116 S. UB 16018
zu Tieck, *Der blonde Eckbert / Der Runenberg.* 91 S. UB 8178
zu Wedekind, *Frühlings Erwachen.* 204 S. UB 8151
zu Weiss, *Marat/Sade.* 189 S. UB 16002
zu Wolf, *Kassandra.* 154 S. UB 16030
zu Zuckmayer, *Der Hauptmann von Köpenick.* 171 S. UB 8138

Philipp Reclam jun. Stuttgart